JN090904

辻 和美 著

教育と福祉
「二つの専攻科」の
比較から

知的障害のある人の

青年期の
教育権保障

クリエイツかもがわ
CREATES KAMOGAWA

はじめに

　1979年の養護学校義務制から43年が経ちました。かつて就学猶予・免除という言葉があり、学校に行きたくても行けなかった子どもたちがいたこと、学校に行かせたくても認められなかった保護者がいたことは、「歴史上の出来事」になりつつあります。しかし、それは本当に過去のことなのでしょうか。確かに、制度上、義務教育の現場から閉め出される人はいなくなりました。しかし、障害の有無にかかわらず、子どもたちを取り巻く社会状況は深刻化しているように感じます。

　知的障害のある青年たちにとっても、高等部卒業後の「学び」が保障されにくい実態があります。「生涯学習の時代」と言われ、文部科学省も障害者の生涯学習支援に力を入れている昨今です。また、日本が2014年に批准した『障害者権利条約』には「他の者との平等」という文言が何回も登場します。本書では、特に青年期の学びに着目していますが、どのライフステージにおいても、誰もが希望すれば学びの扉を開けることのできる社会を創っていくことが、この課題を知ってしまった者の務めでもあります。本書の刊行が問題提起の一助になればと思います。

　本書は、教育福祉の考え方に基づき、知的障害のある人の「ゆたかな青年期」の学びを保障するための「二つの専攻科」の機能を明らかにすることを目的としています。具体的には、①「二つの専攻科」の背景でもある青年期の教育権保障における歴史的な経緯の整理、②「二つの専攻科」に関する教育と福祉の役割関係に関する実態調査、③今後の充実方策に結びつく、教育と福祉の融合を目指す「教育カリキュラム・プログラム」の概念化と、その構成要素を把握するための調査、の三点を課題としました。

　また、ここで取り上げている「二つの専攻科」の「二つ」とは、特別支援学校高等部等に設置された学校教育としての専攻科（学校専攻科）と、その量的な不足を自立訓練事業や就労移行支援事業等の社会福祉事業で補完している専攻科（福祉事業型専攻科）を指します。筆者は「二つの」としましたが、専攻科に関する研究・運動を担ってきた全国専攻科（特別ニーズ教育）研究会前会

長の田中（2021）は「これからの専攻科づくりに向けて、新たな運動理論の再構築が求められています」として、専攻科の類型を次の6つに分類しています。

─────── 〈専攻科（発展）の類型〉と生涯の学び支援 ───────

● I 型（学校専攻科）：見晴台学園、やしま学園高等専修学校、三愛学舎など

高等部・高校3年	専攻科2年	→ （生涯にわたる学び支援）

● II 型（福祉型専攻科）：フォレスクール、シャイン、エコールKOBEなど

高等部・高校3年	専攻科2年	→ （生涯にわたる学び支援）

● III 型（福祉型専攻科年限延長タイプ）：ゆたかカレッジ（福祉型大学）など

高等部・高校3年	＋4年	→ （生涯にわたる学び支援）

● IV 型（学校専攻科年限延長タイプ）：聖母の家学園「専攻科NEXT」

高等部・高校3年	専攻科2年	＋2年	→ （生涯にわたる学び支援）

● V 型（大学タイプ）：NPO法人見晴台学園大学

高等部・高校3年	専攻科2年	＋4年	→ （生涯にわたる学び支援）

● VI 型（専攻科修了後タイプ）：NPO法人なまか、NPO法人やしま研究科

高等部・高校3年	専攻科2年	→ （生涯にわたる学び支援）

　ここでは、教育と福祉の融合を実践面で把握する際、独自に概念化した「教育カリキュラム・プログラム」によって内容の重なりに焦点を当てることを試みました。

　拙い文章ではありますが、ぜひ多くの方にご一読いただき、青年期の学びを考えるきっかけにしていただけたらと思います。なお、本書は2020年、日本福祉大学大学院福祉社会開発研究科に提出した博士論文に加筆・修正をしたものです。また、本研究は、「平成29年度日本特殊教育学会実践研究助成事業」のひとつです。

〈文献〉
・田中良三 他編（2021）『障がい青年の学校から社会への移行期の学び　学校・福祉事業型専攻科ガイドブック』クリエイツかもがわ

もくじ

序章

知的障害のある青年が学ぶ
「専攻科」の成り立ちと現状

青年期の教育権は十分に保障されているのか

1 「二つの専攻科」による「ゆたかな青年期」の保障と、学びの場の二元的形成 (問題意識)

　専攻科（以下：学校専攻科）は、『学校教育法』58・70・82条に基づいて特別支援学校高等部等に設置することができる。後期中等教育の階梯にあたるため、厳密には高等教育への進学には該当しないものの、知的障害のある生徒にとっては、特別支援学校高等部（以下：高等部）卒業後の現実的な進学先である。「教育年限延長」を保障し、青年期に必要な教育的支援を実践する場として貴重な存在であるが、2022年3月現在、その数は少なく、13校（国公立特別支援学校1校、私立特別支援学校9校、私立高等学校1校、私立高等専修学校1校、各種学校1校）にとどまっている[1]。ほとんどが私学であり、建学の精神に基づいた特長ある教育課程に加えて、その背景には、少子化時代の生き残りをかけた経営戦略もうかがえる。また、1校ある国公立も、研究機関としての大学附属特別支援学校であり、都道府県あるいは政令指定都市レベル（公立）への広がりは皆無である。このように、学校専攻科が高等部卒業後の教育年限の延長を、量において十分に保障しているとは言いがたい。

　学校専攻科（学校教育）を補完する選択肢として、「福祉型専攻科」「学びの作業所」「学びの場」などと称される福祉事業がある。これは、「全国専攻科（特別ニーズ教育）研究会」（以下：「全専研」[2]）の活動から生まれたもので、いずれも法律用語ではなく独自の表現である。本書では、これ

1　2021年に私立特別支援学校が1校増えて13校になった。本研究は2020年にまとめられたものであるため、研究対象は12校である。

らをまとめて「福祉事業型専攻科」と表す。2008年4月に「たなかの杜フォレスクール」が和歌山で事業を開始したのが福祉事業型専攻科の始まりである。その後、同様の事業所は近畿を中心に増え続け、今日では（2017年12月に実施された「全専研」全国集会の基調提案による）、35事業所を数えるまでになった。これは、学校専攻科の3倍弱の数に該当する（表序-1参照）。

　福祉事業型専攻科は、『障害者総合支援法』に則って運営される第2種社会福祉事業である。自立訓練事業や就労移行支援事業といった2年間の有期限事業を活用しているところが多く、プログラムに教育的機能を位置づけて、学校専攻科のような実践をおこなっている。近年では、障害程度の重い利用者に対応するための生活介護事業や、中には就労継続支援B型事業の活用も見受けられるようになった。また、行政判断による利用期限の延長をおこなったり、二つの事業（例えば自立訓練事業と就労移行支援事業）を組み合わせて4年間にしたりといった工夫で、教育（在籍）年限を延長する事業所が増加する傾向にある。

　学校専攻科と福祉事業型専攻科は、教育と福祉という異なる制度に基づくものである。また、各学校・事業所において建学や設立の理念が全く同じというわけではない。しかし、「18歳で卒業じゃなく、自信をつけ

表　序-1　本研究で対象としている「二つの専攻科」

	学校専攻科	福祉事業型専攻科
管轄省庁	文部科学省（学校教育）	厚生労働省（福祉事業）
法的根拠	『学校教育法』58、70、82条	『障害者総合支援法』第5条12、13項
事業体数	国公立特別支援学校1校 私立特別支援学校8校 私立高等学校1校　　　　　}12校 私立高等専修学校1校 NPO法人立各種学校1校（無認可）	自立訓練（生活訓練）事業 就労移行支援事業 就労継続支援B型事業　　}35事業所 生活介護事業 地域生活支援事業を活用した大学　1校

※2017年12月に実施された「全専研」全国集会の基調提案をもとに筆者作成

2　実践・研究・運動の側面から、「特別なニーズ教育を必要とする青年たちの専攻科、大学や生涯にわたる学習・教育の充実、発展をめざす」ことを目的に結成され、「教育年限延長」の取り組みを実質的にリードしている研究会である。「青年期の様々な学び」という観点から、大学（高等教育）構想にも言及し、また、学校教育のみならず、社会福祉や社会教育の分野である障害者青年学級や大学公開講座も視野に入れて活動をおこなっている。

てから社会へ出て行きたい」「きょうだいと同じようにキャンパスライフを楽しみたい」という当事者の思い、「青年時代でしか味わえないような楽しい経験をもっといっぱいさせてあげたい」「仲間と楽しみ、いろいろなことを考え経験できる学校生活がもっと過ごせたら」「実社会へ出るまでにもっと時間がほしい」という保護者の願い、そして、「どんなに障がいがあっても本来、『同一年齢、同一権利を保障すること』において、『もっと学びたい』という願いにこたえて、障がいのある生徒にも専攻科教育や高等教育（短大、大学教育）を保障していかなければならない」という教員・支援者の覚悟[3]を実現するための学びの場として、学校専攻科と福祉事業型専攻科は共通の役割を持っていると考える。

　先述した当事者・保護者・支援者の声は、いずれも、『もっと勉強したい！　障がい青年の生活を豊かにする学びと「専攻科」』（「全専研」2008）より引用したものであるが、タイトルの表現を借りるなら、青年期の生活を豊かにする学びの場の二元的形成であると捉えることができる。本研究では、学校専攻科と福祉事業型専攻科を、「ゆたかな青年期」を過ごすための教育的支援を担う目的を持った実践の場として同等であると捉え、両者の総称を「二つの専攻科」と表記する。その上で、この目的の実現のために、両者が果たしている機能について探る必要があるとの問題意識を持つ。

2　青年期の学びをめぐる動向──研究の背景・課題

(1) 青年期の教育権保障としての教育年限延長と教育福祉実践

　教育権保障の歴史的な背景については、田中（2006）の整理を活用する。田中（2006）は、1872年の学制発布から今日に至るまでの障害児の教育保障を「国民皆学・就学義務の奨励と表裏一体をなしてきた不就学との闘いの歴史であり、学校教育を開いていく歴史であった」と捉えている。また、

3　「全専研」（2008）『もっと勉強したい！　障がい青年の生活を豊かにする学びと「専攻科」』クリエイツかもがわ、扉、18、57、66-68より引用

「三つの歴史的発展段階」として、①「全ての障害児に対する義務教育の保障（養護学校義務制）」、②「希望者に対する後期中等教育の保障（高等部全入）」、③「後期中等教育の充実・発展としての専攻科による教育年限延長、及び高等教育や生涯にわたる学びの展望（教育年限延長）」を位置づけ、①と②を実現させた土台に、教育権保障運動があったことを指摘している。

　以下、田中の「三つの歴史的発展段階」に依拠して、研究枠組みを整理している。その理由は二つある。一つは、生涯学習を展望しつつ、現状では十分と言えない専攻科や高等教育を含めた学校教育の充実を第一義とし、その年限延長に言及していることである。二つは、「不就学との闘い」という文言に、当事者や関係者の切実なニーズから発生した数々の運動や教育福祉実践が、歴史を発展させてきた経緯が読み取れることである。

　養護学校義務制以前、学校教育を受けられなかった障害児は、保護者による就学猶予・免除の申請と引き替えに、入所施設における療育の対象となった。義務教育修了後、後期中等教育につながらなかった人や、高等部卒業後に青年期の学びを求める人に対しては、障害者青年学級や大学公開講座等の社会教育の取り組みが、その役割を果たしてきた。教育権保障は、これらの教育福祉実践と当事者・関係者が主体となった運動の相互作用の中で発展し、学校教育に結びついてきたという歴史的な経緯がある。現在、「二つの専攻科」は、知的障害のある人の、青年期の教育権を保障するために必要な社会資源であり、実践と運動の拠点であると捉えることができる。

　辻浩（2017）は、「『教育福祉』の問題は、社会事業における教育的問題、社会教育の対象、学校教育の対象、の順に自覚される」とする小川利夫の文献を引用しながら、「まだ正規の学校教育と認められていない教育活動を学校教育に昇華させるとともに、学校教育を相対化し、学校主義的教育学への安住を戒めている」と述べている。高等部の抱える課題や、そのことによって何らかの傷を負った生徒の存在については後述するが、学校教育を絶対化すれば、適応できなかった生徒の側のみに非があることになってしまう。筆者は、学校教育によって青年期の学びを保障した

いと考える立場であるが、同時に、青年期の学びの多様性にも着目している。その意味で、田中（2006）の言う「教育年限延長」に、高等部（後期中等教育の充実・発展）、大学（高等教育）、生涯学習（生涯にわたる学び）等の要素が含まれていることは、示唆に富むものである。

　なお、二番目の段階である「高等部全入」については、第1章にて触れることとする。一番目の段階である「養護学校義務制」については、特別支援教育の時代になったことにより就学支援の在り方に課題が生じている事例もあるが、すでに達成できたものと捉えて、ここでは取り上げない。

⑵「障害者の生涯学習の推進」の流れ

　後期中等教育修了後の大学進学率を見ると（文部科学省2019c）、高等学校卒業生が50％を上回る一方で、知的障害特別支援学校高等部卒業生の進学率は0.4％と極端に低く、明らかな進学格差が認められる。また、他の障害種別の進学率と比べても大きな格差があり、「教育年限延長」の課題は、十分に達成されているとは言いがたい。

　その一方で、文部科学省は、『障害者権利条約』の批准（2014）や『障害者差別解消法』の施行（2016）を受け、共生社会の実現を目指して「障害者の生涯学習」を推進しており（以下：生涯学習推進政策）、「学校卒業後における障害者の学びの場づくり」の視点として、①「学校から社会への移行期の学び」、②「各ライフステージにおいて求められる学び」、の二つを位置づけている。文部科学省「学校卒業後における障害者の学びの推進に関する有識者会議（第4回）」においても、①に関連し、福祉・労働の関連事業等を活用した取り組みとして、自立訓練事業や就労移行支援事業を活用した学校から社会への移行期にある学習支援について報告されており、「福祉事業型専攻科」という名称は用いられていないものの、社会へ出るまでの一定期間（青年期）を継続して学ぶことの必要性が認められた。

　これらの動きを受けて、「障害者の多様な学習活動を総合的に支援する

ための実践研究」として文部科学省から委託を受けた事業が各地で実施され、青年期の学びに関する新たな動きが認められるようになった。一例を挙げると、神戸大学で学生と知的障害のある青年が共に学ぶ「学ぶ楽しみ発見プログラム」が実施されている。また、大阪府では、「学びの場」について、調査研究を行い、「障がい者の学校卒業後等の『学びの場』ホームページ」を開設して、調査の結果や府下の「学びの場」（福祉事業型専攻科）の公表をしている。

　これまでは、「障害者青年学級」や「公民館活動」「大学公開講座」「オープンカレッジ」、あるいは「同窓会」や「サークル活動」といった事業が、高等部卒業後の貴重な学びの場となっていた。これらは、いずれも不定期開催、または定期的であっても休日のみの開催である。ここに、生涯学習として「学校から社会への移行期の学び」の視点が加わることにより、社会へ出るまでの一定期間（青年期）を継続して学ぶことの必要性が認められたと言える。

　18歳以降のこの時期は、「子どもから大人へ」「学校から社会へ」の二重の移行期（坂井2000）と言われるように、人生の大きな転機となる「青年期」に該当し、高等部等に設置された専攻科、あるいは、教育福祉実践の新たな形態としての社会福祉サービスによる福祉事業型専攻科で学ぶ時期と一致する。現状において、青年期の学びには、学校教育からも、また、生涯学習の観点で社会教育や社会福祉といった学校外教育の諸分野からもアプローチできると捉えることができる。

⑶ 福祉事業型専攻科急増が提起するもの

　「教育年限延長」を保障する進学先の代替として福祉事業型専攻科が急増していると述べたが、延長が求められる要因の一つとして、高等部が、青年期の移行支援教育を十分に担えていないことが推察される。これについては、第1章で詳述するが、ここでも簡単に触れておきたい。

　高等部については、特別支援学校の過密・過大の実態、軽度児の増加、

選抜制・職業準備教育重視といった高等部の抱える課題とそのことによる「発達のゆがみ」（越野2014、伊藤2014）、重度児の青年期の育ちに向き合う丁寧な教育実践の不十分さ（原2014）などの指摘からも、抱える課題の大きさ・複雑さがうかがえる。福祉事業型専攻科が、引きこもりなど何らかの理由で在宅になっていた青年の居場所としての役割を果たしているという指摘（丸山2015）、逆説的ではあるが、専攻科設置によって就労定着率が上がり、心身を病んで離職する人が減少した私立特別支援学校の事例（小畑2006）や、学校専攻科・福祉事業型専攻科を修了した卒業生に離職者がいない公立特別支援学校の事例（小畑2006）からも、「二つの専攻科」は、高等部そのものが抱える課題を、質的・量的側面から補完する機能を持つ存在であると言える。

　また、「三つの歴史的発展段階」の二番目の課題である「高等部全入」については、2000年におおむね解消されたとされているが、解消されずに潜在していることが、高等部に入学しても「卒業」に至らない事例から指摘できる。

　筆者の勤務する私立特別支援学校（知的障害）で、近年、顕著になっているのは、年度途中での高等部退学者の増加である。同校では、『児童福祉法』改正の影響もあり、隣接する障害児入所施設から通学する生徒の何人か（例えば2017年度3名、2018年度1名、2019年度2名）が、成人の入所施設への移行や、グループホーム等を活用した地域移行に伴って18歳までに退学している。児童施設に入所していることから、障害程度が重い、あるいは家庭基盤が弱い子ども・青年たちであり、現代における教育福祉問題の一つと位置づけることができる。一方、丸山（2008）は、職業学科設置に関連して「『進路変更』による退学が想定されているともとれる」と指摘している。職業学科であることから、障害程度の軽い生徒の退学であると推察され、先述した高等部の教育内容の偏りとの関連がうかがえる。

　これらの背景には、新自由主義に見られる競争的な経済市場による貧困層の増加や格差の拡大、「自己責任論」、2012年以降活発になった「自立・

自助の福祉」などの影響もうかがえる。養護学校義務制実施が遅れた要因の一つに、教育投資論の考え方があったが、現在の社会情勢においても、その影響は否めない。納税者になることを求められた障害程度の軽い生徒は、各都道府県の法定雇用率を上げるために、ゆっくり時間をかけて学ぶどころか、偏った職業準備教育に駆り立てられている。その一方で、障害程度の重い生徒への教育支援が不十分になっている実態もある。家庭基盤の弱い人たちは、教育か福祉（生活）かの二者択一を迫られる。教育権保障の問題は、社会の在り方にも影響を受けるもので、制度・政策と切り離して考えることはできない。

3 本書の目的

　青年期は、「子どもから大人へ」「学校から社会へ」の二重の移行期（坂井2000）であることに加え、「より主体的な学びへ」の移行期でもあると捉えることができる。現状において、知的障害のある人の青年期の教育権は、学校教育の年限延長である「学校専攻科」と、社会福祉事業で教育を補完する「福祉事業型専攻科」という異なる母体からなる「二つの専攻科」により、二重構造で保障されている。加えて、大学での学びや生涯学習に関連した取り組みへの広がりも認められる。これらの背景には、教育福祉の考え方がある。

　本研究の目的は、教育福祉の考え方に基づき、知的障害のある人の「ゆたかな青年期」の学びを保障するための「二つの専攻科」の機能を明らかにすることである。その目的を達成するため、第一に、「二つの専攻科」の背景でもある青年期の教育権保障における歴史的な経緯の整理、第二に、「二つの専攻科」に関する教育と福祉の役割関係に関する実態調査、第三に、今後の充実方策に結びつく、教育と福祉の融合を目指す「教育カリキュラム・プログラム」の概念化と、その構成要素を把握するための調査を実施する。教育と福祉の融合を実践面で把握する際、独自に概念化した「教育カリキュラム・プログラム」によって内容の重なりに焦点を当てた。

2節 | 本書における 用語の表記と定義

1 「障害」の表記

　知的障害、障害児、障害者については「障害」と表記した。『障害者権利条約パンフレット』（外務省 2015）には、「主に社会によって作られた障害者の社会への統合の問題であるという、いわゆる『社会モデル』の考え方が随所に反映されています」とあり、障害の捉え方は、「病気や外傷等から生じる個人の問題」であると捉えた従来の「医学モデル」から、社会的障壁の側に原因があるとする「社会モデル」に変わってきている。「障害」表記の問題について継続的に調査・研究をしている千草（2016）は、「社会的障壁」を踏まえ、「障害者は社会に害をもたらすのではなく、社会から害を背負わされているととらえるべきであり、安易に『害』の字を抜くことは障害者問題の解決にとってマイナスになる」と述べている。本書でも、この考え方に則り、「障害」と表記する。

2 本書で用いる用語の定義

⑴ 教育福祉、教育福祉実践

　「教育福祉（education welfare）」は、1988 年版『現代教育学事典』（労働旬報社）に、独立項目として記載があり、小川利夫によって、「今日の社会福祉とりわけ児童福祉サービスのなかに、実体的にはきわめて曖昧なまま放置され、結果的には軽視され剥奪されている子ども・青年さらに成人の学習・教育権保障の体系化をめざす概念」であり、「定説化された

概念ではない」とされている。一方、2010年版『特別支援教育大事典』(旬報社)では、独立項目からは外されているものの「教育と福祉の結合」の項目の中で取り上げられ、「克服できないまま現在に至っている」課題[4]であるとされている。教育福祉論には異なる立場があり、高橋(2001)は、これを、①社会効用論的教育福祉論、②学校福祉＝学校社会事業としての教育福祉論、③学習権保障としての教育福祉論の三つに整理している。ここでは、③の学習権保障としての教育福祉論の考え方に依拠する。

　先述したように、教育権保障は、教育福祉実践と当事者・関係者が主体となった運動の相互作用の中で発展し、学校教育に結びついてきた。本研究では、この歴史的な経緯に基づき、社会教育等、従来、教育福祉の分野とされてきた取り組みに加えて、福祉事業型専攻科を教育福祉実践の新たな形態と位置づけ、青年期の教育権を保障し、学びの主体者となって自己を解放するものと捉えて焦点化した。

　また、小川(1985)は、教育福祉問題を明らかにして実践的に克服する理論の創造を国民的課題とし、「児童の福祉と教育のそれぞれの分野において国民の切実な歴史的願望を誠実にうけとめようとしている実践者と研究者(中略)の共同研究・実践の発展なしには実を結びえない」「教育と福祉の間に、それを論じ問題とする人々の間に現実的なつながりが決定的に欠けていた」と述べている。30年以上が経過した現在も、先述した二つの事典の記述が示すように、教育と福祉は共通の原点を持ちながら、両者の融合や協働は、まだ十分に達成されてはいない。本研究では、青年期の学びの場の拡充に取り組んできた「全専研」等の活動が、この課題を克服する契機の一つになると考え、教育と福祉、それぞれの実践者を対象とした調査を実施した。

4　「小川利夫らの『教育福祉』論などによって教育と福祉の結合への論究がなされている」「人間生活における普遍的な価値の追求という点から、子ども・青年の福祉の発展に向けた必要な諸サービスの統合化と、学習と発達の権利のあり方が追求されてきている」の記述がある。

⑵ 学校専攻科、福祉事業型専攻科、「二つの専攻科」

　学校専攻科は、『学校教育法』に基づいて特別支援学校高等部等に設置することができる。後期中等教育の階梯にあたり、厳密には高等教育への進学ではないが、知的障害のある生徒にとっては、高等部卒業後の現実的な進学先である。その数は少なく、『障害者総合支援法』で規定された社会福祉サービスに教育的機能を持たせた、いわゆる福祉事業型専攻科が、これを補完している。本研究では、高等部卒業後の教育を担う機関として、学校専攻科と福祉事業型専攻科を同等に位置づけて研究の対象とし、これら二つの総称を「二つの専攻科」とする。図序-1に示した通り、「二つの専攻科」は、「青年期」という括りで学校教育と生涯学習の双方に位置づけることができる。

　現状では、福祉事業型専攻科が学校教育を「補完」する存在であると同時に、異なる制度を用いて、各々が教育的機能を果たしており、制度的には「並立」である。その一方で、「全専研」に代表されるような運動体としては、「二つの専攻科」が実践交流や情報交換を通して各々の実践の質を高めており、教育的な取り組みや運動の面で「協働」していると捉えることができる。

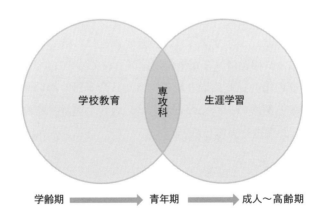

図　序-1　専攻科へのアプローチ

⑶ 教育カリキュラム・プログラム

　学校教育における教育課程（カリキュラム）と福祉事業におけるプログラムを合わせた造語として、筆者が新たに定義した。社会福祉における三つのレベル（マクロ・メゾ・ミクロ）のメゾに該当し、「専攻科」の機能、すなわち、ゆたかな青年期を送るために、当事者が求める学び・支援者が求める学びの内実を明らかにする上で必要となるものである。類義語に、福祉事業型専攻科のみに着目して、これを教育的福祉事業と位置づけた『教育プログラム』（船橋2017）の造語があり、学校教育との比較についても発信されている（船橋2018）。

　本研究では、学校教育と福祉事業による「二つの専攻科」を、青年期の移行支援教育を担う学びの場として同等に捉えており、基盤の異なるものを比較・検討するための指標として「教育カリキュラム・プログラム」を用いる。教育制度につながる権利を教育権と位置づけるが、「教育年限延長」において、制度的な権利保障にとどまらず、学校教育に昇華させるための教育福祉実践までの広がりの中で、教育的な実践の質をどう担保するかに重きが置かれるべきだと考える。また、青年期は、学びの主体者になるための土台づくりの時期であり、「より主体的な学びへ」の移行に着目した実践が求められる。ここでは、その指標となる「教育カリキュラム・プログラム」の質の保障も含めて「教育権保障」とする。

　また、文部科学省の学習指導要領には、知的障害のある生徒を対象とした専攻科に対する記載がなく、福祉事業型専攻科はもとより、学校専攻科であっても柔軟な教育課程編成が可能である。本研究の調査結果と、学校専攻科が準拠している特別支援学校高等部の学習指導要領との比較・検討からも、「教育カリキュラム・プログラム」を論じたい。

3節 | 研究目的を達成するための分析視点

1 三つの視点 （図序-2）

(1)「二つの専攻科」が生まれた背景

　第一の視点は、青年期の教育権保障の問題を、田中（2006）の「三つの歴史的発展段階」に則して考察することである。三つの扉に例えられる①養護学校義務制、②高等部全入、③教育年限延長のうち、①と②の課題は解消されたとされている。しかし、先述したように、②に関しては、「希望者全入」という成果の側面だけでは括れない課題が山積している。また、そのような高等部の実態が、③の課題解決が進まない遠因になっていることもうかがえる。生涯学習を支援する取り組みが、障害者青年学級や大学のオープンカレッジといった社会教育の事業として保障されてきた経緯もあり、本研究では、これらを教育福祉実践と位置づけている。学校教育における年限延長の課題と教育福祉実践の充実の課題は、共通の原点を持つと捉えることができる。ここでは、青年期の教育権保障の問題が、歴史的な経緯の中でどのように位置づいているかを分析する。

(2) ゆたかな青年期を保障する「二つの専攻科」

　第二の視点は、「ゆたかな青年期」の学びを保障するために必要な「教育と福祉の結合」である。学校教育において高等部卒業後も学びを継続できる場の一つに学校専攻科があるが、その数は非常に少なく、当面は、それを補完する目的で始まった福祉事業型専攻科との「ハイブリッド方

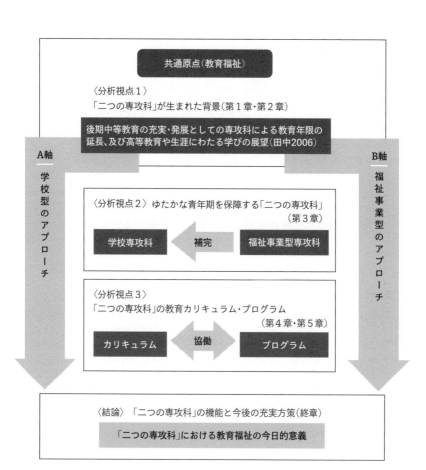

図　序-2　本書における研究の展開

式」(渡部2013)[5]に頼らざるを得ないとされている。見方を変えれば、ハイブリッドならではの良さを見出すことも可能である。福祉事業型専攻科の取り組みは「教育と福祉の結合」を具現化する教育福祉実践の一つと位置づけられる。また、文部科学省は、「学校卒業後における障害者の学

5　渡部（2013）は、以下のように述べている。
文教行政として学校型の高等部(高校)専攻科を増設整備するという政策を採っていない現時点では、学校型専攻科と「福祉事業型『専攻科』」ないし「学びの作業所」の双方を連結させた「ハイブリッド方式」によって、ここしばらくは「障がい青年の自分づくりと二重の移行支援」の実践と仕組みをつくっていく必要があろう。

びの場づくり」の視点として、①学校から社会への移行期の学び、②各
ライフステージにおいて求められる学び、の二つを位置づけており、福
祉事業型専攻科の用語は使用していないものの、移行期である青年期の
教育的な支援の担い手として、学校教育による年限延長の他に、社会福
祉事業を活用した取り組みがあることに言及している。ここでは、学校
教育を補完する教育福祉実践として、「二つの専攻科」の関係を捉え、特
に福祉事業型専攻科に着目して、両者を比較・検討する。

⑶「二つの専攻科」の教育カリキュラム・プログラム

　第三の視点は、「教育カリキュラム・プログラム」の果たす機能を重層
的に評価し、今後の充実の方向性を検討することである。先述したよう
に、「教育カリキュラム・プログラム」とは、教育と福祉という異なる制
度的基盤を持つ「二つの専攻科」を比較・検討するために、学校教育に
おける教育課程（カリキュラム）と福祉事業におけるプログラムを合わせて、
筆者が新たに定義づけたものである。制度的な教育権保障のマクロと個
別的実践のミクロとの相互関係の中で、「教育カリキュラム・プログラム」
をメゾとして位置づける。教育権保障においては、制度的な権利保障に
とどまらず、教育の質の担保も重要な課題であることから、特に「教育
カリキュラム・プログラム」の機能に着目して論を進めたい。

2 手続き

　研究目的を達成するため、学校型のアプローチであるA軸と、福祉事
業型のアプローチであるB軸を置いて分析する。
　まず、青年期の学びが求められる背景にある高等部の現状を整理し、
学校専攻科の意義と課題について述べた上で（第1章）、教育権保障の「三
つの歴史的発展段階」に則して、教育福祉の考え方を原点に持つ青年期
の多彩な学びの実態と課題を整理する（第2章）。

次に、補完関係にある学校専攻科と福祉事業型専攻科の、制度的基盤の違いによる共通点と相違点から、各々の役割を整理し、共通化の可能性を見出していく（第3章）。

さらに、「二つの専攻科」が「教育カリキュラム・プログラム」（メゾレベル）で協働する関係であると捉え、これを分析して、青年期の教育を保障するために専攻科に求められる機能を明らかにし（第4章）、保護者や教職員の評価をもとに今後の充実方策に言及する（第5章）。

ここでは、専攻科教育を「青年期の移行支援教育」と位置づける。青年期の教育権保障においては、制度に加えて教育の質をどう担保するかに重きが置かれるべきであるという観点から、移行期の支援の担い手が、メゾレベルで、どう協働していくかを考察したい。

4節 | 本書における 調査・研究の方法と意義

1 研究対象の設定、調査の目的・方法

本研究で実施する調査の一覧を表序-2に示した。以下、表に沿って詳細を述べる。

(1) 調査・研究の対象

本研究では、知的障害のある人の青年期における教育権を保障する上で、実質的に教育年限の延長を担っている「二つの専攻科」を概観し、現状を整理するために、青年期の移行支援教育に関する先行研究、「専攻

表 序-2 本研究で実施する調査の一覧

	調査名・目的	調査対象・方法	主要な調査項目	分類
調査1（3章）	「二つの専攻科」の実態調査 「二つの専攻科」の制度的基盤と個別的実践の共通点・相違点から、福祉による教育的機能の代替の実態と独自性を探る	〈学校専攻科〉 3校、教員22名 〈福祉事業型専攻科〉 7事業所、支援スタッフ26名 質問紙およびグループインタビュー調査	設置主体、事業形態、定員、授業日数、教育年限、施設・設備（教室数、運動場の有無等）、進路実態 等	マクロ
			専攻科でつけたい力、「二重の移行」を意識した実践上の工夫と成果、高等部と専攻科の違い 等	ミクロ
調査2（4章）	教育カリキュラム・プログラムに見る青年期教育の実態調査 主体者としての青年の学びを促進するために「二つの専攻科」の教育カリキュラム・プログラムが果たしている機能を探る	〈学校専攻科〉 9校 〈福祉事業型専攻科〉 20事業所 質問紙調査	「発達主体である青年の学び」を促進するために効果的な教育活動、および学習形態、具体例等	メゾ
調査3（5章）	教育カリキュラム・プログラムに対する評価の実態調査 「二つの専攻科」の教育カリキュラム・プログラムの課題と今後の充実方策を探る	同上 質問紙調査	教育カリキュラム・プログラムの問題点	メゾ
		学校専攻科卒業生の保護者8名 グループインタビュー調査	保護者から見た専攻科での学びの成果	ミクロ
調査4（補論）	高等部退学に対する支援者の意識調査 障害児入所施設から特別支援学校高等部へ通う生徒の退学と、社会へ出る前の中間的な学びに関して、支援者がどのように考えているかを探る	〈特別支援学校高等部〉 進路指導主事9名、高等部教員45名 〈障害児入所施設（福祉型）〉 施設長70名、施設職員335名 質問紙調査	進路支援の時期、移行先を決めるにあたっての優先事項、対象に伴う退学の有無 等	マクロ
			退所に伴う退学についての考え方、社会へ出るにあたって心配なこと、アフターフォローの内容 等	ミクロ

科」の実践報告集・紀要・要覧、全専研全国集会の基調提案・報告集に加え、文部科学省から出された生涯学習推進政策に関する資料、学習指導要領等を、文献・資料調査の対象とする（第1章、第2章）。

　専攻科の制度的基盤、個別的実践、教育カリキュラム・プログラムを研究対象とし、これらを比較・検討するために、「二つの専攻科」および、そこに勤務する教職員、学校専攻科卒業生の保護者を対象とした質問紙・グループインタビュー調査を実施する（第3章、第4章、第5章）。また、補論にて、高等部を卒業することが難しい生徒の実態に迫るため、障害児入所施設（福祉型）から特別支援学校高等部に通う生徒の支援者（施設職員、高等部教員）への質問紙調査をおこない、移行支援の実態と支援者の意識を整理する。

本研究が、教育福祉問題の解決の一助となることを期待し、教育・福祉それぞれの実践者を対象とした調査を実施する。

(2) 調査の目的

1)「二つの専攻科」の実践内容

　目的の一点目は、「二つの専攻科」の実践内容を明らかにすることである。学校専攻科および福祉事業型専攻科の紀要や実践報告集において「青年期らしい」という表現が用いられることがあるが、その解釈は一定ではない。本調査により、「二つの専攻科」で「青年期らしい」実践をつくるために「発達主体である青年の学び」として重視されている教育活動や、それを達成するための効果的な学習形態、また今後の課題について、「より主体的な学びへ」の文脈の中で整理したい。

　まず、調査1において、制度的基盤（マクロ）による個別的実践（ミクロ）の共通点と相違点から、福祉による教育的機能の補完の実態を明らかにする。それを踏まえ、両者の違いを超えて青年期に必要な実践の共通化を図るために、調査2で教育カリキュラム・プログラム（メゾ）の実態に迫る。

2)「二つの専攻科」に関わる支援者の意識

　目的の二点目は、支援者（教職員、保護者、関係者）の意識を明らかにすることである。福祉事業型専攻科の多くは「自立訓練事業(生活訓練)」や「就労移行支援事業」を活用しているが、『障害者総合支援法』に謳われている、これらの事業の目的は、条文も短く抽象的である。

　また、学校専攻科は、高等部といえども学習指導要領の縛りが少ない。両者に共通して、実践内容の自由度の高さが実践の大きな魅力の一つになっている一方で、支援者の力量に左右される側面もあると言える。本調査で多くの支援者の声を集め、その結果を各学校・事業所にフィードバックしたい。

　調査1のグループインタビューから、生徒（学生・利用者）、教職員の姿

（ミクロ）を通して、支援者の目から見た「補完」にとどまらない福祉事業型専攻科の独自性と、学校専攻科の課題に迫る。調査2と調査3で、教育カリキュラム・プログラム（メゾ）に対する教職員の評価を探るとともに、調査3の保護者インタビューで、再び個々人の育ち（ミクロ）に戻って、今後の課題と充実方策を明らかにする。

調査4は、補論であるが、高等部退学に対する支援者の意識調査から、背景にある制度的な課題（マクロ）と、生徒・入所児を社会へ送り出すにあたっての課題（ミクロ）に迫る。

2 本研究の意義

本研究は、「二つの専攻科」の持つ教育的機能の分析を通して、知的障害のある人の青年期における教育権保障の充実と、教育福祉問題の解決を図る一助となることを目指している。この分野の先行研究や実践報告は増えてきているが、教育権保障や教育福祉の視点で両者の教育カリキュラム・プログラムを分析したものは、まだ少なく、本研究の独自性の一つとも言える。

本研究の意義として次の三点を挙げることができる。

第一は、マクロ、メゾ、ミクロそれぞれのレベルを、教育・福祉両分野の連携・融合の視点で捉えた点である。「二つの専攻科」は、教育と福祉という異なる制度に基づいて設置・運営されているが、本研究を通して制度的基盤（マクロ）と個別的実践（ミクロ）の違いを、教育カリキュラム・プログラム（メゾ）に結合させて論じている。

第二は、「二つの専攻科」の「教育カリキュラム・プログラム」の充実方策の提案である。教育と福祉という異なる基盤のものを、教育的機能という共通のフィルターを通して論じた研究や、「より主体的な学びへ」という視点で「教育カリキュラム・プログラム」を分析したものは少なく、これまで、研究対象として定義されることの少なかった領域に踏み込んだと言える。

第三は、生涯学習支援政策との関わりの中で、「福祉事業型専攻科」を教育福祉実践の新たな事業として位置づけた点である。教育福祉問題は、養護学校義務制、児童養護施設からの高校進学など、一定の解消を見たとされているが、まだまだ解決しなければならない課題は多い。その一つに、知的障害のある人の青年期における教育権保障がある。これは、「量（場）の保障」と「質（内容）の保障」の二側面から捉えなければならない課題である。福祉事業型専攻科が教育福祉実践に位置づけられることで、一方では、それを学校教育に昇華させるとともに学校教育の質を高める意味で、他方では、青年期の一定期間を継続して学ぶことの必要性と、学びの在り方の多様性の側面から、教育福祉問題の解決に寄与できると考える。

5節 | 本書の構成

　本書は、序章と終章を含む全7章で構成する他、終章の後に補論を設けている。第1章と第2章は先行研究の検討、第3章から第5章、および補論は、調査からの考察である。

　序章において、研究に至る背景と問題意識、研究目的、研究の視点と方法について述べ、本研究で用いる「教育福祉、教育福祉実践」「学校専攻科、福祉事業型専攻科、二つの専攻科」「教育カリキュラム・プログラム」を定義する。

　第1章と第2章は、先行研究の検討である。第1章「『教育年限延長』を担う学校専攻科と特別支援学校高等部の課題」では、先行研究に基づいて学校専攻科を概観し、そこで学ぶ青年たちの姿から実践の成果を整理

する。福祉事業型専攻科が急増する背景にある高等部の課題にも言及し、「二つの専攻科」が果たしている役割と果たせていない役割を確認した上で、学習指導要領の検討も含めて、学校専攻科における教育年限延長の意義と課題について考察する。第2章「青年期の教育権保障の多様性——教育年限延長と生涯学習支援」では、教育年限を延長するという課題において、教育と福祉が「共通の原点」を持っているという考え方に基づき、学校教育による教育年限延長と、教育制度の不十分さを社会教育や社会福祉の分野で補完してきた経緯の両面から、知的障害のある青年の教育権保障の実態に迫る。その中で誕生した福祉事業型専攻科や、文部科学省の生涯学習推進政策にも言及し、青年期の多様な学びの在り方について整理する。

　第3章「社会福祉制度による学校教育の補完——専攻科の二元的な形成」では、福祉による教育の補完という視点で「二つの専攻科」の制度的基盤と個別的実践の共通点と相違点に着目し、その比較から、それぞれの意義と課題を明らかにする。教職員に対する調査の結果を踏まえて、教育年限延長を支える「二つの専攻科」の役割を整理し、制度的基盤（マクロ）と個別的実践（ミクロ）の結合する課題として、教育カリキュラム・プログラム（メゾ）研究の必要性について言及する。

　第4章と第5章は、「二つの専攻科」の教育カリキュラム・プログラム分析である。ここでは、学校専攻科と福祉事業型専攻科の両者が、メゾレベルで「協働」していると捉える。第4章『二つの専攻科』の教育カリキュラム・プログラムの実態と課題」では、専攻科の教育課程に関する先行研究を概観した上で、「二つの専攻科」に対する調査から、教職員が「発達主体である青年の学び」として重視している教育活動と、それを達成するために効果的な学習形態について考察する。続く第5章「『二つの専攻科』の教育カリキュラム・プログラム検討の方向性」では、保護者や教職員への調査をもとに、保護者から見た評価、教職員から見た評価について、それぞれ考察し、今後に向けた検討課題を整理する。

　終章では、本研究の結論として、青年期の教育権保障において共通の

原点を持つ教育と福祉の役割と課題について述べた上で、教育カリキュラム・プログラムの実態と課題から見た「二つの専攻科」の機能と今後の充実方策について提案する。最後に、本研究で得られた知見と意義、今後の課題について述べる。

　補論として、制度・政策との関わりの中で新たな問題となっている障害児入所施設（福祉型）から特別支援学校高等部に通う生徒の退学事例を取り上げ、彼らの支援者への調査をもとに、高等部を卒業することが難しい人たちに対する移行支援の実態と、支援者の意識を整理し、今後の課題を明らかにする。

〈文献〉

・千草篤麿（2016）「『障害者』表記の動向に関する研究」『高田短期大学紀要第34号』23－34
・船橋秀彦（2017）『福祉型専攻科シャンティつくば実践報告集第1号』福祉型専攻科シャンティつくば、17
・船橋秀彦（2018）「福祉型専攻科シャンティつくばの教育プログラム試案」『全障研しんぶんNo545』
・船橋秀彦（2018）「福祉型専攻科シャンティつくばの教育プログラム」『福祉型専攻科シャンティつくば実践報告集第2号』福祉型専攻科シャンティつくば、11－21
・外務省（2015）障害者権利条約パンフレット（https://www.mofa.go.jp/mofaj/fp/hr_ha/page25_000772.html）
・大槻　健　他編（1988）『現代教育学事典』労働旬報社
・原まゆみ（2014）「輝く青春の高等部を創る―山梨における高等部改革教育の取り組みから―」二通　諭　他編『障害児の教育権保障と教育実践の課題』群青社、46－60
・伊藤修毅（2014）「選抜式知的障害特別支援学校高等部の現状」『障害者問題研究第42巻第1号』10－17
・小畑耕作（2006）「養護学校高等部の現状と進路実態から見た専攻科の意義」『障害者問題研究第34号第2巻』92－99
・越野和之（2014）「特別支援学校高等部をめぐる近年の諸問題」『障害者問題研究第42巻第1号』2－9
・丸山啓史（2008）「知的障害のある青年の高等部教育と就労―東京都における職業学科設置についての検討を中心に―」『障害者問題研究第36号第3巻』189－196

- 丸山啓史（2015）「知的障害のある青年の『学びの場』としての自立訓練事業の実態と課題—事業所および母親等を対象とする質問紙調査から—」『特別支援教育臨床実践センター年報第5号』1－10
- 文部科学省（1947）『学校教育法』（https://elaws.e-gov.go.jp/document?lawid=322AC0000000026）
- 厚生労働省（2013）『障害者総合支援法』（https://www.mhlw.go.jp/stf/seisakunitsuite/bunya/hukushi_kaigo/shougaishahukushi/sougoushien/index.html）
- 文部科学省（2017）『特別支援教育の生涯学習化に向けて』（平成29年4月7日付、松野文部科学大臣メッセージ）（https://www.mext.go.jp/b_menu/houdou/29/04/__icsFiles/afieldfile/2017/04/07/1384235_01_1.pdf）
- 文部科学省（2018）『学校卒業後における障害者の学びの推進方策について（論点整理）』（https://www.mext.go.jp/b_menu/shingi/chousa/shougai/041/toushin/1409250.htm）
- 文部科学省（2018～2019）『学校卒業後における障害者の学びの推進に関する有識者会議』（第1回～第16回議事録）（https://www.mext.go.jp/b_menu/shingi/chousa/shougai/041/index.htm）
- 文部科学省（2019a）『障害者の生涯学習の推進方策について—誰もが、障害の有無にかかわらず共に学び、生きる共生社会を目指して—（報告）』（https://www.mext.go.jp/b_menu/shingi/chousa/shougai/041/toushin/1414985.htm）
- 文部科学省（2019b）『障害者の生涯学習の推進方策について（通知）』（https://www.mext.go.jp/b_menu/shingi/chousa/shougai/041/toushin/1418929.htm）
- 文部科学省（2019c）『学校基本調査』（https://www.mext.go.jp/b_menu/toukei/chousa01/kihon/kekka/k_detail/1419591_00001.htm）
- 小川利夫（1985）『教育福祉の基本問題』勁草書房、12、30－55
- 大阪府障がい者の学校卒業後等の「学びの場」ホームページ（https://www.pref.osaka.lg.jp/jiritsushien/jiritsushien/manabinobakouhyou.html）
- 坂井清泰（2000）「養護学校高等部教育とトランジション、キャリア教育」『特殊教育学研究第38巻第2号』83－93
- 高橋正教（2001）「教育福祉研究　これからの捉え方と課題」小川利夫　他編『教育福祉論入門』光生館、225－244
- 田中良三（2006）「障害児の教育年限の延長と今後の展望—今日の養護学校等専攻科づくり運動まで—」『障害者問題研究第34号第2巻』81－91
- 辻　浩（2017）『現代教育福祉論　子ども・若者の自立支援と地域づくり』ミネルヴァ書房、52

・茂木俊彦　他編（2010）『特別支援教育大事典』旬報社
・渡部昭男（2013）「障がい青年の自分づくりと二重の移行支援」岡本正　他編『福祉事業型「専攻科」エコール KOBE の挑戦』クリエイツかもがわ、184 － 209
・全国専攻科（特別ニーズ教育）研究会（2008）『もっと勉強したい！　障がい青年の生活を豊かにする学びと「専攻科」』クリエイツかもがわ
・全国専攻科（特別ニーズ教育）研究会（2017）『第 14 回研究集会基調報告』

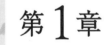

第1章

「教育年限延長」を担う
学校専攻科と
特別支援学校高等部の課題

はじめに

　序章で述べたように、学校専攻科は、『学校教育法』58・70・82条に基づいて特別支援学校高等部（以下：高等部）等に設置することができる。後期中等教育の階梯にあたるため、厳密には高等教育への進学には該当しないものの、知的障害のある生徒にとっては、高等部卒業後の現実的な進学先である。その数は少ないが、学校教育の年限を延長し、青年期に必要な教育的支援を実践する場として貴重な存在となっている。学校専攻科の一覧を表1-1および1-2に記す。

　本章では、「二つの専攻科」のうち、学校教育の年限延長である学校専攻科に着目する。まず、先行研究に基づいて、学校専攻科を概観する（1節）。次に、そこで学ぶ青年たちの姿から実践の成果を整理し（2節）、その背景にある特別支援学校高等部の課題に言及する（3節）。最後に、「二つの専攻科」が果たしている役割と果たせていない役割を確認した上で、学校専攻科における教育年限延長の意義と課題について考察する。

表1-1　専攻科を設置する特別支援学校

	学校名	所在地	設置年度
私立	いずみ高等支援学校	宮城県仙台市	1969（昭和44）年
私立	特別支援学校光の村土佐自然学園	高知県土佐市	1975（昭和50）年
私立	旭出特別支援学校	東京都練馬区	1981（昭和56）年
私立	聖坂養護学校	神奈川県横浜市	1985（昭和60）年
私立	支援学校若葉高等学園	群馬県前橋市	1994（平成6）年
私立	特別支援学校聖母の家学園	三重県四日市市	1995（平成7）年
私立	三愛学舎特別支援学校	岩手県二戸郡	1996（平成8）年
国公立	鳥取大学附属特別支援学校	鳥取県鳥取市	2006（平成18）年
私立	特別支援学校光の村秩父自然学園	埼玉県秩父市	2008（平成20）年
私立	支援学校仙台みらい高等学園	宮城県仙台市	2021（令和3）年

表1-2 専攻科を設置する高等学校等

	学校名	所在地	設置年度
NPO法人立	見晴台学園高等部	愛知県名古屋市	1990（平成2）年
私立	鹿児島城西高校	鹿児島県日置市	2002（平成14）年
私立	やしま学園高等専修学校	大阪府堺市	2003（平成15）年

1節 | 学校専攻科の成り立ち

1 学校教育における年限延長

　特別支援教育の歴史を遡ると、経済的自立すなわち納税につながる可能性の高い盲・聾学校は、1923（大正12）年の「盲学校及び聾唖学校令」によって各都道府県に設置が義務づけられ、義務制についても1948（昭和23）年以降、学年進行で実施されている。また、多くの盲・聾学校（視覚・聴覚特別支援学校）に専攻科が設置されている。もっとも理療、工芸、理容といった職業科が中心で普通科の専攻科は少なく、職業教育偏重の傾向も見て取れるが、教育年限延長という課題に対し、盲・聾学校の専攻科が果たしてきた役割は、一定評価できる。過去においては、盲学校からの大学進学が推奨されず（広瀬2005）、施設・設備面の制約によって実質的に肢体不自由者の入学が困難だったという実態もあったが、現状では教育環境のバリアフリー化が進んでいる。

　その一方で、知的障害分野に目を向けると、先述したように、現在、専攻科または別科が設置されている学校が少ないことから、学校専攻科が青年期の「教育年限延長」を量において十分に保障しているとは言いがたく、大学に進学する人はさらに少ない。高等部卒業後の進学率は、0.4％（文部科学省2019a）であり、障害の有無や障害種別において大きな格差が認められると言わざるを得ない。しかし、希少な学校専攻科ではあるが、研究機関である大学とタイアップした国公立特別支援学校の実践や、私学ならではの建学の精神に基づいた教育課程の下で展開されるユニークな実践の成果は特記に値し、学校教育における「教育年限延長」の具体例として、今後の教育の質の保障に資すると考えられる。

2 学校専攻科の概要

　学校専攻科13校の内訳（国公立特別支援学校1校、私立特別支援学校9校、私立高等学校1校、私立高等専修学校1校、各種学校1校）を見ると、私立特別支援学校高等部に設置された9校が最も多い。長らく8校にとどまっていたが、2021年4月、13年ぶりに新たな専攻科が設置されたことは明るいニュースであった。また、旧来の8校は、横のつながりも持っており、その一つが私立特別支援学校連合会（以下：私特連）で、秋に年1回の全体的な研究集会を、夏休みに専攻科教育に特化した実践交流会をおこなっている。

　特別支援学校の中で最初に専攻科を設置したのは、1969年のいずみ高等支援学校（当時はいずみ養護学校）である。この学校の母体は服飾専門学校で、当初は、家庭科中心の青年期女子教育に主眼を置いていた。他の加盟校も、水上学校（聖坂養護学校）、施設内養護学校（特別支援学校聖母の家学園）など前身はさまざまであるものの、その成り立ちを見ると、歴史的な背景の中で生活（福祉）と教育の双方を充実させることに重きを置いてきたことがうかがえる。また、そこに学ぶ子どもたちの実態に応じて、専攻科を設置したり教育内容を工夫したりしてきた経緯を持っている。専攻科の教育課程は、文部科学省の学習指導要領の縛りを受けないため、自由な発想で私学ならではのユニークな教育実践を展開することが可能である。これらの学校は、基本的には普通科であり、教科学習や生活に根ざした体験学習的な授業もおこなっている。作業学習や労働学習における班編成の中で縫製班や調理班といったグループに属することはあるものの、職業科中心の盲・聾学校の専攻科とは異なる教育課程を持っている。

　2004年の国立大学法人化を機に準備を始め、2006年に国公立で初めて専攻科を設置した鳥取大学附属特別支援学校（当時は養護学校。以下：鳥大附属）では、私学の先進事例を受けるとともに、「社会生活力プログラム」にも依拠した5領域の教育課程「くらし」「労働」「余暇」「教養」「研究ゼミ」を編成している。

渡部（2009）に、各校の特徴を考察した研究がある。歴史的には、職業教育中心の教育課程を持つ軽度児対象の学校と、5年間かけて職業自立に偏らないトータルな教育活動を志向した学校に大別されてきたが、前者の学校の多くが、後者の教育課程を参考に見直しを図る動きがあり、渡部は「本科と専攻科の関係は本科の基礎の上に積み上げる継続・発展型に移行しつつあります」と述べている。

　特別支援学校以外の学校においても5年制の一貫教育やそれを意識した教育課程が多く、見晴台学園のように専攻科への外部からの進学を受け入れていない例も見られる。やしま学園高等専修学校（以下：やしま学園）の前身は服飾や経理の学校であったが、在籍する生徒の実態から、別科という形で5年の教育期間を保障し、ゆっくり時間をかけて学べるように教育課程を見直した。

　このような背景として、前述の渡部は、他者と関係を結ぶことが苦手で自尊感情や自己肯定感を育むことに時間がかかる発達障害の生徒が含まれるようになったことを挙げている。また、発達障害に限らず、知的障害を有するすべての青年に共通する課題として、各校の学校要覧や教育目標には、「『自分くずし』から『自分づくり』」（三愛学舎）、「『自分づくり』を支援する」（鳥大附属）など、青年期の特徴である「第二の誕生」や「再編成」を連想させる文言が使われている。

　さらに、近年では、専攻科以降の学びが注目されるようになってきている。見晴台学園が、地域生活支援事業を活用した法定外の「見晴台学園大学」を設立して大学教育（高等教育）に着手したり、やしま学園が、学校外教育として「やしま研究科」を立ち上げ、専攻科修了後の学びを保障したりといった動きが見られ、その成果も発信されている（NPO法人見晴台学園大学2018）。卒後の学びではないが、特別支援学校聖母の家学園では、2017年度より専攻科課程を2年から4年に延長し、7年間の高等部教育を保障するようになった。

2節 学校専攻科における青年期教育の意義と成果

　「全国専攻科（特別ニーズ教育）研究会」（以下：全専研）発行の『もっと勉強したい！　障がい青年の生活を豊かにする学びと「専攻科」』（2008）からは、学校専攻科における学びの意義をうかがうことができる。私立特別支援学校では、専攻科課程の開設によって教育年限を延長でき、その結果、ゆっくりと時間をかけた学びを保障することができるようになった。生徒一人ひとりの育ちの中に、19〜20歳の時期を教育的に支援する専攻科での学びの意義、とりわけ、障害程度の重い青年が、生活上の支援を必要としながらも、専攻科の教育課程の中で受け身の存在から活動の主体へと変わっていくことの意義が明らかになっている（辻2008）。国公立特別支援学校の実践からは、学校の教室の中だけでなく、積極的に地域へ出て行き、その一環として短大生との交流をおこなう中で、「同じ青年期を過ごす彼らにとって、ともに語り合うことを通じて、今の自分を見つめ直す機会にもなったようです」（國本2008）とあるように、社会と関わることで得られる成果を、また、高等専修学校の実践からは、「二年間の学びでは高等課程三年間のカリキュラムとは違い、集団での自治が求められる部分が多いです」（安達2008）といった、より青年らしい実践の工夫による成果を、それぞれ読み取ることができる。

　専攻科設置から10年、20年を経た学校もあり、その中の1校である鳥大附属からは、10年間の実践や卒業生の姿から教育の成果が報告されている。副校長の加賀田（2017）は、同校専攻科の特徴的な取り組みとしての「4つのポイント」（①自分で、自分たちで、②七転び八起きの自分づくり、③見守り支援、④社会の人々との関わりを通して）について「学習指導要領等で定められた教育内容の非常に多い高等部本科までの教育課程の中では、

なかなか実践が難しい」と指摘し、教育課程で大切にしていること（①挑戦、②振り返り、③他者との関わり合い）について、「大胆に教育課程を編成して存分に活用できる」と専攻科ならではの視点で言及している。これらの成果が、「社会人になってからも新聞等を使って情報を得ている」「休日は自分の時間を満喫している」（澤田、野波2017）といった卒業生の現状につながることが推察される。

　さらに、小畑（2006）は、専攻科設置によって就労定着率が上がり、心身を病んで離職する人が減少した私立特別支援学校専攻科の事例や、学校専攻科・福祉事業型専攻科を修了した卒業生に離職者がいない公立特別支援学校高等部の事例を挙げ、進路実態においても専攻科の教育的意義が大きいことを指摘している。先述した鳥大附属の卒業生調査においては、離職の実態は認められるものの、「周囲の人の支援を受けながら、再度自分なりに社会に参加したり、困難を乗り越えようとしたりする姿」（澤田、野波2017）のあることが、専攻科教育の成果として報告されている。

3節　特別支援学校高等部教育の実態と課題

1　教育課程上の課題

　高等部での「自分づくり」が青年期の成長・発達に大きく寄与することは、数々の実践報告からも明らかである[1]。しかし、福祉事業型専攻科が急増している要因を考えた時、高等部が、青年期の移行支援教育を十分に担えて

1　『障害者問題研究』第42巻第1号（2014）において、高等部での「自分づくり」に関する実践報告が掲載され、その成果が認められている。

いないことも同時に指摘できる。この背景には、特別支援教育施行によって教育の対象となる児童・生徒が拡大したことによる、特別支援学校の過密・過大化や軽度児の増加といった実態への対応の遅れに加えて、選抜制・職業準備教育重視といった高等部の教育課程が抱える課題がうかがえる。

　在籍児の増加に関わって、越野（2014）は、増加している層は障害程度の軽い生徒であり、「義務教育段階における特別支援学級や通級指導等の制度が後期中等教育段階では未整備である」と指摘する。また、軽度児に対しては、「職業自立」の達成がより強く求められ、それが、高等部単置校（高等養護学校）や選抜式の高等部の新設につながっていることが考えられるとしている。これに関して、伊藤（2014）は、高等部生の約1/4が選抜を経て入学する実態を調査し、「元々、発達上の困難を抱えている生徒たちにより深刻な『発達のゆがみ』を生じさせる可能性がある」ことを指摘している。高等部の実態調査であるが、選抜（受験）は中学部（義務教育）段階のライフイベントである。「発達のゆがみを生じさせる可能性」が、低年齢化しているとみてもよいであろう。一方、原（2014）は、軽度児の増加の裏で、その問題行動に対応せざるを得ない実態から、「重度障害生の青年期の育ちに向き合う丁寧な教育実践への関心が不十分」であることに言及している。

　また、高等部の教育内容は、卒業後の進路とも密接な関わりがある。坂井（1989）によれば、「高等部における教育は、目前に控えた卒業後の進路の問題が重くのしかかり、進路の問題を抜きにして高等部の教育を語ることはできない」とした上で、「就学から高等部卒業までの12年間を見たとき、学習したことにじっくり習熟し、我がものにしていく時間がどれほど保障されてきたのであろうか」と問うている。坂井の見解を裏付けるものとして、茂木（2000）は、「高等部の教育課程編成は作業学習を中心に多様なあり方をみせているが、高等部、すなわち青年期という発達的位置にあることが等閑視されがちである。それは、高等部教育が、青年障害者の高等部の進路が社会的に限られている状況のなかで、社会自立、特に職業自立をつよく意識した教育になっていることが多いことと関係している。このことは、ひるがえって、青年期認識の希薄化につ

ながっていくのである」と述べている。[2]

　専攻科、特に福祉事業型専攻科が求められる背景として、こういった高等部教育のゆがみが、生徒の育ちに影響をおよぼしていることが推察できる。一方、学校専攻科の強みは、高等部教育の部分を含めて、5年間、あるいは7年間の育ちをトータルに見ることができる点であろう。

2　高等部を卒業できない生徒の存在

　筆者の勤務校では、専攻科課程の開設によって教育年限を延長でき、その結果、ゆっくりと時間をかけた学びを保障することができるようになった（辻2008）。その一方で、近年、顕著になっているのは、年度途中での高等部退学者の増加である。同校は、施設内養護学校として義務制以前に設立された経緯により、隣接する別法人の障害児入所施設（福祉型）（以下：施設）から通学する児童・生徒が数多く在籍しているが、『児童福祉法』改正[3]の影響もあって、そのうちの何人か（例えば2017年度3名、2018年度1名、2019年度2名）が、成人の入所施設への移行や、グループホーム等を活用した地域移行に伴って18歳までに退学している。

　厚生労働省調査（2015）によると、児童養護施設に措置されている子どもの28.5％に何らかの障害が認められ、その多くが支援困難として障害児入所施設に措置変更となっている。また、障害程度が重度であったり、強度行動障害と判定されたりして家庭養育が困難な子どもも入所措置（または契約）となる。施設で暮らす子ども・青年は、障害程度の重さ、家庭基盤の弱さといった社会的困難に直面していることが多いと言える。福祉事業所に欠員が生じたことによる退学は、養護学校（特別支援学校）に

2　茂木は、特別支援学校高等部を類型別に5つに分類し、教育課程編成の特徴と学校数（割合）を考察した調査研究（岩井・清水1995）の結果を踏まえた上で述べている
3　『児童福祉法』63条2項が撤廃され、2018年3月末日をもって障害児入所施設における18歳以降の措置延長が認められなくなった。その後、障害福祉サービスでの支援提供の場の不足を受け、2017年3月8日に開催された厚生労働省障害保健福祉関係主管課長会議において期限を3年間延長することが示されているが、あくまでも延長措置で、決定が覆されたわけではない。

高等部が設置されて以降、珍しい現象ではないが、ここで注目したいのは、障害程度が重い、あるいは家庭基盤の弱い子ども・青年たちの中に、本人の意志とは関係なく、「学び」につながりにくい実態があることで（辻2019）、これも、現代における教育福祉問題の一つと言える。

　施設に関しては、児童養護施設から措置変更となった児童の増加と彼らの抱える愛着の問題や不安定さ、支援困難な状況（木全2013）、卒園生に関しては、青年・成人期の地域生活支援（平井2015）や、退所後の地域移行（堀内2008）などの先行研究がある。筆者は、卒業後すぐに社会に出るのでなく、18歳以降も「学びの場」があることが、不安定さや支援困難の軽減の一助になると考えるが、そこに踏み込んだ研究は、多くはなく、この分野の実践や研究の乏しさがうかがえる。

　また、丸山（2008）は、特別支援学校における教育実践上の課題として、職業学科設置に関連し「『進路変更』による退学が想定されているともとれる」と指摘している。職業学科であることから、ここで指摘されているのは、障害程度の軽い生徒の退学であると推察され、先述した職業自立の達成をより強く求められる実態とも合致する。

　教育権保障の「三つの歴史的発展段階」の二番目の課題である「高等部全入」については、2000年におおむね解消したとされているが、このように、卒業に至らない事例が存在する。希望すれば入学できる時代になったからこそ、卒業、すなわち「学びを全うする」という課題が、解決されずに潜在していることが、さまざまな側面から明らかになった。これらは、福祉や労働の政策動向とも大きな関わりを持っており、教育機関である特別支援学校高等部だけで解決できる問題ではない。他の分野との連携・協働が求められている。

3　支援者の問題意識

　全国的な研究・運動組織である「全国障害者問題研究会」（以下：全障研）では、毎年開催される全国大会において、青年期の学びに関する分科会

を設けており、筆者も継続して、その運営に携わってきた。2012年まで
は「後期中等教育・卒後の課題」分科会の中に、高等部の課題と18歳以
降の教育に関する課題の双方が位置づけられていたが、学校専攻科や福
祉事業型専攻科からの参加者が増加し、専攻科づくり運動の発信・情報
交換が主な討論内容になっていた実態を受けて2013年より分科会を再編
成し、現在に至る。高等部の教育実践は「後期中等教育」の分科会で、
専攻科や卒後の学びに関しては「18歳以降の教育」の分科会で、それぞ
れ討論されている（表1-3参照）。

　高等部の抱える課題に関連して、『全障研第47回全国大会報告集』（全障
研2014）の後期中等教育分科会の報告ページに、「レポートの少ない高等部
について課題が少ないかというとその逆で、分教室での教育、キャリア教
育も含めた作業学習の中身、就労問題、発達障害のある生徒への対応など、
多岐にわたる課題があふれています」と記載されている。さらに、これを受
けて、「高等部で問題になっている多様な生徒に対応する教育課程づくりや
高等部の教育実践を丁寧に話し合う場を設定することにしました」と続く。

　表1-3は、2010年から2018年までの過去9年間にわたる『全国大会報
告集』を参照して、分科会報告に記載された内容から参加者の問題意識
を一覧にまとめたものである。一つの分科会に高等部の課題と卒後の課
題が位置づいていた頃は、卒後に「学び」という選択肢が増えることで
高等部の実践が変わっていくことへの期待等が討論されている。その方
向性を示す具体例の一つが専攻科で、自立に向けて試行錯誤が許される
集団の必要性や、学びの場を増やす運動が求められること等が確認され
た。分科会が二つに分かれてからは、18歳以降の教育分科会で、青年期
における「学び」の内容や、その必要性、仲間と学んだ経験が、その後
の人生に大きな影響を与えることが話題になっている。また、生涯学習
支援政策を受けて、その在り方に対する期待や懸念も出されていた。一
方、後期中等教育分科会では、高等部の教育内容に関して、保護者や教
員の切実な声が上がっており、課題がより鮮明になった。

　本来、専攻科の課題は高等部の問題であり、高等部の課題は専攻科の

表1-3 全障研「後期中等教育・卒後の課題」「18歳以降の教育」分科会における問題意識

年度	開催地	参加者数	「後期中等教育・卒後の課題」分科会	
2010年	第44回 愛知	レポート8本 参加者28名	青年たちが今の社会で自立していくことの難しさを、社会全体が認知していない。まだ発達途上にある青年たちにとっては、試行錯誤が許され、そこに仲間がいるような集団が必要。	
2011年	第45回 大阪	レポート7本 参加者70名	高等部を卒業する生徒たちが、当たり前に社会に出ていくのではなく、多様な選択肢ができていくことで、高等部の実践内容が質的に変わっていけたらという願いが出された。	
2012年	第46回 広島	レポート8本 参加者51名	自分の思いをいっぱい出し、他者の思いも受けとめ、折り合いをつけていく。そんな心の育ちを保障できる「青年期の学びの場」を増やしていく運動が求められている。	
2013年	第47回 青森		「後期中等教育」分科会 （レポート5本、参加者22名） 学校と地域の連携の大切さ。新自由主義に基づいたキャリア教育の重視は、本人や保護者の願いに応えるものではない。本人のニーズに合わせた教育課程を学校現場に取り戻すために何ができるかを考える時。	「18歳以降の教育」分科会 （レポート4本、参加者10名） 高等部卒業後に学ぶ2年間は短いけれど、ずっと続く長い人生の中で大切な期間。広い視野で、いろいろな人に説得力を持つ形で18歳以降の教育の場があることの意味を発信していく必要がある。
2014年	第48回 滋賀		台風接近のため中止（レポート8本）	（レポート12本）
2015年	第49回 岐阜		（レポート2本、参加者18名） 高等部が「企業に人材を育成・供給する場」になっている。生徒に意味のあるキャリア教育を実践したい。青年期教育としての高等部教育の創造が、同僚性に基づいた職場づくりと共に求められる。	（レポート8本、参加者36名） 青年期の育ちに確信を持ち、青春を謳歌することで、その後の人生をゆたかにすることが明らかになった。18歳以降の学びの向こうに何をイメージするのか。すべての人を支えきれているのか。
2016年	第50回 京都		（レポート6本、参加者31名） 高等部の教育内容や教育課程で何を大切にすべきか。特に進路の問題や性教育をどう位置づけるのか。税金を払える障害者育成という教育目標を掘り下げていくと社会の中で重度の障害者の生き方をせまく規定するものになる。	（レポート7本、参加者30名） 実践を通して青年期の学びの大切さや集団（仲間の存在）の意義に確信を持った。福祉の分野や教員に学びの意味を理解してもらうことが啓発につながる。生涯学習に結びつく取り組みを視野に入れたい。
2017年	第51回 鹿児島		台風接近のため中止（レポート2本）	（レポート3本）
2018年	第52回 埼玉		（レポート1本、参加者11名） 企業就労を目的とした教育内容・教育課程編成が進んでいる。高等部教育の中に、卒業してからの職業に関する内容が無批判に導入されている。企業就労率を競う傾向が強いが、18歳時点の就職率だけでなく、アフターケア体制の充実や定着率を高めることも重要。	（レポート1本、参加者20名） 海外と日本では、20歳前後の教育に差がある。イギリスには継続教育の仕組み、韓国には知的障害者の進学する大学がある。文部科学省の生涯学習施策が本当に障害者の学びや生きがいになるのか注視する必要もある。

（全国障害者問題研究会第44〜52回全国大会報告集をもとに筆者作成）

問題でもある。両者の関係性の中で現状を捉え、今後の課題を整理する必要がある。

　また、先述した分科会討論の中で海外の青年期教育の在り方についての言及があった。イギリスでは、1960年代より、継続教育が広がりはじめ、現在では多くの知的障害のある青年・成人が継続教育カレッジにおける教育に参加している（丸山2009）。

4節 | 高等部の現状から見た「二つの専攻科」の役割と学校専攻科の課題

1 学習指導要領に見る高等部教育

　2019年2月に告示された『特別支援学校高等部学習指導要領（以下：新指導要領）』（文部科学省2019b）では、改訂の方向性として「資質・能力」「カリキュラム・マネジメント」「主体的・対話的で深い学び」の三つが重視されている。「主体的・対話的で深い学び」については第4章で触れることとする。

⑴ 資質・能力

　「資質・能力」では、生きる力を育むことを目指すにあたり、教育活動を通じて、どのような資質・能力の育成を目指すのかを明確にすることが問われており、新指導要領には①知識・技能の習得、②思考力・判断力・表現力などの育成、③学びに向かう力・人間性等の涵養、の三つの柱が提示されている。さらに、「個別の指導計画の実施状況の評価と改善を、教育課程の評価と改善につなげていく」とある。

これらを実現していくことに異論はないが、教育の目標が、これまでの「何を学ぶか」から「何ができるようになるか」にシフトしたことを意味しており、生徒に対しても教員に対しても、何かが「できるようになる」ことだけが評価の対象になってしまった印象は否めない。前項で指摘した高等部の実態を鑑みるに、より成果主義的傾向を強めることが懸念される。

　また、「キャリア教育及び職業教育に関して配慮すべき事項」には、「産業現場等における長期間の実習を取り入れるなどの就業体験活動の機会を積極的に設ける」「実験・実習に配当する授業時数を十分に確保する」「就業体験活動をもって実習に替えることができる」等が記載されている。知的障害のある人は、具体的な場面における実体験から学ぶことが多く、現場での実習や就業体験は効果的である。しかし、ここでも、問われているのは「社会的・職業的自立に向けて必要な基盤となる資質・能力を身に付けていく」ことである。「できるようになる」ことに目標を定めるのであれば、内面の育ちや、人やものと関わる力といった数値化できない資質・能力についても、見ていく必要があろう。

(2) カリキュラム・マネジメント

　新指導要領では、「教育課程に基づき組織的かつ計画的に各学校の教育活動の質の向上を図っていくこと（カリキュラム・マネジメント）に努める」ことが求められており、これを三側面で捉えている。[4]

　筆者が懸念するのは、専門学科についてである。専門学科においては、各学科に共通する各教科[5]の他、家政・農業・工業・流通・サービス・福

4　①各教科等の教育内容を相互の関係で捉え、学校教育目標を踏まえた教科等横断的な視点で、その目標の達成に必要な教育の内容を組織的に配列していく、②教育内容の質の向上に向けて、子どもたちの姿や地域の現状等に関する調査や各種データに基づき、教育課程を編成し、実施し、評価して改善を図る一連の PDCA サイクルの確立、③教育内容と教育活動に必要な人物・物的資源等を、地域等の外部の資源も含めて活用しながら効果的に組み合わせる、の三側面である。
5　国語、社会、数学、理科、音楽、美術、保健体育、職業、及び家庭の各教科、道徳科、総合的な探究の時間、特別活動並びに自立活動

祉の各教科、または専門教科（学校設定教科のうち専門教育に関するもの）の
うち、いずれか一つ以上履修することが義務づけられている。その上で、
「専門教科の履修によって、全ての生徒に履修させる各教科の履修と同様
の成果が期待できる場合においては、その専門教科の履修をもって、全
ての生徒に履修させる各教科の履修に替えることができる」とある。先
行研究や、先述した支援者の問題意識において、繰り返し強調されてき
たのは、職業自立を強く意識することで「青年期」というステージが等
閑視された教育内容や、それによる発達のゆがみであった。「教科等横断
的な視点」によって、その傾向がさらに進む危険性はないのであろうか。

　また、各教科の指導にあたり、「高等部の３年間を見通して計画的に指
導するものとする」とも記載されている。卒業は一つの節目であり、新
たなスタートラインであるが、ここでは、卒業がゴールとして設定されて
いる。生涯学習への意欲を高めることや、関係機関との連携のための「個
別の教育支援計画」作成への言及はあるものの、基本的には、残された
課題を次のステージに持ち越すということではなく、ゴールに向かって、
ただただ計画的に学校生活が進んでいく。ここにも青年期認識が等閑視
されている実態がある。「高等部の３年間」という表現からは、「知的障
害児校には専攻科を設置しない」という文部科学省の方針もうかがえる。

2 高等部教育の課題と「二つの専攻科」が果たす役割

⑴ 実践課題

　実践レベルの課題として、職業準備教育重視の影響による軽度児の「発
達のゆがみ」、重度児の青年期の育ちに向き合う丁寧な教育実践の不足が
指摘される。

　「二つの専攻科」に求められているのは、第一に、「発達のゆがみ」を、
青年らしい、しなやかな発達に戻すための時間・集団・活動を保障する
「学びの場」「学び直しの場」としての役割である。このような場の存在が、

青年期に必要な「自己の確立」を確かなものにすると考えられる。

　第二は、障害程度の重い青年の育ちに丁寧に寄り添う役割である。障害が重いからこそ、時間をかけてゆっくり学ぶことが大切であり、「二つの専攻科」による教育年限の延長で、それが可能になったと考えることができる。これについては、特別支援学校の専攻科や、生活介護事業を活用した一部の福祉事業型専攻科に限定されるが、高等部を5年〜7年の幅で捉えることのできる特別支援学校を参考に、生活介護事業所が実践内容を再編成している例もあり（いずみ野福祉会2019）、今後に期待が持てる。

⑵ 運用課題

　運用レベルの課題として、キャリア教育重視の教育課程編成が挙げられる。キャリア教育を否定はしないが、茂木（2000）が指摘するように、教育課程においては、「職業自立」と「青年期認識」の統合を図ることが必要である。

　「二つの専攻科」のうち、公立校の高等部で「職業自立」に偏った教育を受けてきた人が多く在籍していると考えられる福祉事業型専攻科には、「青年期認識」にも着目した実践をおこなう役割が求められていると言えよう。学校専攻科には、高等部5〜7年間のカリキュラム・マネジメントを工夫し、発信する役割が求められる。これらの役割を果たすことが、青年期に必要な「主体的な学び」の確立につながるとも考えられる。

⑶ 政策課題

　政策レベルの課題として、障害児教育から特別支援教育にシフトし、教育の対象となる児童・生徒が増えたことによる特別支援学校の過密・過大化、『児童福祉法』改正の影響、学習指導要領の改訂が挙げられる。

　学習指導要領の改訂については、そのすべてに問題があるわけではないが、運用レベルの課題として注意深く見ていく必要がある。「二つの専

攻科」が特別支援学校の過密・過大化を解消することはできないが、それによって発生した個別的な課題改善の場としての役割を果たすことは可能である。『児童福祉法』の改正については、⑷にて述べる。

⑷ 果たせていない役割

　一方、「二つの専攻科」が果たせていない役割は、二点に集約できる。

　一つは、生活の場と学びの場を同時に保障することである。高等部の実態として、『児童福祉法』の改正とも関わって施設から高等部に通う生徒の退学事例を取り上げ、学校教育の継続が難しいことを指摘した。また、福祉事業型専攻科であっても、自立訓練事業は、家庭基盤が弱い人や障害程度の重い人が利用しにくい現状がある（辻2016）。

　二つは、量の保障である。これは、本章の冒頭で述べた高等部卒業後の進学率の低さを根拠としているが、増加傾向にある福祉事業型専攻科も全国規模ではない。2018年時点で、全専研で把握している学校専攻科もしくは福祉事業型専攻科について言えば、いずれか1か所以上設置されている都道府県は27で、20の県には設置されていないことが明らかになっている。

3 学校専攻科の強みを活かした今後の展開

　学校専攻科の強みは、数は少ないものの、国公立または私学の教育機関として長年の実績や独自のノウハウを持っていることである。また、本章の冒頭でも述べたように、横のつながりもあり、実践面で交流・協働することが可能である。その成果を広く発信して、教育年限延長の意義を世に問うことが求められる。特に、高等部（本科）の部分に対し、専攻科も含めた5〜7年の中の3年間のカリキュラム・マネジメントを、どのように捉え、実践するのかが問われている。専攻科のあることが、18歳までの学びにどのような影響を与えるのか、発信する必要がある。

また、全専研などの活動を通して、福祉事業型専攻科とも交流がある。序章で、「二つの専攻科」の教育内容（教育カリキュラム・プログラム）を検討することの必要性を指摘したが、教育内容を系統的につくりあげていくことは教育機関に課せられた役割でもあり、その中心的な役割を担っていくことを期待したい。

　最後に、高等教育の展望について述べる。NPO法人立の学校である見晴台学園は、高等部専攻科の次の階梯として、地域生活支援事業を活用した「見晴台学園大学」を設立した。福祉の制度ではあるが、その教育課程は、高等教育である大学を強く意識したものになっている。また、みんなの大学校は、前身であるシャローム大学校のホームページで「特別な学びが必要な方々のための法定外大学です」と、謳っている。両者にKINGOカレッジ（自立訓練事業）を合わせた3校を結んだ遠隔講義の取り組みも始まっており、青年期の学びは、さらなる多様性を見せている。また、福岡県に法人本部を置く鞍手ゆたか福祉会では、自立訓練事業と就労移行支援事業を組み合わせた4年間の「福祉型カレッジ」を全国展開している。高等教育をおこなうことの是非や、その内容も含めて、学校専攻科でも教育課程の整理・見直しが進むことを期待したい。

〈文献〉

・安達俊昭（2008）「専修学校における特別ニーズ教育の実践」全国専攻科（特別ニーズ教育）研究会 編『もっと勉強したい！　障がい青年の生活を豊かにする学びと「専攻科」』クリエイツかもがわ、38 － 47

・原まゆみ（2014）「輝く青春の高等部を創る─山梨における高等部改革教育の取り組みから─」二通　諭 他編『障害児の教育権保障と教育実践の課題』群青社、46 － 60

・長谷川正人（2015）『知的障害者の大学創造への道　ゆたか「カレッジ」グループの挑戦』クリエイツかもがわ

・平井　威（2015）「施設を出て地域で暮らすために必要な支援とは何か2─知的障害児施設退所者と自宅在住者との比較調査から─」『明星大学教育学部研究紀要第5号』111 － 125

・広瀬浩二郎（2005）「バリアフリーからフリーバリアへ─近代日本を照射する視覚障害者たちの"見果てぬ夢"─」岩田正美　監修、杉野昭博 編『リーディングス日本の社会福祉第7

巻　障害と福祉』日本図書センター、405 − 427
・堀内浩美（2008）「知的障害児施設における地域移行支援に関する研究─地域移行事例の支援プロセスの分析を基に─」『社会福祉学第49巻第2号』58 − 69
・伊藤修毅（2014）「選抜式知的障害特別支援学校高等部の現状」『障害者問題研究第42巻第1号』10 − 17
・加賀田保憲（2017）「むすびにかえて〜みんなで歩み続けよう〜」三木裕和　監修、鳥取大学附属特別支援学校　著『七転び八起きの「自分づくり」　知的障害青年期教育と高等部専攻科の挑戦』今井出版、200 − 209
・木全和巳（2013）「児童養護施設等から措置された事例にみる知的障害児施設児童の実態と実践課題」『障害者問題研究第41巻第1号』74 − 79
・KINGOカレッジホームページ（https://www.kingo-college.jp）
・小畑耕作（2006）「養護学校高等部の現状と進路実態から見た専攻科の意義」『障害者問題研究第34巻第2号』92 − 99
・越野和之（2014）「特別支援学校高等部をめぐる近年の諸問題」『障害者問題研究第42巻第1号』2 − 9
・厚生労働省（2012）『児童福祉法』（https://www.mhlw.go.jp/web/t_doc?dataId=82060000&dataType=0）
・厚生労働省（2015）『児童養護施設入所児童等調査結果』（https://www.mhlw.go.jp/stf/houdou/0000071187.html）
・鞍手ゆたか福祉会ホームページ（https://kurate-yutaka-fukushikai.com）
・國本真吾（2008）「地域で実践、青年期の生涯学習──オープンカレッジ、大学公開講座」全国専攻科（特別ニーズ教育）研究会　編『もっと勉強したい！　障がい青年の生活を豊かにする学びと「専攻科」』78 − 84
・学校法人カナン学園三愛学舎（1988）『三愛学舎10年のあゆみ』
・学校法人カナン学園三愛学舎（2018）『40周年記念誌』64 − 73
・学校法人特別支援学校聖母の家学園（2008）『特別支援学校聖母の家学園研究紀要』
・学校法人特別支援学校聖母の家学園（2012）『特別支援学校聖母の家学園研究紀要』
・学校法人特別支援学校聖母の家学園（2016）『特別支援学校聖母の家学園研究紀要』
・学校法人特別支援学校聖母の家学園（2019）『学校要覧』
・丸山啓史（2008）「知的障害のある青年の高等部教育と就労─東京都における職業学科設置についての検討を中心に─」『障害者問題研究第36号第3巻』189 − 196
・丸山啓史（2009）『イギリスにおける知的障害者継続教育の成立と展開　青年・成人教育の機会拡大とカリキュラム開発』クリエイツかもがわ
・みんなの大学校（旧称：シャローム大学校）ホームページ（https://minnano-daigaku.net）

・清時忠吉（2019）「生活介護事業所における学校から社会への移行期における学び支援の取り組み」『学青時代 シュレオーテ 5周年記念誌』いずみ野福祉会、138 − 142

・茂木俊彦 他（1999）『講座 転換期の障害児教育 第5巻障害児教育方法の軌跡と課題』三友社出版、202 − 206

・文部科学省（2019a）『学校基本調査』（https://www.mext.go.jp/b_menu/toukei/chousa01/kihon/kekka/k_detail/1419591_00001.htm）

・文部科学省（2019b）『特別支援学校高等部学習指導要領』（https://www.mext.go.jp/content/20200619-mxt_tokubetu01-100002983_1.pdf）

・NPO法人 見晴台学園大学（2018）『発達・知的障害者の大学教育研究』

・坂井清泰（1989）「高等部教育と進路の課題」『障害者問題研究第59号』27 − 36

・澤田淳太郎、野波雄一（2017）「修了生への悉皆調査からみる専攻科での青年期教育の意義と今後の課題」三木裕和 監修、鳥取大学附属特別支援学校 著『七転び八起きの「自分づくり」 知的障害青年期教育と高等部専攻科の挑戦』今井出版、84 − 120

・辻 和美（2008）「新しい自分と出会う専攻科」全国専攻科（特別ニーズ教育）研究会 編『もっと勉強したい！ 障がい青年の生活を豊かにする学びと「専攻科」』クリエイツかもがわ、20 − 27

・辻 和美（2016）「知的障害青年の移行支援教育における福祉事業型専攻科の意義と役割—特別支援学校等専攻科との比較から—」『中部社会福祉学研究第7号』27 − 37

・辻 和美（2019）「社会的困難を抱える青年への進路支援の取り組みから見た『専攻科』の役割と課題」『中部社会福祉学研究第10号』47 − 57

・鳥取大学附属特別支援学校（2019）『平成28年度研究紀要』専1 − 専24

・渡部昭男（2009）『障がい青年の自分づくり 青年期教育と二重の移行支援』日本標準、32 − 43

・全国障害者問題研究会（2011）『全障研第44回全国大会報告集』58 − 59

・全国障害者問題研究会（2012）『全障研第45回全国大会報告集』60 − 61

・全国障害者問題研究会（2013）『全障研第46回全国大会報告集』62 − 63

・全国障害者問題研究会（2014）『全障研第47回全国大会報告集』62 − 63、74 − 75

・全国障害者問題研究会（2015）『全障研第48回全国大会報告集』60 − 65

・全国障害者問題研究会（2016）『全障研第49回全国大会報告集』60 − 61、76 − 77

・全国障害者問題研究会（2017）『全障研第50回全国大会報告集』64 − 65、80 − 81

・全国障害者問題研究会（2018）『全障研第51回全国大会報告集』58 − 63

・全国障害者問題研究会（2019）『全障研第52回全国大会報告集』66 − 67、78 − 79

・全国障害者問題研究会（2014）『障害者問題研究第42巻第1号』

第2章

青年期の
教育権保障の多様性
——教育年限延長と生涯学習支援

はじめに

　前章では、青年期の教育権保障を担う学びの場のうち、「教育年限延長」である学校専攻科に着目したが、ここでは、「生涯学習」を支援する取り組みについて考察する。序章で述べたように、障害児の教育権保障における「三つの歴史的発展段階」（田中2006）^[1]に依拠して論を進めたい。

　養護学校義務制以前、学校教育を受けられなかった障害児は、就学猶予・免除の申請と引き替えに、入所施設における療育の対象となった。義務教育修了後、後期中等教育につながらなかった人や、後期中等教育修了後にさらなる学びを求める人に対しては、障害者青年学級や大学公開講座等の社会教育の取り組みが、その役割を果たしてきた。教育権保障は、これらの教育福祉実践と当事者・関係者が主体となった運動の相互作用の中で発展し、学校教育に結びついてきたという歴史的な経緯がある。共通の原点を持つ学校教育と教育福祉実践の二重構造によって、当事者、家族、支援者、あるいはサービス提供主体である行政、雇用主等の多様な学習要求・教育要求を保障してきたと言える。

　本章では、先行研究に基づいて高等部卒業後のステージにおける教育的な取り組みを取り上げ、青年期における教育年限延長の意義と今後の研究課題を明らかにすることを目的とする。具体的には、「学校教育」と「教育福祉実践」という、青年期の教育権を保障している二重構造について検討するが、先述した「三つの歴史的発展段階」の三番目の課題は「後期中等教育の充実・発展としての専攻科による教育年限延長、及び高等教育や生涯にわたる学びの展望（教育年限延長）」であり、「二つの専攻科」だけに限定されない多様な学びの在り方が示唆されている。その多様性についても触れていくため、ここでは、教育年限延長＝青年期の学びという括りで捉えることとする。

　この目的のために、以下の手続きをとる。まず、1節で、「専攻科」で学ぶ

---

1 ①「全ての障害児に対する義務教育の保障（養護学校義務制）」
　②「希望者に対する後期中等教育の保障（高等部全入）」
　③「後期中等教育の充実・発展としての専攻科による教育年限延長、及び高等教育や生涯にわたる学びの展望（教育年限延長）」

時期が青年期にあたることと、その時期を教育的に支援することの必要性について確認する。次に、2節で教育福祉実践が担ってきた生涯学習について整理し、青年期の教育権保障の視点で各々の限界や問題点に迫る。1節と2節は、歴史的な経緯として卒後の学びの二重構造（学校教育と教育福祉実践）を、それぞれ表している。さらに、3節では、現在、文部科学省が提唱している「生涯学習推進政策」の課題について青年期の教育権保障の視点で考察する。最後に、これらの結果から教育年限延長の意義を整理し、今後の研究課題として「二つの専攻科」の教育内容に着目することの必要性について述べる。

本章は、筆者執筆の「教育権保障としての教育年限延長の意義と課題〜知的障害青年が学ぶ『専攻科』に着目して〜」（日本福祉大学社会福祉学会発行（2021年1月）『福祉研究第114号』1－12）より加筆・修正して掲載した。

「青年期」における教育的支援の必要性

　青年期を表す言葉に、「疾風怒濤の時代」「自我意識の確立」などがあり、多くの心理学者や教育者が、「第二の誕生」「再編成」といった表現で、これまでの自分という積み重ねの上に、その自分をいったん壊して新たな価値を見出していく「自分づくり」の時期であると特徴づけている。そして、知的障害のある人たちにも青年期が訪れること、健常児と比べて混乱や葛藤の度合が高くなる傾向にあることが、白石（2000）によって明らかになっている。

　青年期に該当する年齢は、時代背景や社会情勢によって異なるが、現代の日本では、おおむね第二次性徴後から20代後半（社会人5〜7年目）くらいまでとされており、学校教育で言えば、高校生〜大学生〜大学院生の年齢が含まれる。一方、知的障害児の場合、学齢期以降（就学以降）は、特別支援教育に依拠することが多く、そこでは、統合教育・インクルーシブ教育と個々人の能力に応じた個別のカリキュラムを並行して用意することの重要性が指摘されている。しかし、高等部卒業後、学校教育において、そのような学習内容や集団が保障されることは非常に少ない。

　青年期は、「子どもから大人へ」「学校から社会へ」の二重の移行期（坂井2000）と位置づけられ、人生の大きな転機となる時期である。「子どもから大人へ」という内面の成長・成熟が求められると同時に「学校から社会へ」といった外的な環境の変化を余儀なくされる。この「子どもか

2　白石（2000）は、「大人になっていく身体と、まだ大人になりきれない心、あるいは大人として認められない社会的関係の中で生じる様々な混乱や葛藤が思春期にみられるが、その葛藤を乗り越えていくことで、青年らしさを身につけていく。これは、障害児の場合でも同様で、しかもその混乱や葛藤がより激しくあらわれることもある」と述べている。

3　『特別支援教育大事典』（2010）による

ら大人への移行」について、渡部（2009）は、「瞬間移動ではない」と指摘し、専攻科を含む高等部教育も「移行保障・移行支援の一環である」と捉え、「青年自身による『子どもから大人への自分づくり』を教育的に組織し、方向づけ、援助する営み」でなくてはならないと述べている。

　また、三木（2017）は、暦年齢19～20歳の軽度の知的障害や発達障害の人の中に、「9・10才の発達の節目」という壁に挑もうとする段階の人が存在することを指摘する。ギャング・エイジの言葉通り、他者との関わりの中で自己を対象化し、自分づくりをしていく時期ではあるが、自然発生的な仲間集団の確保や、その集団への積極的な参加の保障が難しい人もおり、何らかの「場」を設定することが求められると言えよう。このように、青年期を教育的に支援する「学びの場」が必要であると指摘されている。

　このような18歳以降の「学びの場」を、学校教育の年限延長として担ってきたのが、第1章で取り上げた「学校専攻科」である。

2節　教育福祉実践が担ってきた卒後の学び——「生涯学習」

1　「生涯学習」の範囲

　1節では、高等部卒業後の教育的な取り組みを担う二重構造のうち、学校教育の側面から、教育年限延長について述べた。2節では、それと

4　移行支援（transitional support）に関わって、坂井（2000）は、「学校卒業後を契機とするトランジションは、学校から社会への移行としてのトランジションと『成人になること』すなわち青年期という子どもから大人への飛躍的な移行という二重の意味でのトランジションであり、他の場合とは区別される特別な意味を持つ」と述べている。

対をなす「生涯学習における青年期に特有の教育福祉実践」の側面に着目する。子どもから青年期を経て成人および老齢期に至るまでの生涯学習のイメージを図2-1に表した。本書では、学校教育以外の部分を、教育福祉実践と位置づけている。

　障害者の生涯学習の推進については、文部科学省も力を入れている。その詳細については次節で述べることとし、ここでは『障害者の生涯学習の推進方策について』（文部科学省2019a・b）において、学校卒業後における障害者の学びの場づくりの二つの視点とされている「学校から社会への移行期の学び」と「各ライフステージにおいて求められる学び」に則して検討したい。

　また、障害児・者の生涯学習を支援する取り組みは多岐にわたるが、2016年に設立された民間の研究団体である「全国障がい者生涯学習支援研究会」の分類を参考にしたい。この研究会では、生涯学習の分野として①「専攻科・大学づくり」、②「地域青年学級」、③「障がい者施設」、④「公民館」、⑤「オープンカレッジ」、⑥「障がい児支援」、⑦「スポーツ・文化」の合計7つを位置づけており、これらの分野における取り組みが、実質的に知的障害のある青年の学びを担ってきたと言える。「専攻科・大学づくり」には、学校専攻科も含まれるが、前章で取り上げたため、ここでは福祉事業型専攻科に限定する。

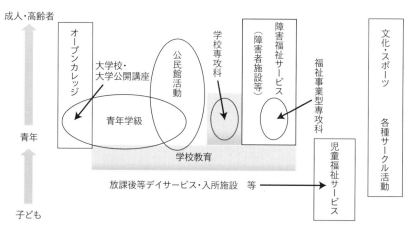

図2-1　生涯学習のイメージ図（先行研究をもとに筆者作成）

2 「生涯学習」分野における実践の成果、および限界と問題点

(1)「学校から社会への移行期の学び」における成果と課題

1）福祉事業型専攻科

　福祉事業型専攻科は、学校専攻科（学校教育）を補完する選択肢として誕生した。法律用語ではなく独自の表現であり、実際は『障害者総合支援法』に則って運営される第2種社会福祉事業である。自立訓練事業や就労移行支援事業といった2年間の有期限事業を活用しているところが多く、プログラムに教育的機能を位置づけ、「移行期」を強く打ち出した学校専攻科のような実践をおこなっている。

　その教育内容や成果については、いくつかの事業所で著書や報告書にまとめられるようになった。[5]「仲間が意識され自分の感情をコントロールすることや人間関係を意識できるようになってきた」「想像以上に研究していく力がある」（岡本、河南、渡部2013）といったスタッフの客観的な評価もあれば、青年自身が福祉事業型専攻科での経験を振り返り、自分の言葉で語ったものもある。

　本人の語りには、自分の気持ちを出すことや、その上で他者と折り合いをつけることへの言及が多く見られる。「しんどくなったら『疲れました』といまは言えるようになった」（岡本、河南、渡部2013）、「入学した時は、話すのが苦手でしたが少しずつ話すようになりました」「友達もできたから、それに進路さんのこともちゃんと決めれてたから良かったです」（NPO法人大阪障害者センターぽぽろスクエア2017）等である。また、「行きたくはなかったんだけれども」「行くところがなかったし」「私はここに来る前、どこに身をおくか悩んでいました」（NPO法人大阪障害者センターぽぽろスクエア2017）等、進路選択に悩んだり、挫折を味わったり、紆余曲折の末、

5　『福祉事業型「専攻科」エコールKOBEの挑戦』クリエイツかもがわ（2013）、『ありのままのぽぽスク青春』NPO法人大阪障害者センターぽぽろスクエア（2017）、『福祉型専攻科シャンティつくば実践報告集』福祉型専攻科シャンティつくば（2017）等がある。

福祉事業型専攻科にたどり着いた人も多い。

　福祉事業型専攻科の役割に関する以下の研究は、先述した本人の語りを裏付けるものである。伊藤（2015）は、自立訓練事業の新しい機能として「教育的効果」を位置づけることを提案し、丸山（2015）は、「学びの場」としての自立訓練事業が果たしている役割に「楽しく通える居場所の確保・主体性の広がり・経験の広がり」等があり、そのことによる通所者の変化が母親等に認識されていることを明らかにしている。福祉事業型専攻科が、引きこもりなど何らかの理由で在宅になっていた青年の居場所としての役割を果たしているという指摘（丸山2015）もある。さらに、船橋（2017）は、福祉事業型専攻科が「豊かな青年期教育の場」「人間恢復の場」「文化的体験の場」を提供していると述べている。

　このように、福祉事業型専攻科における教育的な実践の成果は多い。また、当事者の発信を含む先行研究からは、一つ前のステージである高等部が、彼らにとって主体的に学べる場となり得ていなかったことも併せて推察でき、船橋が述べているように、福祉事業型専攻科での学びが当事者の人間性の回復に資していることも明らかである。

　しかし、福祉事業型専攻科の役割が、時間をかけて学ぶための教育年限延長の代替であるという発想にとどまるなら、それは、教育的なものにつながっている時間の保障に過ぎず、不十分であると言わざるを得ない。また、急増しているとは言え、全国で1,000か所を超える自立訓練事業のうちの40か所未満であることを考えると、現段階では、数の上で「学校から社会への移行期の学び」を十分に保障しているとは言いがたく、事業としての広がりに欠ける点が課題である。

2) 障害者青年学級

「地域青年学級」（以下：青年学級）は、「障害者青年学級」とも言われ、始まりは、1964年、東京都墨田区に開設された「すみだ学級」である。同窓会活動を出発点とし、保護者と教員が区の教育委員会に働きかけて実現した。特別支援学校における卒業生のフォローアップとして始まっ

た経緯もあり、その意味では「学校から社会への移行期の学び」と位置づけることができる。1964年といえば、オリンピック景気に沸く高度経済成長期である。働く障害のある青年にとっては、つらい現実に直面することも多かったであろう。また、障害程度の重い卒業生は、仲間と会う機会も、地域における活動の場も少なかったことが推察される。

　青年学級では、現実の生活に則した課題を取り上げることが多い。その場で改善を図るというより、集団の力を活かし、改善に向けて当事者の主体性を高めるような活動が展開されている。ここでは、春口（2019）の報告をもとに一例を挙げる。東京都国分寺市では、公民館の主催事業として「くぬぎ教室」が運営されており、参加者の希望を取り入れた造形活動や調理、英会話等の他、演劇やミュージカルの上演を通して、協力して取り組むこと、自分の思いを歌詞という形で発信すること、社会参加の意欲を高めること等を重視してきた。知っている物語をベースに、自分たちの生活に引きつけた劇として上演することを通して、日頃の思いを台詞に乗せて表現できる。職場でいじめにあっていた青年は、「仕事、辞めない方がいいよ」という台詞を、どうしても言うことができなかった。しかし、この劇を通して、会社に事情を話し、配置換えをしてもらうことができたそうである。

　山﨑（2001）は、青年学級について「職場・家庭・地域の結節点」となる存在であると述べ、教育福祉実践の一つの在り方として大きく評価している。小畑（2016）も、青年学級が、その取り組みを通して「青年たちの精神的な支えの拠点」になっていることを評価し、職場と家庭だけではない第三の場の必要性と、そういった場で、ありのままの自分を受けとめてもらえることの大切さを指摘している。

　その一方で制度的な問題点も認められる。青年学級の成り立ちはさまざまで、すみだ学級のような同窓会や学校主催のもの以外にも、教育行政、福祉行政、福祉団体やNPO法人など、設置主体や運営主体は多岐にわたっており、いろいろな参加の仕方があることも魅力の一つであるが、東京都清瀬市のように、障害福祉課の管轄で実施されている青年学

級は少なく（竹野、飯島、上野、永田2019）、愛知県名古屋市のように、教育委員会の委託事業として実施しているところは、法的保障が不十分である（河合2019）。小畑（2016）は、青年学級に集う（青年学級しか集う場がない）青年について、「社会教育事業としての公民館活動を届けてもらえなかった人たち」であると指摘し、文部科学省発行『知的養護学校の高等部指導の手引き』(1996)に記載された卒業後指導の意義と必要性の記述について、「（青年学級の）必要は認めるが、誰がやるかが問題で、そのための人的な裏づけはない」と批判している。

　運営実態における限界もある。第一は、青年学級でありながら、実際には中高年となった在籍者が多いことで、厳密には「学校から社会への移行期の学び」に該当しない。第二に、在籍者が社会人であることから、月1〜2回程度、休日に開催されることが一般的であり、継続した学びを保障しがたい側面もある。第三に、内容的にも、仕事の疲れを癒す楽しい企画や、成人ならではのナイター観戦や忘年会といった取り組みが多く、人と人との社会関係を結ぶ上で意味はあっても、これだけでは教育年限の延長とは言えない。大がかりな取り組みのみを奨励しているわけではないが、先述した国分寺市の例や、あるいは、コンサートや視察旅行をしている東京都町田市（岩田2019）の例にあるような、ダイナミックな活動を継続して実践するためには、予算や人手も必要で、政策・理念・法的保障が一致しないと展開できないと言える。

　しかし、青年期であることを強く意識した活動内容は、自己解放や仲間づくりの視点からも、青年期の教育権保障に大きな示唆を与えるものであると考える。

⑵「各ライフステージにおいて求められる学び」の成果と課題

1）障がい者施設

　「障がい者施設」（障害福祉サービス）における、卒後の長い人生の学びを追求した取り組みでは、成人の入所施設である「あざみ寮・もみじ寮」で、

1987年7月から継続して開かれている社会科教室（橋本、玉村1997）が代表的である。

　この教室のねらいは「社会参加」である。職員会議で「社会参加の具体的活動として、『主権者』としての権利意識をしっかりと確立する」ことが確認され、目的達成のための活動として社会科教室（憲法学習）が始まった。それは、すでに成人となっていた寮生の「学びたい」という思いに寄り添うものでもあった。養護学校義務制以前に子ども時代を過ごした寮生の中には、就学猶予・免除で学校教育を保障されなかった人たちも含まれる。玉村（1997）は、「人間の本質として『学ぶ心』を持っている」と位置づけ、さらに「継続的な学習の取り組みの中でかけがえのない発達をとげていく」と述べている。

　30年が経過した今日、津田（2018）が、「社会福祉サービス受給者の学習活動も、社会教育と社会福祉の関係をめぐる重要な焦点である」と指摘していることからも、この活動の先見性は明らかである。本研究で取り上げる青年期の教育権保障には該当しない取り組みであるが、社会参加、主権者としての権利意識、「学びたい」という思い、継続的な学習といったキーワードは、今後、「二つの専攻科」が目指していくべき教育カリキュラム・プログラムに大きな示唆を与えるものと考える。

　また、障害児入所施設（福祉型）において、支援者が「生と性教育研修」に取り組んでいる例もあり（豊里学園2018）、それを現場に還元することで、被虐待や愛着の課題を抱えた思春期の子どもたちの自分づくりに資している。

2) オープンカレッジ

　「オープンカレッジ」や「大学公開講座」（障害者を対象としたもの）は、大学教育の一環として、いくつかの大学で実施されているが、筆者が注目したのは、東京学芸大学公開講座「自分を知り社会を学ぶ」における受講生の論文集『大学へ行こう!!』（ゆじょんと2004）である。知的障害のある受講生の文章はシンプルだが、学んだことを自分なりに表現したい

という気持ちがうかがえた。編者の一人である平井（2004）は、彼らの論文を「『知った』だけでなく、すぐさまそのための『行動』を起こしています。（中略）学ぶとはなんでしょう？知識を頭に詰め込むことではありません。それは、自分の生き方を変えることです」と評価している。これは、「一片の知識が学習の成果であるならば、それは何も学ばないでしまったことだ。学んだことの唯一の証しは、何かが変わることだ」と書いた林（1987）の言葉にも通じ、教育の根幹をなすものだと考える。

　オープンカレッジは、大学が研究と地域貢献を兼ねて主催することが多く、大学側の都合が優先されがちである。また、「募集人数に制限がある」「不定期開催である」「開催する大学が少ない」「地域格差がある」といった問題点も併せ持っている。幅広い年齢層を対象としていることから教育年限の延長には該当しない取り組みである。しかし、「二つの専攻科」の多くに「論文」「研究ゼミ」「テーマ研究」といった学習内容が位置づけられていることを鑑みると、それと比較する意味でも興味深い取り組みであり、「二つの専攻科」がオープンカレッジから学ぶことは多いと言える。

　加えて、京（2017）は、学生スタッフが中心となるオープンカレッジについて、「受講生だけでなく、学生スタッフ自身の変化の可能性があることを示すことができた」と評価しており、発達主体である知的障害のある青年と支援スタッフとの間に、相互作用のあることが示唆されている。これについても、「二つの専攻科」で実施されることの多い地域交流や大学生との交流活動の参考にすることが可能であると考える。

3) 公民館活動

　「公民館」は、社会教育施設の一つである。文部科学省発行『障害者の生涯を通じた多様な学習活動の充実について』（2017b）に主な取り組み事例として紹介されている東京都国立市では、公民館を中心として、教育・福祉・労働分野の各部署や、若者サポートステーション、社会福祉法人等が連携し、障害者・健常者という枠組みを超えた「共生」の視点で青

年学級を実施している。また、公民館職員がコーディネーターの役割を担い、人材育成にも力を入れる等、非常に先駆的な事例であることから、地域における「学びの場」としての機能は充実していると言える。先述した国分寺市の例も公民館主催の青年学級であった。しかし、全国的に見ると青年学級や障害のある人を対象とした講座が少ない等、地域格差も大きく、公民館活動が継続的な学びを保障しているとは言いがたい。

　筆者の疑問を裏付けるものとして、名古屋市における障害者社会教育について論じた加藤（2016）は、「障害者の社会教育を語る会」の活動の中で顕在化した課題の一つに、「障害者の自立・発達を促進する学習内容編成」を挙げている。具体的には、「各回の学習プログラムが行事中心主義になっている」「総花的プログラムから抜け出せない」という担当スタッフの声を紹介し、「障害青年に新たな要求を生み出し、それが発達に結びついていくような学習内容編成と学習集団づくりが課題であった」と指摘した。また、「社会教育センター」の名称が「生涯学習センター」に変更され、2000年以降は、公民館としての位置づけも外されて貸し館業務中心となっているなど、条件整備が後退し、制度的な課題も露呈している。

4) その他

　「障がい児支援」と生涯学習の関わりでは、藤本（2016）が、「発達環境としての学校外の地域社会の場における取り組みを積極的に社会教育として位置づけていく」ことを提唱しており、具体的には、障害児学童や放課後等デイサービス等の事業が担うと想定される。

　「スポーツ・文化」の分野には、各種サークル活動をはじめ、SO（スペシャルオリンピックス）やゆうあいピックなどの全国組織がある。國本（2017）は、文部科学省「特別支援総合プロジェクトタスクフォース文書」に触れ、「一億総活躍社会の実現や2020東京パラリンピックに縛られることで、『与えられた生きがい』『窮屈な生き甲斐づくり』とならないよう注意を払う」ことの必要性にも言及している。

(3) 青年期の多様な学びの成果と課題

　ここまで、学校教育と教育福祉実践の双方から、成果と課題について
検討し、成果については、二つの共通点を見出すことができた。その一
つは、「主体的な学びの確立」である。研究や自治活動を通し、学びの主
体者、主権者として社会と関わっていこうとする、青年期、あるいは成
人期ならではの姿を読み取ることができた。もう一つは、「自己の確立」
である。実践の場が精神的な支えとなり、自分らしさの確立や人間関係
の改善を促進していることが理解できた。

　青年期の教育権保障について論じるとき、これまで、学校教育におけ
る年限延長を補完してきた社会教育、あるいは生涯学習を支援する取り
組みを避けて通ることはできない。生涯にわたる学びという点では、有
意義な取り組みであり、青年学級や公民館の存在自体が貴重な社会資源
でもある。また、その実践から学ぶことも多く、現行の学校教育が果た
し得ない役割を、質と量の二側面から果たす存在として期待できる。し
かし、高等部卒業後の教育年限の延長の部分、すなわち、青年期に特化
した「学校から社会への移行期の学び」の保障という観点で考えれば、
これまでに述べてきた各々の取り組みにおける課題からも明らかなよう
に、従来の社会教育や生涯学習の枠組みだけでは不十分である。

　青年期の教育権保障において、現在は学校教育における年限延長と生
涯学習支援の二重構造になっている。また、学校教育、生涯学習支援の
双方ともに学びの在り方は多様であり、その多様性が学びへのアクセス
を増やしている実態もある。「青年期」という時期に着目するなら、多様
性を一歩進め、実践内容において、その融合と協働を進めることが学び
の効果を高めることにつながるのではないか。この問題については、「二
つの専攻科」の教育カリキュラム・プログラムとの関連から考察してい
く必要があると考えている。

3節 「特別支援教育の生涯学習化」と「生涯学習推進政策」（文部科学省）を受けて

1 生涯学習推進政策の背景と今後の方向性

　この政策が対象としているのは、生涯にわたる学びであるが、ここでは、とりわけ青年期の学びに着目して、2019年3月に「学校卒業後における障害者の学びの推進に関する有識者会議」（以下：有識者会議）より報告された『障害者の生涯学習の推進方策について―誰もが、障害の有無にかかわらず共に学び、生きる共生社会を目指して―（報告）』（以下：『報告』）（文部科学省2019a）をもとに国の動向を概観し、評価できる点と今後の課題を、本研究のテーマである「教育権保障としての教育年限延長」との関わりにおいて考察する。

　文部科学省は、2017年4月から「特別支援教育の生涯学習化」の取り組みを推進している。「障害者の学びを取り巻く現状と課題」について、障害者本人へのアンケートや、学習機会提供主体（自治体、特別支援学校、公民館、民間団体等）への実態調査をおこなった。これらの調査結果に加え、調査を実施したという実績そのものが、今後、教育権保障としての教育年限延長を論議していくための契機になることを望みたい。

　『報告』に記載された調査結果からは、障害当事者の8割を超える人たちが共生社会の実現に向けた学習機会の充実が重要であるとしている反面、そのような場が身近にあると感じている人は約3割にとどまっていること、学びに対する当事者の今後のニーズとして、「一緒に刺激し合って向上していける仲間づくり、学習意欲を高めてくれる人間関係等に関する学習」「社会生活に必要な知識・スキルに関する学習」が高いことが

明らかになっている。その一方で、学習機会提供主体への調査結果には、「体制がない状況」「大変低調な結果」「極めて低い割合」という文言が並び、生涯学習の推進や充実に向けて、今後さらなる取り組みの強化が求められる実態がうかがえた。また、障害者の生涯学習の推進において特に重視すべき視点として、①本人の主体的な学びの重視、②学校教育から卒業後における学びへの接続の円滑化、③福祉、労働、医療等の分野の取組と学びへの連携の強化、④障害に関する社会全体の理解の向上、の4つが謳われている。

有識者会議では、「目指す社会像」として「誰もが、障害の有無にかかわらず共に学び、生きる共生社会」を掲げ、①誰もが、障害の有無にかかわらず学び続けることのできる社会であること、②障害者が、健康で生きがいのある生活を追求することができ、自らの個性や得意分野を生かして参加できる社会であること、の二側面が重視されている。

障害者の生涯学習の推進の背景には、2007年の『障害者の権利に関する条約（以下：『障害者権利条約』）』への署名から、2014年の批准に至るまでの国内での制度改革の経緯がある。文部科学省においては、2017年4月に出された松野文部科学大臣（当時）のメッセージによって、具体的な取り組みが開始されることとなった。「大臣メッセージの直接的なきっかけとなったのは、当時の文部科学大臣が特別支援学校訪問時に聞いた、子供たちは学校卒業後には学びや交流の場がなくなるのではないかとの不安を抱いていた保護者の声」であるとされ、一面では、障害当事者の最も身近な支援者である家族の発信が国を動かしたことになる。また、これまで立ち後れていた障害者の生涯学習に関して、国が方針を示すという画期的なメッセージでもあった。

その一方で、生涯学習推進政策とは、國本（2019）が指摘するように第2次安倍内閣が掲げる「一億総活躍社会の実現」を目指すものであり、共生社会とは、津田（2019）が指摘するように「障害者を労働人口の中に取り込む」ことによる共生である等、「もっと学びたい」という障害当事者の思いや願いとは乖離した側面があることは否めない。

2 「二つの専攻科」への影響と教育年限延長の視点から見た問題点

⑴「二つの専攻科」への影響

　2018年9月の『学校卒業後における障害者の学びの推進方策について（論点整理）』（以下：『論点整理』）と、それに続く『報告』では、卒後も学び続けることのできる社会を創造する必要性を打ち出し、「学校から社会への移行期」と「生涯の各ライフステージ」という二つの側面を明確に位置づけた。「学校から社会への移行期」は、まさに「二つの専攻科」で学ぶ時期に合致する。

　前節で述べたように、「障害者青年学級」や「大学公開講座」、あるいは学校主催の「同窓会」等の事業が、高等部卒業後の貴重な学びの場となってきた歴史的な経緯があり、生涯学習推進政策の動きを受けて、継続、あるいはさらに発展していくことが期待できる。また、「学校から社会への移行期」の学びが生涯学習の視点の一つとして位置づくことで、今後、その部分を担っている福祉事業型専攻科が注目されることが推測される。

　筆者は、この流れを歓迎すると同時に、青年期の教育権を保障する二重構造が「生涯学習支援」の方向に収斂していくのではないかという危惧も抱いている。『報告』には、知的障害のある人の高等部卒業後の進学者数（90人）と進学率（約0.5%）が記載され、進学先の一つに高等部専攻科があること、「高等部卒業後も引き続き教育を受け」ることを希望する人がいること、「現状において継続的な学びの場は少な」いことに言及しているにもかかわらず、特別支援教育における進学先確保の観点からの提言は一切なされていない。つまり、文部科学省は、専攻科課程の設置も含めた高等部教育そのものの在り方を「学校から社会への移行期の学び」の中にどう位置づけるのか明確な答えを出していない。ただ、新指導要領から、高等部を3年間と位置づけていることがうかがえるのみである。

⑵「青年期の学び」の視点から見た問題点

　筆者の問題意識を三つ挙げる。

　第一は、教育年限延長に関わる問題である。『論点整理』では、障害者の生涯学習の推進において特に重視すべき視点の一つに「学校教育から卒業後における学びへの接続の円滑化」があり、具体的には「学校教育における学びと学校卒業後の学びを接続させ」と記載されている。これに呼応するかのように、新指導要領には、在学中から生涯学習への意欲を高めることが盛り込まれている。ここには、「接続」「移行」の視点はあるものの「延長」の視点はない。

　障害の有無にかかわらず、生涯学習を推進することに異論はない。むしろ、青年期の学びは多様であるべきである。しかし、『報告』では、高等部卒業後の一定期間を「学校から社会への移行期」と位置づけ、教育機関が不足していると指摘しておきながら、その対策が高等部教育を充実させる政策に結びつかず、生涯学習のみに焦点を当てたものになっている。

　第二は、2019年7月に出された『障害者の生涯学習の推進方策について（通知）』（以下：『通知』）に、「学校から社会への移行期の学び」の記載がないことである。『通知』だけを目にする人にとっては、『論点整理』や『報告』で謳われている移行期の学びの重要性が伝わらない。

　第三は、「福祉事業型専攻科」の名称が用いられていないことである。『報告』には、「障害福祉サービス等と連携して、学校卒業直後の一定期間、学びの機会を提供する例が見られる」と記載があり、ニーズが高いものとして位置づけられている。この例には、「教育」の代替としての「福祉事業型専攻科」も含まれるものと推測されるが、そのような位置づけはなく、法律用語でないとは言え「福祉事業型専攻科」の名称も記載されてはいない。國本（2019）は、「『福祉型専攻科』が実施している学びの中身を『学校から社会への移行期の学び』と称して、その中身のみを吸い上げた」と批判するとともに、「生涯学習の幹にあたる学びの活動に関しては、それを推進するための法制上の規定を欠いていると指摘できよう」と述べている。

本章の1節で述べたように、青年期を教育的に支援する学びの重要性が指摘されているが、学校から社会への移行の時期は、「より主体的な学びへ」の移行の時期でもあり、「学びの主体者になるための教育的支援」を意味する。学校教育と生涯学習をつなぐ青年期の学びの視点が欠けていると言わざるを得ない。

3 実践内容に関わる課題

第一は、『報告』において重視されている「活動における学び」と、教育カリキュラム・プログラムとの関係を、どう捉えるかという問題である。『報告』では、「生涯学習は多様な活動と切り離して推進できるものではなく、活動における学びにも着目して」推進を図ることが求められている。換言すれば、学びの視点が加わることで活動そのものが充実し、質的な向上が期待できるということになろう。筆者の臨床的な体験からも、知的障害のある人の場合は、本人の興味・関心を考慮した「具体的な活動」が学びに対するモチベーションを高め、成果につながりやすいと言える。また、『報告』で問題提起されているのは「移行期」の学びであり、すでに学校を卒業している人も対象となる。「社会へ出ること」「働くこと」が多くの成長をもたらすことは、いくつかの実践報告からも明らかである。

また、『報告』には「多様な活動の充実、質的向上が図られる」との記載もあり、その中身を、どう精査し、実践していくかが問われるのではないだろうか。個別的な実践（ミクロレベル）の問題にとどまらず、学校であれば教育課程、「学びの場」であれば活動プログラムに関わるメゾレベルの問題として論議していく必要があると考える。

第二は、高等教育との関わりである。先述したように、『報告』では、進学率の低さに関連して「大学における知的障害者等の学びの場づくり」の項目に「公開講座等の機会の提供」や大学における継続的な学びを展望した実践的研究の必要性が論じられているが、「大学＝高等教育」と謳われているわけではない。また、「移行期に求められる学習内容」として挙げられ

ているのは実践的な学習であり、効果が期待できる反面、自立のためのスキル習得に矮小化されていると読み取ることもできる。その一方で、「本人の学びの動機や主体的な参画に重きを置く」ことが提案され、効果的と考えられる学習方法として「自ら主体的・協働的に調べ・まとめ・発表する学習」「自分たちで学習や交流を企画する学習」が挙げられている。2節で述べたように、これらは、「二つの専攻科」でも取り入れられている方法である。

『障害者権利条約』には、他の者との平等を基礎として、障害者にも高等教育（general tertiary education）の機会が保障されなければならないことが謳われている。高等教育は、生涯学習と重なる部分を含みながらも、「移行期の」という点では、やはり、継続したものが必要である。青年期の教育権保障の一環として、高等教育をどのように位置づけるべきか、さらに検討する必要性を感じる。

4節 教育年限延長としての「二つの専攻科」への着目

1 青年期の学びの意義

　青年期の教育権保障に着目して、「三つの歴史的発展段階」の三番目に位置する「教育年限延長」を実現する場としての学校専攻科と「生涯学習」を支援する取り組みの二重構造、および、そのことによる多様な在り方について整理した。両者は、共通の原点を持っており、実践の成果も報告されていることから、ともに、知的障害のある人の青年期の学びを支える役割を担っていると言える。しかし、量的に充足しておらず、現行の諸事業・諸活動が十分に機能しているとは言いがたい。

青年期に学ぶこと、すなわち、教育年限を延長し、高等部卒業後も学び続けることの意義は青年自身の主体形成にある。これまでに言及した先行研究から、「専攻科」の実践によって学びの主体者になり、自己を確立するという二つの成果が認められた。教育年限を延長して青年期に何らかの「学びの場」につながることで主体形成が促進されると言える。

　自身の実践も含めたこれまでの先行研究の中に、障害程度の軽重にかかわらず、果敢に社会と関わり、参加し、楽しもうとする強い思いを持った人、実際にそうしている人の存在を見つけることができる。それは、人として当たり前の願いでもある。しかし、そのような願いが醸成されるためには、そして、醸成された願いにふさわしい青年期の教養や専門的な学問のエッセンス、あるいは生活スキルや職業スキル、対人スキルといったものが獲得されるためには、時間がかかり、本人の気持ちに沿わない促成栽培では身につかないことも事実である。

　一方、「依存しつつ自立する」という言葉もあるように、自分でできることと人や制度に頼ることの見極めをし、自分のライフスタイルを確立していくことも、この時期の課題である。自分の人生に対して、より明確な願いを持ち始める青年期に、ともに過ごす仲間がいて、活動の場と時間があることの重要性は、「二つの専攻科」の実践からも明らかである。

　青年期の学びが、学校教育と教育福祉実践の二重構造で保障されていることは、すでに述べた。また、文部科学省の生涯学習推進政策は、「一億総活躍社会」の実現を起点に、「特別支援教育の生涯学習化」としてスタートしている。字面からは、特別支援教育を生涯にわたって展開していくような、あるいは、生涯学習が特別支援教育に矮小化されていくような印象を受ける。これまでに言及した先行研究から、青年期に求められているのは、人生の移行期を教育的に支援する「移行支援教育」であることが明らかになっているが、先述したように有識者会議の『報告』に謳われた「学校から社会への移行」の視点が、『通知』には何ら反映されていない。

　筆者は、ゆっくりと時間をかけて成長していく知的障害のある青年が

次のステップに移行するにあたっては、鉄道でいう線路のポイント切り替えのように瞬時に変化するような「接続」ではなく、陸上競技でバトンを渡す時のテイクオーバーゾーンのような時間的・場面的な余裕が必要であり、それを表現するには、やはり「学校から社会への移行期」という言葉が適切であると考える。バトンリレーでは、渡す側と受け手側がお互いに手を伸ばす。「二つの専攻科」が学校教育と生涯学習の双方に位置づいている意義を、福祉による教育の補完という消極的な解釈にとどまらせることなく、教育と福祉が手を携えて青年期の学びを支えるという積極的な問題提起につなげていく必要がある。

2 研究課題とその対応

　明治以降、日本は、学校教育に力を入れてきた。松下（2003）は、日本型教育発想の構造特性として、官治性、無謬性、包括性の３つを挙げており、国民は、この３つの構造を持つ教育の対象にすぎなかったと指摘している。[6] それが、富国強兵政策に基づくものであったとしても、教育勅語が『教育基本法』に代わっただけであったとしても、そこから排除された人たちにとって学校教育による教育権の保障は悲願であった。1979年の養護学校義務制によって、それがかなった今、教育の中身、本研究で言えば「ゆたかな青年期」の教育の在り方が問われていると言える。

　また、教育権保障の問題は、社会の在り方にも影響を受けるものであり、社会情勢との関わりからこれらの課題を論じる必要がある。ここでは、教育権保障の持つ二面性（発達保障と国家による統制）から考察したい。この二面性は、津田（2019）の指摘する、「上からの教育運動」と「下からの教育運動」にもつながるものである。[7]

　二面性の第一は、発達保障の視点からの課題である。『教育基本法』第1条に、教育の目的として人格の完成を目指すことが掲げられている。ま

6　この考え方は、社会教育にも該当し、公民館活動や市民文化活動を展開する上で矛盾をはらんだものとなっている。

た、『障害者権利条約』第24条には、「障害者が差別なしに、かつ、他の者と平等に高等教育一般、職業教育、成人教育及び生涯教育の機会を与えられることを確保する」こと、そのための「合理的配慮」を締約国が確保しなければならないことが謳われている。障害の有無にかかわらず、一人ひとりの人格形成を目指し、義務教育のみならず、後期中等教育や高等教育を受けられることが権利として保障されている。教育権保障の根底には、人は、どんなに障害程度が重くても発達するという発達保障の考え方が存在する。この妥当性を「二つの専攻科」などの実践を通して明らかにしていく必要がある。

　教育は、誰もが主体的に生きるために必要なものである。また、いつまでも学校があるわけでない。現状において、「二つの専攻科」は、次のステップに行くための最後の教育機関であり、学び直しも含めた最初の主体的な学びの場であると言える。ここで展開されている教育的な実践の中身に、もっと着目する必要があると考える。学校教育で言えば、専攻科までを高等部とするのか、専攻科を高等教育（大学等）と位置づけるのか、教育の代替としての福祉事業型専攻科も含めて、教育内容の整理は急務である。この点については、本書の第4章および第5章において、「教育カリキュラム・プログラム」との関連から考察したい。

　第二は、国家による統制との関わりである。富国強兵政策の下、障害児は、小学校令第33条において「就学スルコト能ハズ」とされ、戦時下においては非国民と罵られた。戦後の新学制においても、養護学校の義務制は盲・聾学校から32年遅れて実施され、障害程度の軽い子どもには、教育を施して経済成長の一翼を担わせるが、中度・重度の障害児は、教育でなく訓練・保護の対象であった。少子高齢化が進み、社会保障費の担い手が減少していく昨今では、納税者になることが求められ、「キャリア教育」が重視されている。

7　津田（2019）は、「障害者の生涯学習推進政策は、この『国家』による『上からの教育運動』が、『国民』の少数派による『下からの教育運動』と合流して形作っているものとして理解できるだろう」と述べている。その一方で、「両者の間には本質的な矛盾」があることも指摘している。

筆者は、障害者が働くこと、労働の対価を得て自活することを問題視しているのではなく、むしろ喜ばしいと考える立場である。前章にて高等部教育の問題点について述べたように、福祉事業型専攻科が職業教育偏重のあまり青年期認識の等閑視された高等部教育の中で何らかの傷を受けた青年の人間性回復の場になっているという実態もある。人間性を回復した後、どのように主体形成をしていくのか、自立と社会参加に必要な教育内容の検証をおこなう必要があると考える。この課題については、第3章において考察したい。

　また「教育年限延長」が学校教育として広がらない現状の背景には、新自由主義下の競争的な経済市場による貧困層の増加や格差の拡大、自己責任論、「自立・自助の福祉」の影響もうかがえる。これらの社会的な問題を解決するとともに、「二つの専攻科」に着目して、実現可能な「学びの場」を柔軟につくり出し、量の保障をしていく必要がある。この課題については、第3章および補論にて考察したい。

　最後に、これらの研究課題を論じることを通して、これまで青年期の学びを保障してきた「教育福祉」の考え方の今日的な意義について整理したいと考えている。

〈文献〉
・船橋秀彦（2017）『福祉型専攻科シャンティつくば実践報告集第1号』福祉型専攻科シャンティつくば、17
・藤本文朗（2016）「歴史に学ぶ」田中良三 他編『障がい者が学び続けるということ─生涯学習を権利として』新日本出版社、189－200
・外務省（2014）『障害者の権利に関する条約』（https://www.mofa.go.jp/mofaj/）
・春口明朗（2019）「公教育としての青年学級の必要性」『令和元年度文部科学省「共に学び、共に生きる共生社会コンファレンス」事業「障害者の学びの場づくりフォーラム in 東海・北陸」（要綱集）』22－23
・橋本佳博 他（1997）『障害をもつ人たちの憲法学習　施設における社会科学習の試み』かもがわ出版、241
・林　竹二（1990）『学ぶということ』国土社

・平井　威（2004）「大学へ行こう あとがき」『大学へ行こう！！』ゆじょんと、113－114

・伊藤修毅（2015）「自立訓練（生活訓練）事業の教育的機能に関する一考察」『立命館産業社会論集第51巻第1号』

・岩田　武（2019）「町田市生涯学習センターにおける障がい者青年学級の取り組み」『全国障がい者生涯学習支援研究会第4回全国研究集会基調講演資料』18－22

・加藤良治（2016）「名古屋市における障害者社会教育―『障害者の社会教育を語る会』の活動を中心に―」『社会教育研究年報第30号』37－56

・河合賢治（2019）「名古屋市教育委員会・委託青年学級～瑞穂青年学級37年の歩み～」『令和元年度文部科学省「共に学び、共に生きる共生社会コンファレンス」事業「障害者の学びの場づくりフォーラム in 東海・北陸」（要綱集）』20－21

・京　俊輔（2017）「知的に障がいのある人のオープンカレッジin松江の取り組み―学生スタッフにとっての意義を中心に―」『障がい者生涯学習支援研究創刊号』全国障がい者生涯学習支援研究会、34－39

・小畑耕作（2016）「ありのままの自分を受け止めてくれる――『那賀青年学級』（和歌山）」田中良三 他編『障がい者が学び続けるということ　生涯学習を権利として』新日本出版社、36－47

・文部科学省（1996）『知的養護学校の高等部指導の手引き』

・國本真吾（2017）「『スポーツ文化部会』の役割」『障がい者生涯学習支援研究創刊号』全国障がい者生涯学習支援研究会、55

・國本真吾（2019）「『特別支援教育の生涯学習化』による障害者の生涯学習推進」『障害者問題研究第47巻第2号』152－159

・丸山啓史（2015）「知的障害のある青年の『学びの場』としての自立訓練事業の実態と課題―事業所および母親等を対象とする質問紙調査から―」『特別支援教育臨床実践センター年報第5号』1－10

・丸山啓史（2015）「知的障害のある青年の『学びの場』としての自立訓練事業の役割―母親等を対象とする質問紙調査から―」『京都教育大学教育実践研究紀要第15号』

・松下圭一（2003）『社会教育の終焉［新版］』公人の友社、67－77

・三木裕和（2017）「知的障害と青年期教育――『9・10才の発達の節目』に挑む人たち」三木裕和 監修、鳥取大学附属特別支援学校 著『七転び八起きの「自分づくり」 知的障害青年期教育と高等部専攻科の挑戦』今井出版、158－179

・文部科学省（2017a）『特別支援教育の生涯学習化に向けて』（平成29年4月7日付、松野文部科学大臣メッセージ）（https://www.mext.go.jp/b_menu/houdou/29/04/__icsFiles/afieldfile/2017/04/07/1384235_01_1.pdf）

・文部科学省（2017b）『障害者の生涯を通じた多様な学習活動の充実について』（https://www.

mext.go.jp/a_menu/ikusei/gakusyushien/__icsFiles/afieldfile/2019/01/16/1399329_2. pdf）

・文部科学省（2018）『学校卒業後における障害者の学びの推進方策について（論点整理）』（https://www.mext.go.jp/b_menu/shingi/chousa/shougai/041/toushin/1409250. htm）

・文部科学省（2018～2019）『学校卒業後における障害者の学びの推進に関する有識者会議』（https://www.mext.go.jp/b_menu/shingi/chousa/shougai/041/index.htm）

・文部科学省（2019a）『障害者の生涯学習の推進方策について—誰もが、障害の有無にかかわらず共に学び、生きる共生社会を目指して—（報告）』（https://www.mext.go.jp/b_menu/shingi/chousa/shougai/041/toushin/1414985.htm）

・文部科学省（2019b）『障害者の生涯学習の推進方策について（通知）』（https://www.mext.go.jp/b_menu/shingi/chousa/shougai/041/toushin/1418929.htm）

・NPO法人大阪障害者センターぽぽろスクエア（2017）『ありのままのぽぽスク青春<ruby>青春<rt>ライフ</rt></ruby>』22－28

・岡本　正 他編（2013）『福祉事業型「専攻科」エコール KOBE の挑戦』クリエイツかもがわ、156、209

・坂井清泰（2000）「養護学校高等部教育とトランジション、キャリア教育」『特殊教育学研究第38巻第2号』83－93

・白石恵理子（2000）「障害児の思春期・青年期と発達」船橋秀彦 他編『障害児の青年期教育入門』全障研出版部、31－32

・竹野晃、飯島未来、上野茉紀、永田三枝子（2019）「障害のある青年たちの豊かな時間（とき）を考える　余暇・生活・学びの視点より」『障害者問題研究第47巻第2号』138－143

・玉村久二彦（1997）「障害をもつ人たちの生涯にわたる発達の保障と社会参加」橋本佳博 他著『障害をもつ人たちの憲法学習　施設における社会科学習の試み』かもがわ出版、227－254

・田中良三（2006）「障害児の教育年限の延長と今後の展望—今日の養護学校等専攻科づくり運動まで—」『障害者問題研究第34巻第2号』81－91

・茂木俊彦 他編（2010）『特別支援教育大事典』旬報社

・豊里学園（2018）『社会福祉法人大阪福祉事業団豊里学園2018年度事業計画』

・津田英二（2018）「社会教育と社会福祉」『月刊社会教育2018年4月号』国土社、12－15

・津田英二（2019）「障害者の生涯学習推進政策の概念的枠組みと未来社会に関する素描」『神戸大学大学院人間発達環境学研究科研究紀要第12巻第2号』77－89

・山﨑由可里（2001）「障害者の人権保障—国際的理解と地域実践の課題—」小川利夫 他編『教育福祉論入門』光生館、206－210

・渡部昭男（2009）『障がい青年の自分づくり　青年期教育と二重の移行支援』日本標準、32－43

・全国障がい者生涯学習支援研究会規約

第 3 章

社会福祉制度による
学校教育の補完
──専攻科の二元的な形成

はじめに

　第1章にて、高等部卒業後の進学先の一つに『学校教育法』の規定によって高等学校や特別支援学校高等部等に設置されている「学校専攻科」があり、教育的な効果が認められる一方で、数の少なさゆえに十分な進学先となり得ていない現状があると述べた。また、第2章では、それを補完する選択肢として社会福祉事業を活用した「福祉事業型専攻科」が増加していることに言及した。本書では、これらを、高等部卒業後の学びを担う「二つの専攻科」として同等に捉えるとともに、両者の融合と協働が青年期の学びをゆたかなものにすると考えている。

　本章の目的は、福祉による教育の補完という視点で、「二つの専攻科」の制度的基盤と個別的実践の共通点と相違点に着目し、その比較から、それぞれの意義と課題を明らかにすることである。

　この目的のために、学校専攻科と福祉事業型専攻科に対して質問紙調査と補足の訪問調査、およびグループインタビュー調査を実施した（1節）。調査結果をもとに、「学びの場」としての福祉事業型専攻科が、どのような教育的機能を代替しているのか、学校専攻科とは異なる独自の機能をどのように発揮しているのかを明らかにし、福祉事業型専攻科の今後の在り方に言及する（2節）。次に、実践内容における「二つの専攻科」の共通点と相違点を探り、設立の基盤が異なることによって支援者（教員および支援スタッフ）の見立てにどのような違いが生じているのか、青年期に必要な学びをどう捉えているのかを整理する（3節）。これらの結果を踏まえて教育年限延長を支える「二つの専攻科」の意義と役割について述べ、知的障害のある青年の学校から社会への移行における取り組みの充実を展望する（4節）。

1 節 「二つの専攻科」の制度的基盤と実践内容を比較するための調査

1 調査の目的

　学校専攻科と福祉事業型専攻科の制度的基盤と個別的実践を概観し、比較することを目的として、各学校・事業所のハード面（事業基盤）とソフト面（実践内容）に関する調査を実施した。

2 調査の対象と方法（表3-1）

(1) 質問紙調査

1) 対象
　学校専攻科3校（教員22名）、福祉事業型専攻科7事業所（支援スタッフ26名）。2012年12月開催の全専研全国集会において2013年4月に開所されていると確認された12校・18事業所のうち3校と7事業所を抽出した。学校専攻科については、さまざまな学校種（特別支援学校、高等専修学校、無認可の各種学校）の実態を把握できるように、福祉事業型専攻科については、設立団体・地域・事業形態を考慮して抽出している。2012年2

表3-1 調査の実施リスト

調　査　内　容	調　査　対　象		
	学校専攻科	福祉事業型専攻科	合　　計
アンケート調査	3校（22名）	7事業所（26名）	10か所（48名）
訪問調査	1校	3事業所	4か所
グループインタビュー調査	2校（2名）	1事業所（1名）	3か所（3名）

月〜2013年8月に実施。回収率は、事業所アンケート100％、教員および支援スタッフアンケート80％（学校専攻科95％、福祉事業型専攻科70％）。

2）方法

郵送による質問紙調査。各学校・事業所に対し、学校長・施設長宛の調査協力依頼文とともに、あらかじめ聞き取りをしてあった教員および支援スタッフの人数分の質問紙を送付した。調査は無記名自記式でおこない、学校・事業所ごとにとりまとめて、調査者に返送していただくよう依頼した。集計・分析方法は、3)調査項目の概要に関する項目については単純集計とした。自由記述の項目については、堀場（2013）の先行研究に倣って分析し、調査、項目ごとに筆者が記述意見を類型化して分類した。

3）調査項目

〈学校および事業所向け〉

- 概要に関する項目として、設置主体、形態・定員、学年編成、学生・教職員数、授業日数、教育年限、施設・設備、登校・通所方法、障害程度、卒業・卒所後の進路先。
- 方針に関する項目として、基本理念、設立の動機、専攻科として大切にしている取り組み、専攻科以外の事業や他の社会資源との連携、自立訓練事業所における利用者とスタッフの呼び方。

〈教員および支援スタッフ向け〉

- この職に就いた動機。
- 専攻科でつけたい力。
- 「子どもから大人へ」の移行支援、および「学校から社会へ」の移行を意識した実践上の工夫と成果。
- 教職経験のある福祉事業型専攻科スタッフ限定の調査として、学校における実践との違い、特別支援学校高等部生と今の対象者との違い、福祉事業型専攻科について感じるところ。

●学校専攻科教員限定の調査として、高等部本科と専攻科の実践上の違い、本科生と専攻科生の印象の違い、学校教育ならではの独自性。

4）補足のための訪問調査

調査対象10か所のうち学校専攻科1校、福祉事業型専攻科3事業所、計4か所についてアンケート調査結果の理解を深めるために訪問調査も併せて実施した。

⑵ グループインタビュー調査

1）対象

私立特別支援学校（S学園）校長1名、私立高等専修学校（Y学園）教諭1名、社会福祉法人（K事業所）理事長1名。2013年8月28日 13：00〜15：00に実施。

2）方法

グループインタビュー調査。加瀬（2010）の先行研究に倣い、事前に論議のポイントとして、質問内容を示した上で、座談会方式で実施した。インタビューの内容は、ボイスレコーダーを用いて記録し、逐語録をもとに分析をおこなった。考察上の小項目（キーワード）は、発言内容をもとに筆者が類型化して分類した。分析結果の妥当性を確保するため指導教員との検討を重ねた。

3）質問内容

●学校または事業所の運営に関わって、授業以外の面でのメリット・デメリットは何か。
●国の制度と関わって、経営上の課題や今後の展望について。
●専攻科において二重の移行支援「子どもから大人へ」「学校から社会へ」を意識した実践をどう工夫しているか。

3 研究の視点

研究するための視点として次の三点を置く。

第一に、学校専攻科と福祉事業型専攻科を、同じ目的を持つものとして同等に捉えた上で両者を比較している。そのため、教育の代替としての専攻科を謳っていない自立訓練事業は調査対象としていない。

第二に、制度の違いが実践の違いにどう結びついているかを探るため、マクロレベル（制度的基盤）とミクロレベル（個別的実践）に着目している。メゾレベル（教育カリキュラム・プログラム）については、次章で詳述する。

第三に、支援者（教員および支援スタッフ）の意識、特に青年期の学びの捉え方に着目している。設立の基盤が異なることで支援者の見立てにどのような違いが生じているのかを探りたい。

4 倫理的配慮

各調査は、日本福祉大学の倫理ガイドラインに配慮して実施している。アンケートは無記名自記式で実施するので個人名は特定されないこと、グループインタビューについては、論文や報告書等で公開を予定していることを伝えた上で実施し、回答があったことで了解を得られたと理解した。

福祉事業型専攻科による教育的機能の代替
——制度的基盤の実態と今後の方向性

1 アンケート調査の結果と分析 （資料3-1）

⑴ 学校および事業所の概要

1）定員、生徒（学生・利用者）・教職員数

　今回、調査対象とした学校専攻科は、すべて私学および無認可であるため、公立と違って１学年あたりの定員数が明確になっている。一方、自立訓練事業を活用した福祉事業型専攻科の学生・利用者には、本来、学年という括りがないが、各事業所独自に学年編成をとっている。

　教員および支援スタッフ数調査では、特別支援学校は、その他の学校に比べて教職員数が多い。福祉事業型専攻科は、自立訓練（生活訓練）事業の支援員配置基準６：１を満たす形でスタッフが配置されており、管理者の兼務やボランティアスタッフの導入で不足分を補う例もあった。これは、障害程度の重い人や行動障害のある人の受け入れは非常に困難であることを意味し、5）障害程度と卒後の進路先において、福祉事業型専攻科の学生・利用者には療育手帳Ｂ判定が多く、卒所後、生活介護事業所に移行する人が少ないという調査結果にも裏付けられている。

本節は、筆者執筆の「知的障害青年の移行支援教育における福祉事業型専攻科の意義と役割―特別支援学校等専攻科との比較から―」（日本社会福祉学会中部部会発行（2016 年 3 月）『中部社会福祉学研究第 7 号』27 － 37）より加筆・修正して掲載した。

2) 授業日数と長期休業

　学校専攻科は福祉事業型専攻科に比べて授業日数が少なく、夏休みなど長期休業の日数が長い。福祉事業型専攻科は、支援費の支給が日割計算であることから年あたり240〜260日（月平均20〜22日）の事業所が多く、長期休業を設けていない。中には、土曜日を授業（隔週）、クラブ活動・自治活動に充てる事業所があった。学校であれば当然のごとく教育課程に含まれる職場実習も、福祉事業型専攻科では事業所の減算につながるという矛盾が生じる。「きょうだいみたいに大学へ行って楽しみたい」という当事者のニーズに応えた事業であるにもかかわらず、学生の特権である夏休みなどの長期休暇を保障できないという矛盾もある。

3) 教育年限

　いずれも基本的に2年である。自立訓練は2年間の有期限事業であるが、行政（市町村）判断で1年延長が可能である。学校専攻科では、5年間の高等部教育の中に3年間の本科と2年間の専攻科があるという考え方や、専攻科を3〜4年に設定する学校、また、専攻科からの途中入学不可という制約を設けるなど、両者ともに学ぶ年数を長く取ろうとする工夫が見られた。

4) 施設・設備

　普通教室数は、学校専攻科の方が福祉事業型専攻科よりも多く、学校法人が母体の学校には、調理室、音楽室、体育館などの特別教室も設置されている。ビルの1室を校舎とし、部屋だけを借りているなど、学校法人と違って立ち上げ時に多くの資産を必要としない福祉事業型専攻科が急増している背景には、当事者や家族のニーズと、それを満たすための人材やノウハウがあれば比較的容易に事業を始めることができるという実態が見て取れる。福祉事業型専攻科で特別教室（調理室、ホール）が設置されている事業所は、廃園になった保育園の建物を市から無償借用して運営していることによるもので、地域による格差もある。スクール（送迎）バスの運行は、多機能型の2事業所のみであり、障害程度による利用の制約にもつながっている。

5）障害程度と卒後の進路先

　学校専攻科では、特別支援学校にはＡ判定の生徒もいるが、高等専修学校にはＢ判定の生徒が多い。福祉事業型専攻科では、多機能型にはＡ判定の学生・利用者もいるが、自立訓練事業単独の事業所はＢ判定の学生・利用者が中心となっている（表3-2）。

　進路先の比較では、特別支援学校の卒業生がさまざまな事業所に移行している反面、その他の学校では、一般就労および就労系事業所が多く、生活介護事業所への移行は2校合わせて1名のみである。また、進学も見られる。福祉事業型専攻科では、多機能型は生活介護事業所に移行する人が多く、自立訓練単独の事業所は就労系事業所に移行する人が多い（表3-3）。

表3-2　療育手帳の判定に見る在籍者の障害程度（人）

| 判定 | 学校専攻科（3校） | | 福祉事業型専攻科（7事業所） | | 合計 |
	特支 （1校）	その他 （2校）	単独事業 （5事業所）	多機能型 （2事業所）	
A	18（24.7%）	1（1.8%）	17（18.7%）	19（41.3%）	55
B	52（71.2%）	22（38.6%）	73（80.2%）	27（58.7%）	174
未	3（4.1%）	34（59.6%）	1（1.1%）	0（0%）	38
合計	73（100%）	57（100%）	91（100%）	46（100%）	267

特支：特別支援学校　　その他：特支以外の学校　　単独事業：自立訓練事業単独の事業所
多機能型：多機能型事業所 手帳の判定は自治体によって2〜4区分と異なるため、ここでは2区分に統一する。
未は未取得。

表3-3　卒業（卒所）後の進路先（人）

| | 学校専攻科（3校） | | 福祉事業型専攻科（7事業所） | |
	特支（1校）	その他（2校）	単独（5事業所）	多機能（2事業所）
一般就労	1	38	1	7
就労移行支援事業所	0	19	11	8
就労継続支援A型事業所	2	4	1	2
就労継続支援B型事業所	4	73	10	30
生活介護事業所	2	1	0	30
施設入所	0	0	0	2
在宅	2	6	0	3
入院	1	0	0	1
その他	0	14（進学）	1（延長）	1（死亡）

特支：特別支援学校　　その他：特支以外の学校　　単独：自立訓練事業単独の事業所
多機能：多機能型事業所　　進学は職業訓練校など

⑵ 学校および事業所の方針

1) 基本理念

　学校および事業所の基本理念からは、7つのキーワードを読み取ることができた。多い順に、①「社会へ・自立」、②「人格」、③「本人（家族）のニーズに応える」、④「集団・共（とも）に」、⑤「（教育の）代替として」、⑥「生活」、⑦「主体的」である（表3-4）。

2) 専攻科設置の動機

　学校専攻科・福祉事業型専攻科ともに、従来の高等部3年間の育ちでは、社会へ出るための確かな力の獲得に至っておらず、教育年限を延長し、時間をかけて移行支援教育をおこなう必要があることを、「力不足」「土台の上に」「ゆっくり」といった言葉を用いて指摘している。また、福祉事業型専攻科については、「（福祉事業型専攻科の）先進例にならって」「（本人や保護者の）ねがいに応える」「県下にない」という表現で、代替としての必要性を強く意識して専攻科を設置した経緯が読み取れた。

3) 専攻科として大切にしている取り組み

　教育カリキュラム・プログラム例を挙げている回答と、関わり方について述べている回答に分類することができた。教育カリキュラム・プログラム例としては、「研究ゼミ」「論文」「性教育」「科学」「調理」「生活」等、

表3-4　基本理念に記載されたキーワード

キーワード	学校専攻科	福祉事業型専攻科
社会へ・自立	2	6
人格	1	4
本人（家族）のニーズに応える	2	3
集団・共（とも）に	2	2
（教育の）代替として	0	3
生活	0	1
主体的	0	1

学習指導要領における「教科」を意識した内容の他、自治活動、地域交流、進路支援に関わる内容があった。関わり方としては、「内面の育ち」「新たな自分」「体験」「なかま」というキーワードが読み取れた。いずれの専攻科においても、青年期の学びとして職業教育偏重ではなく自分づくりを通してゆたかに生きる土台をつくる教育を重視していることが見て取れる。

4) 他機関との連携

　学校専攻科では、系列の社会福祉法人や経営母体のNPO法人で設置している事業所との間で、生活面や労働面など卒業後支援に関わる業務を連携しておこなっている例があった。そういった法人を持たない学校でも、実習先や近隣施設を共同研究先と位置づけていた。福祉事業型専攻科では、社会福祉法人が母体である場合、多くの事業体が同一法人内に他の事業所を持っており、そこと連携・協働する例が多く見られた。卒所後支援がスムーズにできる反面、事業体の在り方が地域のニーズに左右されるという実態もある。

5) 就職の動機（資料3-3）

　調査対象となった福祉事業型専攻科支援スタッフ26名中12名が教職経験者であった。未経験者であっても、自立訓練事業を活用した福祉事業型専攻科の存在や、そのことによる教育年限延長の意義をあらかじめ知っていて立ち上げ時に誘われた人が多い。実践面においても学校専攻科に影響を受けていることがうかがえるが、教員資格の有無という点では課題が残る。

2 グループインタビュー調査の結果と分析

　アンケート調査を受け、グループインタビューにおけるリアリティのある語りによって数字には表れにくい経営や運営の実情を明らかにした。

⑴ 施設・設備面の不十分さから「青年期ならではの実践」への転換

　三者に語っていただいた施設・設備面の実態から、前項で明らかになった十分ではない実情が裏付けられた。それぞれの制度において法的基準を満たしてはいるが、知的障害や発達障害の青年たちが学ぶには劣悪な条件と言える。しかし、三者とも地域の社会資源を活用することで施設・設備面の不備を補い、さらには、手続きを自分たちでおこなうこと（社会参加）や、地域の人と一緒に利用すること（交流・共同学習、インクルージョン）で教育的効果を高めている。これは、学校専攻科・福祉事業型専攻科双方に共通する部分でもある。

　C理事長：自立訓練事業は自力通所ということになっています。施設は、ご覧の通り２教室しか今ありません。地域のスーパーへメニューを決めて買い物に行って、大きな福祉センターの調理室を使って、流し台が７つも８つもあるようなところで調理をします。月に１回、月曜日に申請と予約に行かないといけない。体育館も３回借りに行きます。社会資源を使うという具体的なメリットもあるのかな。図書館を使うスキルなんかも、他の一般の人と一緒に本を探したり読んだり、自分で聞きに行くとか、そういうことも身についてきます。
　B教諭：敷地も狭く、もともとは普通教室ばかりの建物でした。体育館なんかも併設している通信制課程と共用で使っている部分です。専攻科の子は、通信制に電話して「いついつ空いてませんか？」って伺ったりね。近くに公共の芝生のグランドが一人100円もかからないくらいの値段で借りれるんですけど、役所に行って申し込みをしたり。社会資源を使いこなすっていう意味では、外に出る機会があるっていうのは、すごく新鮮です。自分たちでつくりあげるってところの楽しさを知ってしまうと、いろいろな工夫を学生同士がし始めます。社会資源を知っているのと知らないのでは、やっぱり街を歩く時の胸の張り方が全然違います。小さな学校ですので、その分、外に目を向けるっ

ていうのは、逆に青年期にはいいのかもしれないなと思っています。

A校長：特別支援学校なので、送迎バスも利用しながら重い障害のある青年たちも受け入れています。すべて、全部整っていることが大事なことではない。それは、社会に行って、外の、先ほどC理事長が発言された一般の人と交じり合って図書館を利用する。これこそインクルージョンですよね。ないものもあえて用意しておくっていう教育的な配慮がなけりゃいけないんじゃないかな。いろんな面で制限がある部分なんだけど、外に向けてきちっと開ける。設備の完璧なものを全部用意しないことが特に青年期においては大事なことかなと強く思っています。

⑵ 他機関との連携を活かした多彩な支援

　知的障害のある人にとって、専攻科が最後の教育機関になることが多く、進路支援や卒後支援は切り離せない課題である。在学中と卒後の教育と福祉の連携では、限られた人員しか割けない学校専攻科と、多彩な社会資源を持っている福祉事業型専攻科との相違が明らかになった。

A校長：心配しているのは、やはり卒業してからの支援。デメリットっていうか制度の問題になってくるのですが、非常に限られた人員でしかできないですね。

C理事長：うちの法人の中にケアホームがあって、暮らしの部分へ自分から入りたいと言う人もいるので、生活面の自立度が上がってくる。親から離れて生活してるという自信みたいなものがついてくると思っています。そこが、福祉事業型でやっているメリットだと思っています。さらに、就労移行支援事業もB型もやってるんで、卒所後のところにおいても保障がちゃんとできるし、ジョブコーチも二人置いているので、その制度を使いながら就労を目指していくところも可能になってくるのかなと思っています。

⑶ 国の制度に関わる経営および実践上の課題

　もともと教育機関ではなく、福祉の制度に学びの場を当てはめている福祉事業型専攻科の経営や実践に無理が生じるのは否めない。その一方で、高等専修学校において教育の制度の脆弱さが実践を左右したり、教育機関でありながら、特別支援学校での学びの保障が福祉の制度に左右されたりする実態も存在することが明らかになった。

　C理事長：経営の視点で言えば、一番困るのは日割り計算ということです。夏休み、8月全部取ると収入はゼロになるので、やっぱり1か月とか年間でほしいなあと思っています。制度的に言えば自立訓練は2年もしくは3年ですが、理想からいったら基本的には、全員3年、もしくは5年間くらいの自立訓練事業があったらいいのになあと思っています。

　B教諭：高等専修学校の方は、専攻科に関して言えば高等課程の別科という位置づけですから補助金の類いは全くありません。経常費補助一人あたり年間48万円、通学定期もまだ認められていない。専攻科単独で高等専修学校ができるかというと、やはり到底できない。経営の視点から見ると、そういう脆弱さがあります。緩やかな階段をゆっくり上っていくという意味では、5年という部分を専攻科の2年を3年か4年くらいに延ばして7年間くらいいられるような、そんな学校にしたいなと思っていたんですけど、県には「高等課程が主たる科です。その別科だから、それを上回ることはできません」と言われました。

　A校長：隣接する障害児入所施設の方に児童相談所を通じて、いろんな虐待の問題だとか、経済的な困難というようなことで、途中で転入してくるケースがすごく増えたんですね。その子たちの将来のことを考えると中学生から進路の取り組みをさせるってわけにいかないし、彼らが一番求めているものに寄り添っていくという教育支援になるんだけど、平成30年3月末をもって児童施設にはいられなくなる。専攻科に向けていく部分のプロセスのところで今までにはなかった福祉の

大きな問題の波がやってこようとしている。

⑷ 今後の展望

　三者ともに、制度・政策との関わりでは課題も多く、盤石とは言いがたいが、可能性と展望を内包した事業であり、現場ではそのための工夫が模索されていることがうかがえた。

　C理事長：K事業所は学び中心です。学ぶ期間はきちんと2年間保障しましょう。その後、就労移行の事業へ行って、次の2年間で就職を目指して、ジョブコーチがついて、働いていこうということで、自立訓練は就職準備訓練ではないということを今年度から打ち出したんです。就労移行支援事業っていうのは就職を目指しましょう。ここのところは、きちんと棲み分けをしたいと思っています。

　B教諭：卒業・修了＝どこかに居場所っていうことは、絶対にイコールで結びつけていません。4月1日に就職して10日に辞めてっても意味ないんで。そういう意味では、本当にゆっくりした送り出し方です。進路のことを考え出して、学校でやっていることから気持ちが抜けていってしまう。やっぱり、学びの時間は保障してあげたいっていうふうに思いますね。

　A校長：校舎を建設するのと学校づくりとは大事で、確かに箱づくりではないと思うんですよ。中身をどうやってつくっていったらいいのかっていうことが一番大事だと思うんですね。やっぱり親御さんたちが思っていること、それを今度の学校づくりに反映できればいいかな？と。重い子たちと一緒にやってきたんでね。そんなことを思ってます。

　C理事長：学校っていうのはカリキュラムっていう名称ですよね。で、福祉はプログラムっていう名称でなければならないんですね。そんな中で、主人公と一緒にプログラムをつくるっていうことを、今、理想に置いているんです。自立訓練は縛りが少ないのでできるなあ、と。

3 移行支援教育における福祉事業型専攻科の意義と役割

⑴ 教育的機能

　意義の第一は、18歳以降の「学びの場」が広がり、多くの青年が20歳（成人）を迎える年齢まで、代替ではあるものの移行支援教育が受けられるようになったことである。通学できる範囲に学校教育としての専攻科が設置されていない地域に住む障害児にとっては、高等部卒業後の選択肢は、就労（就労継続支援事業A型含む）か福祉サービスの利用かの二つしか存在しなかった。そこに、第三の選択肢である福祉事業型専攻科が生まれたことは大きな成果である。全国的に見ると、まだまだ数は少なく、その意義も十分に広まっているとは言いがたいが、「子どもから大人へ」「学校から社会へ」の二重の移行支援を意識した活動の場ができ、仲間とともに、ゆっくりと時間をかけて過ごせることは評価できる。

　第二は、独創的・先駆的な実践と、その発信である。学校専攻科をはじめとする青年期の学びの実践に共感するからこそ、教職経験者の多くが新たに福祉事業型専攻科を立ち上げているのではないか。同時に、特別支援学校の教育実践にも影響を与えていることが推察できる。グループインタビューの中でも、「主人公（である青年たち）と一緒にプログラムをつくる」という理想が語られている。学校教育と違って制約が少ない分、自らが主体となって学ぶことの意義を追求できる場が福祉事業型専攻科であると言えよう。なお、実践の中身については、次節で詳述する。

⑵ 独自性

　第一は、当事者をはじめ保護者や地域のニーズが反映されやすいことである。調査結果からも、本人・家族・関係者の願いを受けて、その必要性を感じたことが、専攻科設置に踏み切った動機となっている事業所が多いことが明らかになっている。また、補足の訪問調査をおこなった3事業所は、

いずれも、不就学をなくす（就学猶予・免除の問題に関わる）ことや高等部全入を目的とした教育権保障を求める運動が活発におこなわれてきた地域にあり、地域ニーズの高さや、保護者・教育関係者の思いの強さがうかがえた。

　第二は、多職種連携のとりやすさである。同一法人内で、就労継続支援事業(B型)や就業・生活支援センターなどの就労に関わる事業、グループホームなどの生活に関わる事業、児童発達支援や放課後等デイサービスなどの子どもに関わる事業を運営している例が多く見られた。法人内の連携にとどまることはデメリットにもなろうが、他の事業を通して得た知識や支援技術を、青年期の学びに反映させることは、学校にはない大きなメリットである。

(3) 今後の在り方

　教育的な機能を発揮し、独自性においてメリットを有している福祉事業型専攻科にあっても、法的には教育機関でないことから、福祉制度・政策の影響を受けることになる。

　課題の第一は、「障害程度」である。前述した調査結果からも、障害程度の重い青年や行動障害のある青年が自立訓練事業を利用することは実質的に困難なことは明らかであり、彼らに対する移行支援教育の保障が今後の課題である。昨今では、生活介護事業を活用した福祉事業型専攻科も開設されており、有期限事業ではない形態で、どのように「学校から社会への移行」を利用者に意識づけるのかが問われるが、障害程度の重い青年の学びの場として、学校専攻科の教育課程にヒントを得た、自立訓練事業とは異なる工夫がなされている例もある。[1]この課題については、第4章でも言及したい。

　第二は、「家庭基盤」である。福祉事業である以上、就学奨励費の対象にならず、通学定期等の購入にあたっても学割の適用外である。『障害者総合支援法』に則って訓練費は1割負担であるが、旅行積み立てや調

1　生活介護事業を活用した福祉事業型専攻科シュレオーテの所長である清時（2019）は、学校専攻科の教育課程が本科3年＋専攻科2年の計5年間で後期中等教育の充実が図られていることに着目し、さらに「大学にあたる学びの場」として学びの期間を捉え直し、4年間に設定した。

理実習費など実費負担の部分も多い。このことから、家庭基盤の弱い青年にとっては、金銭負担の課題が大きく、学びの場になり得ていない現状が指摘される。「『貧困』によって障害福祉サービスの利用を自ら抑制」する事例も、福祉事業型専攻科から報告されている（卜部2014）。

　本研究を通して見えてきた福祉事業型専攻科の二つの課題、すなわち「障害程度」と「家庭基盤」というキーワードは、青年期の移行支援における今後の在り方に関わる課題でもある。これらは、公教育で専攻科が保障されていれば発生しない問題であり、教育の平等性が担保されていないことを意味する。また、「家庭基盤」に関しては、学校専攻科での学びが保障されにくい実態にもつながっているが、この課題については補論にて詳述している。

3節　個別的実践の内容に見る「二つの専攻科」の共通点と相違点

1　アンケート調査の結果と分析

　ここでは、個別的実践を通して両者の共通点と相違点に着目し、設立の基盤が異なることによって支援者（教員および支援スタッフ）の見立てにどのような違いが生じているのか、青年期に必要な学びをどう捉えているのかを整理する。

(1) 専攻科でつけたい力

　合計で126の意見があった。学校専攻科と福祉事業型専攻科それぞれの調査対象者が同数ではないので、汎化されにくい側面もあるが、「青年

期の自分づくり（68）」「コミュニケーション（32）」「生活に関する力（26）」
の３つに分類できた。中には、複数の小分類にまたがる意見もあり、両
方でカウントした。各々の項目と小分類について、表3-5にまとめた。

1) 青年期の自分づくり

　最も多くの意見が寄せられたのは、「青年期の自分づくり」の項目であ
る。すべての項目・小分類において、双方の専攻科からの意見が認められ、
目的がほぼ同じであることがうかがえる結果となった。中でも「自分らし
さ・主体性の発揮」が突出しており、学校専攻科と福祉事業型専攻科から、
ほぼ同数の意見が得られたことからも、青年期が「第二の誕生」「再編成」
の側面を持つ時期であることを、教員および支援スタッフが強く意識して
いることが読み取れた。一方、前節で、基本理念を問うアンケートの結果
について述べたが、基本理念に「主体的」が謳われている意見は一つしか
採取できず、経営者と現場の意識の違いも垣間見られた。

　差が見られたのは「自己肯定（学２、福６）」「自己表現（学１、福４）」「自
己選択・自己決定（学７、福４）」の小分類である。「自己選択・自己決定」
についての意見は学校専攻科に多く、それ以外は福祉事業型専攻科に多
い。これは、対象者数において福祉事業型専攻科が４名多いことによる
影響も否めない。しかし、ステップとして「自己選択・自己決定」の前に「自
己表現（自己の解放）」「自己肯定」があることを考えると、今回の調査対
象とした学校専攻科は、いずれも本科・専攻科合わせて５年間の教育課
程を持っており、「自己表現（自己の解放）」「自己肯定」の力は、本科で一
定程度つけてきていると考えられる。一方の福祉事業型専攻科は、３年
間のベースがない分、まず「表現する」「自分に自信を持つ」ところから
課題になることが推察される。この結果は、第１章、第２章でも触れた、
公立特別支援学校高等部の教育内容において、青年期認識が等閑視され
ている現状とも合致していることが理解できる。

表3-5　専攻科でつけたい力

項目	小分類（意見）	学	福	計
青年期の自分づくり（68）	**自分らしさ・主体性の発揮** （学校専攻科：好きなことを見つけ、ひとりでも楽しく過ごせる力／自分の得手不得手を自覚すること／自分から学ぼうとする姿勢／自分らしくイキイキと輝ける場面の発見。福祉事業型専攻科：自主的に自分で動く力／自分らしさ、自分とは何かを意識できる力／何でも意欲的に取り組める力　等）	12	11	23
	乗り越える・折り合いをつける （学校専攻科：自分の理想と現在の自分の間を埋める力／つまずいた時にもう一度立ち直る力／うまくいかないこと、失敗しても立ち直る自己復元力。福祉事業型専攻科：困難を各々の方法でやり過ごす力／「小さなつまずき」を乗り越えられる力／物事に対して折り合いをつける力／失敗に負けない力　等）	6	7	13
	自己選択・自己決定 （学校専攻科：自分で考えて自分の考えを発言する力／やりたいことを見つけ、自分の意思を表明し、積極的に活動する力／自分で考えて自分で決める力。福祉事業型専攻科：自分で考え、自分で決める力／選択する力／自分の考えを持ち、発言する力／いろいろなことを自分で判断し、行動できる力／自分で考え、自分の生き方、生活スタイルを選ぶ力　等）	7	4	11
	自己肯定 （学校専攻科：自分を知り、その自分に信頼を置けるようになる／人生が楽しいものだと思えること。福祉事業型専攻科：自分に自信を持てるようになって、社会参加ができる自分を大いに実感する力／「こんなことができた」など自分に自信が持てる力／楽しかったと心から思える体験や学びを積み重ねる／自分に対する自信／自分を大切にする力　等）	2	6	8
	自己表現 （学校専攻科：表現できること、自分の意志を持つ。福祉事業型専攻科：自分の思いを伝え、いろんな場面に対し自分なりに対応できる力／自分の思いや要求を表出できる力　等）	1	4	5
	その他（働く土台、生きる力、内面の成長、やりきる力、人生を振り返る力　等）	3	5	8
コミュニケーション（32）	**他者とのつながり** （学校専攻科：人と人とのつながりを大切にする力／人とつながっていける力／コミュニケーション能力。福祉事業型専攻科：人間関係につながる力／他者を認める力／仲間とつながる力　等）	5	10	15
	仲間と楽しむ （学校専攻科：仲間との絆を深める力。福祉事業型専攻科：人と生活を楽しむ力／仲間を大事にする力／仲間と一緒に青年期を楽しく過ごす力／仲間と楽しむ力／仲間と楽しく過ごす力／楽しいことをともに分かち合える仲間関係／目一杯青春する　等）	1	9	10
	相談する・助けを求める （学校専攻科：相談したり助けを求める力／悩んだり、困った時に相談できるだけの仲間と関わる力／人を頼る力。福祉事業型専攻科：困った時に相談できる力／必要に応じて他人に助けを求める力　等）	4	3	7
生活に関する力（26）	**総合的な生活の力** （学校専攻科：社会で暮らす中で必要となる事柄／生活力、発言力、行動力、技術など社会に出て困らないための経験／働くこと、生きることの楽しさ、喜び／働く力や将来に向けて関心の幅を広げること。福祉事業型専攻科：生きていく力／社会参加する力／権利を活かす力／自立する力／新しい知識や社会への関心が高まること／生活する力／情報を整理する力／ライフスタイルを考える力／自立する力　等）	7	13	20
	具体的な生活スキル （学校専攻科：自分のことは自分でできる力／衣食住、金銭面など生活する力／働く力。福祉事業型専攻科：知識や技術を生活の場で活かす力／日常の生活力　等）	4	2	6

学：学校専攻科　福：福祉事業型専攻科

2）コミュニケーションの力

次に多かったのが「コミュニケーション」の項目で、32の意見があった、「相談する・助けを求める」は、ほぼ同数で、他者理解や他者との折り合いのつけ方に言及する意見が多い一方、「関わり方」などスキルにつながるような意見もあった。

「他者とのつながり」「仲間と楽しむ」は、福祉事業型専攻科に多く、具体的には「楽しむ」「楽しく過ごす」「青春する」といった表現が目立った。これも、先述した公立特別支援学校の課題と関連して、多くの福祉事業型専攻科で、高等部で不十分だった仲間との関わりの充実を模索していることが推察される結果である。

なお、寄せられた意見の中に「折り合いをつける」という表現のものがいくつか見られたが、前後の文脈から見て他者との折り合いに関するものに限り、自分との折り合いに関するものは、1）の青年期の自分づくりの項目に分類している。

3）生活に関する力

この項目に分類された意見は少なく、また、短い表現のものが多かった。一部に、「衣食住」「金銭」といった具体的なスキルが挙げられた一方で、ほとんどの意見が「生きていく」「社会参加」「自立する力」「社会に出て困らないための経験」「社会への関心」など抽象的な表現となっていた。具体的な目標を設定してスキルアップを図るというより、内面の育ちの延長線上に、それを応用して社会に出ていくという印象を持っている職員が多いことがうかがえる。

（2）移行支援を意識した実践上の工夫と成果（資料3-4）

「子どもから大人へ（59）」「学校から社会へ（60）」をそれぞれ意識した意見が、ほぼ同数で、いずれも、「活動内容」と「関わり方」に分類することができた。「学校から社会へ」の移行では、福祉事業型専攻科から多

くの成果が報告された。その中に「意志を伝える」「イヤな時の意思表示」に関わる項目があったが、これについても、先述したように学校専攻科では、本科3年間で取り組まれている課題であると推察される。活動内容として、職業スキルそのものの向上より、そこに向かうまでの「意識づけ」や「振り返り」、青年期であることを意識した「性教育」や「大人としての権利」といったものが多く見られた。

1)「子どもから大人へ」の移行

　活動内容を挙げた人（学9、福20、計29）と、関わり方として答えた人（学12、福18、計30）に分かれる結果となり、「学校から社会へ」と同じ内容の意見が6あった。

　活動内容としては、「性教育」「男女別マナー講座」「職場実習」「振り返り」「成人を祝う会」「キャンプや祭りなどの行事」「自治会活動」の他、選挙や年金の申請に関わる意見もあり、福祉事業型専攻科から沢山の意見が出た。関わり方としては、「生徒でなく学生と呼ぶ」「大人として対応する」といった年齢に関わる工夫をしつつ、「寄り添う」「待つ」「無理強いをしない」といった方法で主体性を大事にしていることが見て取れた。

　また、その成果については、学1、福9、計10の意見があり、福祉事業型専攻科の支援スタッフの方が実践の成果をより実感していることが明らかになった。具体的には、「自分の気持ちを出す」「失敗しても次への展望を持ちやすくなった」「興味の幅が広がった」など「専攻科でつけたい力」につながる意見があった。

2)「学校から社会へ」の移行

　活動内容（学15、福18、計33）と関わり方（学9、福18、計27）に分かれる結果となった。活動例としては、「権利擁護」「職場実習」「グループ学習」「ゼミ」「ケア会議」「ディスカッション」などの意見が学校専攻科から、「社会生活プログラム」「おしゃれ講座」「修了生の話を聞く」「性教育」「マナー」「地域活動への参加」「学生自治会」などの意見が福祉事業型専攻科から挙げら

れた。関わり方としては、日常生活や会話の中で大人としてのふるまいを伝える、作業所で働く人の仕事内容に注意を向けるような声かけをする等、「言葉がけをする」「助言する」「言って聞かせる」「見守る」といった意見があった。

成果については、学1、福8、計9の意見があった。学校専攻科からの、働くことのやりがいに関する意見1つに対し、福祉事業型専攻科からは「進路を決めようとする意識」「意志を伝える」「イヤな時の意思表示」「選択ができる」といった意見が目立ち、意見数も多かった。

(3) 基盤の違いと職員の意識との関連 (資料3-5)

アとイの項目については、調査対象となった福祉事業型専攻科支援スタッフ26名のうち教職経験者12名から回答を得ることができた。ウについては福祉事業型専攻科スタッフ全員から意見を採取した。

1) 福祉型専攻科支援スタッフの意識
ア：学校における実践との違い (18)
18の意見があり、さらに3つに分類できた。多い順に①学生・利用者主体の活動 (10)、②活動内容の柔軟性 (7)、③社会資源の活用 (1) であった。①に関する意見では「焦ることなく」「本人の持っている力を土台に」といった内容が特徴的であった。また、②に関する意見としては、「集団に合った」「自由に」「カリキュラムに縛られず」「型にはめず」といった表現が多く見られた。

イ：特別支援学校高等部生と今の対象者の違い (9)
9の意見があり、①自分たちで決める・主体的 (5)、②伸び伸び・じっくり (2)、③不安を出す・自分を出す (2) に分類できた。また、応用、推察、自覚という表現が見られた。

ウ：福祉事業型専攻科について感じるところ（25）

　意見数は25で、①長所・成果、②短所・課題、③今後の展望の３つに分類できた。①「長所・成果」として「キャリア教育重視の公教育の中で保障されることの不安」「学びの場の重要性」が挙げられ、専攻科生の様子から「伸び伸び」「じっくり、ゆっくり学ぶ」「大人になった」という姿が報告されている。一方、②「短所・課題」としては、「経営が法令の改廃に大きく左右される」「福祉事業としての制度の限界」「人手がいる」「軽度の方対象」「障害の重い青年の学びの場づくり」という意見があった。③「今後の展望」として、「選択肢のひとつ」「大学がベスト」「何をするところか明確にする必要」「今後、どうやって多くのニーズを受け入れるか」という意見が見られた。

2）特別支援学校専攻科教員の意識

　ア：高等部本科と専攻科から受ける実践上の違い（22）

　合計で22の意見が出され、①学習内容（11）、②教育の目的（8）、③関わり方（3）に分類することができた。①「学習内容」として、本科は教科学習と調理学習、専攻科は職場実習と作業学習を挙げている意見があった。②「教育の目的」では、本科は「楽しい」「自分くずし」「仲間とともに」という文言が見られ、それらに対応するものとして専攻科では「新しい自分づくり」「自分に向き合う」「自分で」という文言が見られた。③「関わり方」では、本科は「文字通り手取り足取り」であったのに対し、専攻科では「自主性に負う」「意思を尊重する」「見守る」「助言」という意見が見られた。

　イ：本科生と専攻科生から受ける印象の違い（24）

　24の意見を採取することができた。本科生の印象は、「与えられた課題」を「学ぶ」「楽しむ」段階であり、「自分がない」「自分を出し切れていない」から「自信をつける」ことが求められる。一方、専攻科は、表情や見た目から「大人っぽい」「余裕がある」といった印象を受け、「具体的に将来を考える」「自分の思いを出せる」「自信を持って行動する」「仲間同士

で助け合う」「自分たちでやる」「周りの意見も取り入れながら論議できる」力をつけてきているという意見が多くを占めた。

ウ：学校教育ならではの独自性（24）

24の意見があり、①カリキュラムに関すること（14）、②ライフステージに関すること（6）、③人との関わりに関すること（4）に分類することができた。①「カリキュラムに関すること」では、カリキュラムがあることによって「一人ひとりへの対応が細かくできる」「教科学習を通しての成長」「学習の評価がきちんとできる」というメリットが挙げられた。②「ライフステージに関すること」では、「青年期に必要な支援ができるかどうか」「5年間の実践」「本科時代からつながる時間」「教育として専攻科の前の段階から体系づけられること」が大切であるという意見があった。③「人との関わりに関すること」では、「同世代の人との関わり」「後輩が近くにいる」という意見を採取できた。

3）両者の比較

学校専攻科教員の意識調査では、本科と専攻科の違いを踏まえた上で、教育目標に応じた関わり方を工夫していることが読み取れた。「専攻科の2年間だけでは難しい」という意見もあり、ライフステージに応じた学びの必要性を示唆するものと捉えることができる。

学校教育ならではの独自性として、カリキュラムがしっかりしていることの利点を挙げている職員が多い一方で、「福祉型は、その日その日を送る消化試合」「福祉事業型専攻科は学びの目標や日々の取り組みに制約が生じる」といった意見が見られた。福祉事業型専攻科に制約が多いことは、2節で述べたように明らかであるが、地域資源の活用や、学生と一緒にプログラムをつくる構想など、独創的で意義のある取り組みをしていることが、残念ながら学校関係者に十分浸透していないことがうかがえる結果となった。

福祉事業型専攻科支援スタッフの意識調査では、公立学校教職経験者の教員時代と現在との比較において「学生・利用者主体の活動」「活動内

容の柔軟性」に意見が集中した。教員時代の教え子（高等部本科生）に比べて、現在接している自立訓練事業の対象者（専攻科生）は、「主体的」「自分たちで決める」「伸び伸びしている」という意見が多いことと表裏をなすものである。

　また、「福祉事業型専攻科について感じるところ」の項目では、学びの場があること、キャリア教育に偏っていないところが長所であり成果であると感じている職員が多いことが読み取れた。一方、重度の人の学びの場がない等、制度との関わりにおいて限界が多いと感じている職員も、それ以上に存在した。今後の展望として、大学構想や福祉事業への教育的アプローチの必要性に言及する職員がいたことは、この分野のさらなる発展の可能性を示唆している。

2　グループインタビュー調査の結果と考察

　グループインタビューにおける語りは、各事業所を代表する意見ではないが、基盤の異なる三者が発言し合うことによって、よりリアリティのある実践内容の比較・検討ができた。

⑴ 青年期の移行支援と専攻科の必要性

　制度的な基盤は、三者それぞれに異なるが、教育実践をおこなう中で、高校生（高等部生）たちの実態から教育年限の延長の必要性を感じ、法的に可能な方法（特別支援学校高等部の専攻科、高等専修学校高等課程の別科、『障害者総合支援法』の自立訓練事業）で専攻科を設置したことが明らかになった。また、進路指導との関わり（A校長）、青年期の自立支援（B教諭）、知的障害児の進学格差と時間をかけて学ぶことの意義（C理事長）がきっかけになっており、いずれも次のライフステージへの移行を見通しつつ、今のライフステージを充実させることに目的を置いていることがうかがえた。

A校長：専攻科を始めたきっかけは、進路の問題に直面したからです。３年間の高等部教育に関して、もう少し彼らの発達要求、青年期の発達を支えるための何かのお手伝いができないかという部分もあり、こんな形で今に至っていると思っています。

B教諭：もともと商業の専門学校という形でスタートしたのですが高等課程ができて、その中でも比較的勉強が苦手だったり、中学校に通えていなかったりという学生が増え、このまま職業準備のための資格を取らせる、社会に送り出す学校でいいのかという疑問が生まれました。それで、自立支援のためにもう一度自分をつくり直すという意味で、本当の青年期は何かというところを見直して高等課程からつくり直したのが1998年です。読み書きでつまずいていた学生たちが、自尊心を取り戻し、言葉が言えるようになって卒業。このまま社会に送り出すのは、我々も、本人たちも、保護者の人も自信がない。もうプラス２年、大学のような形でできないかと考えて高等課程の別科という位置づけで専攻科というところにつながっていったんです。

C理事長：支援学校で36年、障害のある子どもたちと実践してきたんですが、健常者は70％が進学している。知的の人たちにとったら70倍の格差があるということがわかってきました。そんな中で、遅れているからこそ時間をかける必要があるのではないかと思いながら、全国に専攻科があることを初めて知りました。お母ちゃんたちと一緒に専攻科設置運動をしてきましたが、なかなか教育委員会の扉は開けられない。あるお父ちゃんが、全国で初めて自立訓練の専攻科型を開いてくれました。それで、うちの福祉会でもつくることになりました。K支援学校で専攻科に進んで卒業した38名を調査したら、誰一人、在宅やドロップアウトをした者がいないという数字が出てきています。

⑵ 子どもから大人への移行

C理事長は、「実践は青年期ということにこだわっていかなければなら

ない」と述べている。ライフステージにおいては、まさしく、子どもから大人への移行の時期＝青年期であると言えよう。この時期だからこそ「教え込まない」「主体性」「集団性」がキーワードになり、それを重視した実践の必要性を「仕掛けて待つ」しかも「呆れるほど待つ」という表現で語っている。

　また、「主体性」「集団性」に関わって、B教諭は、本科と専攻科の5年間を、仲間の中で気持ちを表現し、主体的に学校生活を送れるように変わっていく時期である反面、順応性があるからこそ、周囲の大人が見立て損なうと危険であると述べている。できたり、できなかったりする時期があることを前提に自分をつくり直すという教育の営みを、保護者や教職員がどこまで待てるかが問われているのである。

　いったん自分を解放して、ありのままの姿を出すためには、それが可能になる活動場面を設定する必要がある。A校長の言う「時間」「場」「仲間」というキーワードを、「活動するための時間の保障」「青年期らしい活動そのものの保障」「ともに活動する集団の保障」という意味で捉えると理解しやすい。「専攻科生が主体的に授業を進めていく」例として、「成人を祝う会」の取り組みが紹介されているが、そこに至るまでの本科3年生からの関わり方も併せて問われているのである。「時間」とは、子どもから大人に向かって緩やかに流れる時間であることも理解できる。その緩やかさは、進路決定に至る取り組みを「滝壺に向かって流れる」という急流のイメージで表現したA校長の言葉と対をなすものであろう。

　特別支援学校と高等専修学校の実践では、5年間という教育期間があるからこそ、これまで経験してこなかったことを経験して「プラスマイナス0」に持っていき、「学び直し」「学ぶ楽しさ」「失敗もありで取り組む」といった3年間を経て次のステップである2年間へと移行できるのである。一方、自立訓練は2年間という有期限の事業である。「集団の中で自分の思いを出してぶつかりあい、葛藤して、折り合いをつけて、納得して動いていく」という営みの大切さを指摘しつつ、その時間が2年しかないもどかしさも感じられた。

C理事長：基本的に、実践は青年期ということにこだわっていかなければいけないと思います。一つは自分づくりの時期、自分らしさということがあります。自分らしさというのは、主体性の発揮できる人間として成長を遂げる大切な時期だということに重点を置いて実践を進めています。特に、「教え込まない」「主体性」「集団性」がキーワードかなと思っています。みんな大人になりたいという気持ちがあるので、「仕掛けて待つ」というのがキーワードだと思っています。B先生から言われた「育つとは呆れるほど待つ」という、この言葉が、やっぱり私には一番落ちています。この「待つ」ということ。待ったら自分から動き出してくるということ。そこが、非常にキーポイントだと思っています。

B教諭：高等専修学校は、普通の学校と何ら変わらない。かといって、中学校時代、自分で自主的・主体的に生活ができていたかというと、全くできていない子が多い。ゆっくり、ゆったりした雰囲気の中で、自分で朝起きて、準備して、毎日学校に行くようになったという声を聞かせてくれる保護者が割と多いのですが、子どもは逆に順応性があるといいますか、自分でやっていける環境の中では、どんどん力を出すんですよ。周りの保護者や我々大人が見立て損なうというところが一番危険だと思うんですね。少し通えるようになったからと言って次の目標を周りの大人が決めてしまわずに、少し家から離れた遠いところに通うようになった、この高校時代、プラス専攻科の時代に、いろいろな経験を、できたりできなかったりする時期があることを前提として、自分をもう一度揺さぶって、つくり直していくというところを、保護者が、それこそ呆れるほど待てるかどうか。高等課程の３年間は、どちらかというと中学校までに体験してこなかったことを経験してプラスマイナス０に持っていく時間。ゆっくりと彼らの成長を待つというところを一番大切にしております。

A校長：専攻科をつくった当初は、どういう実践をするか手探りの状態。結局19年目を迎えた今、専攻科の中で確立してきたキーワードは「時間」「場」「仲間」の３つです。高等部の３年間しかなかった時、全国

の特別支援学校はみんなそうだと思うんですけど、高1の段階から出口のことに向けての滝壺に向かって流れていくような状況になっているんじゃないかなと思っています。失敗が許されないわけです。私たちが専攻科をつくることになって、まず高等部の3年間は、先ほどB先生が言われたように「学び直し」というか、学ぶことの楽しさを十分、仲間とゆっくり時間をかけて失敗もありで取り組ませてみるってことができるんじゃないかなと思いました。専攻科に入ったら彼らを中心に進めていくような授業をしています。「子どもから大人」っていうところでは「成人を祝う会」を学校の行事として企画することができるようになった。しかも本校は、この会に本科3年生と専攻科1年生も関わっています。専攻科1年生になると自分たちが行事を企画・運営する。みんなで話し合って決める。そして、いよいよ専攻科2年生。スーツや晴れ着を着てみんなの前に立つ。時間をかけて青年期教育をやっていきたいっていう中身が、この3年間。やはり時間。本来あるべき年齢の時に、その行事をおこなうべきだっていうことだろうと思うんですね。

C理事長：国語（コミュニケーション）の時間に俳句をつくる。俳句っていうのは思っていることを自分で表現する時間。芸術や絵を描くとか、そんな時間を大切にして、そのことがみんなに認められていくような取り組みを大事にしています。そこがクリアしてくると集団の中で自分の思いを出してぶつかり合い、葛藤して、折り合いをつけて、納得して動いていく。そんな営みが青年期ではすごく大事。本人たちに「自立訓練と高等部の違い、どんなとこ？」って聞きますと「高等部は先生が決めたことをこなすとこや」「自立訓練は自分たちが決めたことを活動するとこや」と言ってくれる方もおります。すごく的確に捉えているなあと思っています。

(3) 学校から社会への移行

　B教諭は、本科生から見たら「遊んでいる」「楽しい」イメージの専攻

科が、進学してみると実は「しんどい」場であることがわかると述べている。「無から何かをつくり出す難しさ」「生活における自己管理」を「本当に社会との接点が増えてくる、ごまかしのきかない２年間」であるとし、その部分をつくっていく醍醐味を「今までにない新たな自分に出会う」という専攻科生自身の言葉で表現している。また、その中身を、仲間からも問われることになる。「子どもから大人へ」のところでＣ理事長が紹介した専攻科生本人の語り「高等部は先生が決めたことをこなすところ、自立訓練は自分たちが決めたことを活動するところ」にも通じる。

　Ｂ教諭の事例に登場する新聞とは、２か月に１回、学生・保護者・関係者に向けて発行される『専攻科学生新聞』のことであり、学内向けには本科の教室や廊下にも貼り出されている。記事の執筆をはじめ編集・発行を学生自身の手でおこなうことも青年期らしい取り組みであるが、それを公開し、本科生も含めて学校全体の話題としながら仲間同士で学び合っていく姿は、集団で学ぶ醍醐味と言えるであろう。

　「新たな自分に出会う」というキーワードは、Ａ校長も使っている。高等部本科卒業から社会へ出るまでの間に、手探りでいろいろなことを試す中で自分を発見することだとし、本科３年生で職場実習の成績が今ひとつだった人が、専攻科を経験する中で継続して作業をこなしていく力、反省会のような公の場で自分の意見を述べる力を備えるようになると述べている。専攻科という時間的なゆとり、猶予期間を、こちらで用意することで、その部分の育ちが保障できるのである。

　Ｃ理事長は、ライフステージとの関わりから、「だまって」「黙々と」働く時間の前に、自分の思いを出さざるを得ない専攻科の２年間をつくることの意味を、「居場所」という言葉を用いながら述べている。居場所があるところで自分を出すことによって、「生きていく上でゆたかな何かを自分の中に落としていける」と言うのである。これは、Ｂ教諭の言う「人生の節目を仲間とともに祝うことは、成人という次のライフステージに進む時に人生の財産になる」という言葉にも通じるものであると考える。

　また、次のライフステージの役割の一つを「働く生活」と定義づけると、

「一定時間そこで活動するための集中力や意欲は、自分の目標が出てくることによって生まれるものである」というA校長の発言が活きてくると同時に、目標は自分の気持ちを出せるようになって初めて明確になるものであると考えることが可能になってくる。内面の育ちのないところに、キャリアは形成されないのである。

　卒業と同時に、日中活動の場面や、それを支える制度は否応なく変わり、誰もが等しく「学校から社会へ」の移行に直面せざるを得なくなる。強制的とも言えるその移行を、主体的に受けとめ、自分のものにしていくプロセスが、移行支援教育における「学校から社会への移行」にあたると考えられる。青年期の内面の育ちにも関わる問題であり、「支援の仕方」を変えて、「待つ」といった教育実践の工夫によって、その推進を図ることができるのである。

B教諭：本科の学生は「専攻科は遊んでいる、楽しそう」と言う。でも専攻科生に聞いたら「いやあ、専攻科に来てみて、ここまでしんどいとは思わなかった」と口を揃えて言いますね。無から何かをつくり出すということを本科ではやったことがない。たまたま、今年2年生で新聞を書きたいって言う子がいて、勝手に新聞サークルをつくってクラスの新聞を廊下に貼り出しました。「専攻科って甘くないんだぞ」みたいな。でも、それを本科生が見ると「すごい」「いろんなとこ行ったりして楽しそうだ」と。表面上の部分しか経験してない分、本科生はそういう見方になるんですけど、専攻科になったら一気に見る視野が広がる分、本当にカルチャーショックを受けるような感じで「ここまでしんどいとは思わなかった」と吹き出すように言うんですよね。新聞を書く子たちに1年間の目標を聞くと「今までにはない新たな自分に出会えそうだ」みたいなことを書いている子が一人いました。その子は、毎日起こしてもらってギリギリセーフかギリギリアウトかの3年間。保護者に「自分で起きてよ。自己管理。専攻科の醍醐味、そこですから」とお願いしたのですが、案の定、遅刻してきて今這い上

がろうとしているんですけど、「今までにない自分に出会える」「出会いたいんだろ?」っていう話を我々でなく同級生が言うんですよね。「あの新聞に書いたあれは何だったんだ?」ってね。ごまかしのきかない、本当に社会との接点が少しずつ増えてくる2年間。

A校長:自分たちの専攻科も新たな自分に出会う、そんな時期じゃないだろうかと思います。高等部3年生の卒業式。今までだったら、即「学校から社会」というような形になっていたのを、専攻科を持つことによって手探りで、いろんなことを試したりできる。その中で自分を発見するんじゃないかな。本科3年の時に一般就労が非常に難しくて実習の成績も今ひとつだった子が、専攻科で2年間学んだ後に一般就労できるようになりました。一般就労がよくて福祉就労がダメというわけではないけれど、立ち姿や作業をこなしていく姿が全く違っている。かつてだったら、とても続かないだろうなっていうような人が、継続して、実習の最終日の反省会のような場で自分なりの意見を述べるという報告を聞いています。新たな自分と出会う時期。それは、そういう移行期をこちらの方で用意してあげることによって初めてできるものだと思います。

C理事長:この移行期の部分というところにこだわると、支援学校から18歳で作業所へ入ってB型の仕事をする人たちを見ていると、やっぱり、だまって黙々とすることが求められる。だけど自立訓練の方へ来ると「あなたはどう?」って自分の思いを出さざるを得ない。これを2年間踏まえるっていうのは、ものすごく人生の中で大きいなあって。だから自分を出し合ってぶつかってっていう2年間と、だまって黙々の2年間と、ライフステージ見通した時に大きなものがあるのかなって。大学生のキャンパスライフで一番楽しいのは、気の合う仲間。結局、居場所ですよね。居場所があるところで出し合うっていうのが、生きていく中で何かゆたかな何かを自分の中へ落としていけるのかなあというのを、作業所と自立訓練両方比べた時に、ものすごく感じるんです。

A校長:ライフステージにおける大きな役割ということで言えば、一定時間そこで活動できるような集中力や意欲は、将来の働く生活、き

ちっと自分の暮らしをつくっていけるための条件を考えていくように
なった時、そこに自分の目標が出てくることによって生まれてくるも
のだと思います。

C理事長：今から15〜16年前、Kさん（筆者）に質問したことがあるん
　　です。「高等部との違いは？」って。その答えが「支援の仕方が違う」。
　　「仕掛ける」とか「仕掛けて待つ」のが高等部との違い、それが「支
　　援の仕方が違う」っていうことなんかなと思ってるんですね。それか
　　ら「どんな力がつくの？」って訊いたら「何とかする力」。その「何
　　とかする力」っていうのが「自分から動き出す」ことなんかなって思っ
　　ています。

B教諭：「学校から社会へ」っていう部分よりも、20歳になる時に専攻
　　科で仲間がいる、お互い祝い合える仲間がいるっていうのが、すごく
　　嬉しいみたいです。人生の大きな節目を仲間と共に祝えると、次のラ
　　イフステージ、成人っていうところに進む時に、これだけわかり合え
　　ている仲間がいるという「分厚さ」「後ろ盾」は、人生の財産になる
　　んですね。また、ぶつかった時に帰ってこられる、相談できるってい
　　うところが一番必要ですから、そこの大切さを痛感しています。

3　個別的実践に見る「青年期に必要な学び」
　　〜基盤の違いを超えた共通性〜

　ここでは、個別的実践を通して学校専攻科と福祉事業型専攻科の共通
点と相違点に着目し、設立の基盤が異なることによって支援者（教員およ
び支援スタッフ）の見立てにどのような違いが生じているのか、青年期に必
要な学びをどう捉えているのかを整理し、今後の研究課題を検討する。

(1)「支援者の見立て」の共通性

　共通点は三点ある。

一つは、青年期を意識している点である。青年期につけたい力として、自分らしさや主体性の発揮が挙げられている。「自分とは何か」という自己への問いかけは、青年期に特有のものであるが、それに対する答えを見つけてほしいという支援者の思いが読み取れる結果であると考える。また、実践上の工夫として、主体性の発揮を促すために「待つ支援」をおこない、大人になること、社会に出ることを意識させるような教育カリキュラム・プログラム内容を設定していることも青年期らしい取り組みと言える。

　二つは、職業スキルの獲得に偏らない点である。調査対象の中には、作業学習中心の教育課程を持っている特別支援学校もあったが、そこも含めて、自分を知る・大切にすることが重要視されていた。グループインタビューにも「一定時間そこで活動できるような集中力や意欲は（中略）自分の目標が出てくることによって生まれる」という発言があり、実践の目標を職業スキルの獲得でなく「職業自立に向けての土台をつくる」に置いていることがうかがえる。

　三つは、集団での学びを大切にしている点である。グループインタビューの「時間」「場」「仲間」という発言に代表されるように、専攻科では、学び合いの中で育つこと、集団の中での個の育ちに注目している。職場実習や進路に関わる学習も取り入れているが、登校せずに産業現場で実習を重ねるデュアルシステムは重要視していない。また、卒後支援においても「将来にわたって仲間がいること」「帰ってくる場」があることの重要性を意識していた。

⑵「学びの環境」による個別的実践の相違点

　専攻科教育のキーワードとして「時間」「場」「仲間」、すなわち学びの環境の重要性が挙げられた。福祉と教育という制度的基盤の違いによって学びの環境も異なるが、そのことが個別的実践とどう関わるのか、各々について考察する。

　第一の「時間」については、学校専攻科が高等部５年間教育、あるい

は義務教育と合わせて14年間教育を打ち出していることに対し、福祉事業型専攻科は2年間の有期限事業であり、それ以前のベースが異なる。知的障害のある人の育ちは非常にゆっくりで、行きつ戻りつも多く、グループインタビューの中の高等課程の3年間で「プラスマイナス0に持っていく」という発言からも明らかなように、専攻科を持つ学校であっても時間がかかる。だからこそ教育年限の延長による移行支援教育の保障が求められるのであるが、福祉事業型専攻科には「プラスマイナス0に持っていく」時間の保障がないのである。これは、「専攻科でつけたい力」に関するアンケート調査結果で、「自己肯定」「自己表現」の項目が福祉事業型専攻科に多いことにも現れている。また、第1章で述べた、高等部において青年期の移行支援教育を十分に担えていない公立特別支援学校の問題点が持ち越された結果であるとも指摘できる。

第二の「場」とは「学びの場」であり、そこでの活動そのものと言うこともできる。学びの場があることの意義は、学校専攻科、福祉事業型専攻科を問わず、生徒（学生・利用者）の姿からも明らかである。前節でも述べたが、福祉事業型専攻科は施設・設備面の不足を補うために地域の社会資源を積極的に活用しており、学校教育より柔軟性が高いと言える。その意義は十分に認めつつも、教育内容や教育の質といった観点から考察する必要もある。

第三の「仲間」については、両者ともに集団での学びを大切にしているが、アンケートの意見からも明らかなように、障害程度の軽い人しか自立訓練事業の対象にできないという経営上の制約によって、福祉事業型専攻科では、青年期の学びに必要な多彩な質の集団が保障されにくい現状があることが指摘できる。

⑶ 今後の研究課題

いろいろな制約の中で、青年たちとともに、よりよい教育を求めて模索する関係者の思いが読み取れる結果となった。「見立て」そのものには

共通点が多いが、それを具体的な実践に移す段階で相違が生じていた。先述した三つの相違点は、実践の課題であるが、制度・政策に大きく影響を受けるものでもある。

　また、個別的実践の工夫を問うたアンケートの回答が、奇しくも活動内容と関わり方に大別される結果となったが、これについては、メゾレベルの課題として、次章で「教育カリキュラム・プログラム」との関連から考察したい。

4節 │ 「二つの専攻科」の意義と役割

1 「二つの専攻科」を牽引してきたもの

　まず、専攻科の二元的な形成を牽引してきた二つの運動について確認しておきたい。

　一つは、全国障害者問題研究会（全障研）が主催する「障害者の青年期教育全国研究集会」（以下：青年期集会）である。この活動は、「養護学校高等部の教育を考える全国研究集会」として1989年にスタートした。以来、途中で名称を変更しながら、高等部全入のスローガン「"十五の春"を泣かすな」の発展系である「花ひらけ"十五の春"」を合い言葉に、ゆたかな青年期教育を追求してきた。船橋（2000）は、「現状の高等部の職業教育偏重に対して、スポーツや文化・芸術・科学を内容とする"青春"にふさわしい豊かな教育内容を準備し、愛と友情と知恵を育む青年期教育の創造を対置させたのです」と述べている。

　全国研究集会とあるように、この集会は、北海道から沖縄まで、文字

通り全国各地で開催され、支援者（教員等）が実践を語り合って、高等部教育に対する問題意識を共有するとともに、「本人分科会」や「なかまの集い」等を設けており、当事者である青年たちが、日頃の思いを発信する場でもあった。当事者自らが運動の主体になった活動と言える。筆者も、地元で開催された折りにスタッフとして関わったが、青年たちのパワーに圧倒される思いであった。また、青年たちの活躍の場は、学校だけではない。福祉作業所や企業等で働く青年たちも巻き込みながら、大きな活動になっていった。2012年に第23回をもって終了し、現在は、その役目を終えているが、青年期集会が母体となって発足したのが、次に述べる「全国専攻科（特別ニーズ教育）研究会」（以下：「全専研」）である。

　二つ目の運動である「全専研」は、2004年11月に発足した。本研究でも依拠している「三つの歴史的発展段階」（田中2006）の三番目の課題である「後期中等教育の充実・発展としての専攻科による教育年限延長、及び高等教育や生涯にわたる学びの展望（教育年限延長）」の実現を目指し、当事者はもとより、教育関係者、福祉事業型専攻科の関係者、専攻科設置運動に取り組む保護者、研究者等が一堂に会し、実践や運動について情報交換をしている。福祉事業型専攻科の中には、学生・利用者の修学旅行・研修旅行のような位置づけで参加している例もある。

　福祉事業型専攻科が、「全専研」の活動から生まれたことは、序章にて詳述した。2008年に1か所からスタートした福祉事業型専攻科は、10年後、全国に35か所（2017年12月現在）を数えるまでに増加した。増加傾向にあるとは言え、1,374か所ある自立訓練事業所、3,471か所ある就労移行支援事業所、7,275か所ある生活介護事業所（『平成29年度社会福祉施設等調査の概況』より）のうちの、ごくわずかであり、その存在意義が、まだ十分に認知されているとは言い難く、本研究で実施した調査も、その母数は非常に少ない。しかし、この活動が、現在に至るまで「二つの専攻科」を牽引してきたことは確かである。

　加えて、当事者を含む多彩な関係者がつくりあげてきた、これらの活動は、教育福祉問題の基本構造（小川1985）の構成要素の一つである「政策・運動」の今日的な形と捉えることができる。

2 福祉による教育の補完

(1) 制度的基盤

　学校教育において専攻科設置には法的な根拠があるが、それ以前の問題として私学への助成額は少なく、国公立校に専攻科が1校しか設置されていない現状を見ても大多数の専攻科設置校の経営は非常に厳しいと言える。学校専攻科においてもまた、施設・設備面の不十分さにもつながるものである。さらに、教育機関でありながら、『児童福祉法』や『障害者総合支援法』といった福祉の法律の影響を受けやすいことも明らかになっている。

　福祉事業型専攻科は、『障害者総合支援法』に従って、コンプライアンスのもとに経営・運営されているが、「学びの場」として考えると制約の多さが明らかになる。自立訓練事業で言えば、給付金が日割り計算、2年間の有期限事業、職員配置基準が6：1等であり、これらが、施設・設備面が不十分、長期休業が設定できない、実践の積み上げができにくい、障害程度の重い人を受け入れられないといった実態につながっていた。

　しかし、数の上で学校専攻科の3倍を超えており、代替ではあっても教育的機能を持った実践の場として、その先駆的・試行的な取り組みが評価されている。また、比較的、簡便な方法で設立できることから、当事者・家族や地域のニーズを反映しやすく、福祉事業であることを活かした多職種連携の取りやすさもメリットの一つになっている。

(2) 個別的実践

　調査結果から、「二つの専攻科」に共通して、さまざまな実践上の工夫がおこなわれていたことが確認された。一つは、双方ともに施設・設備面の不十分さを補う目的で地域の社会資源を活用していることであり、結果として青年期らしさを意識させ、教育効果をあげることにつながっていた。二つは、両者の教職員ともに、青年期に必要な学びとして、「青

年期認識の重視」「職業スキルの獲得に偏重しない」「集団での学びの重視」の三点を意識していたことである。とりわけ「専攻科でつけたい力」として「自分づくり」「コミュニケーション」「生活の力」が挙げられ、「二つの専攻科」における移行支援教育の目的がほぼ同じであることが明らかになった。また、「自分づくり」という青年期特有の課題への配慮として、「待つ支援」「集団での学び」というキーワードが挙げられた。

その一方で、両者の教育環境の相違から、学びの期間の設定の仕方、施設・設備の不足による学びの質への影響、学びの効果を上げる集団の保障といった点で、福祉事業型専攻科のデメリットが指摘できる結果となった。

3 「教育年限延長」を支える「二つの専攻科」の意義と役割

(1) 青年期の自分づくり

青年期の自分づくりを担う「学びの場」としての意義である。

学校専攻科は、教育年限の延長という形で、公教育においてこの役割を果たしているが、数の少なさから平等性を担保するものではなく、制度はあっても政策がないのが実情である。また、一部に、キャリア教育重視の公立支援学校高等部教育の中で教育年限の延長が保障されることを不安視する声もあり、教育実践の内容も問われるところである。

教育の代替としてスタートした福祉事業型専攻科は、学校専攻科と法的根拠が異なることから、具体的な経営の在り方にも違いが生じ、デメリットも大きい。しかし、実践を発信して共感を得ることで制度・政策に働きかけていく可能性を秘めた事業であり、パイオニアとしての役割を持つ。

小川（1978）が、「『第二の誕生』として青年期の教育が、それ以前の児童期の教育とはちがって、その教育の内容および方法において、一つの大きな転換を必要とする（中略）そこには『学習主体』としての青年の内的条件の変化があることは無視しえない」と指摘するように、青年期の学びは、与えられるものから内発的なものへとシフトしていく過程にある。内面の

育ちは、専攻科の2年間だけで達成できるのではなく、それ以前のライフステージおける学びが土台となって専攻科で質的な転換を遂げると考えられる。転換のためには、それまでのライフステージとは違ったアプローチが効果的であり、「青年期の自分づくり」を支援するために、学校専攻科と福祉事業型専攻科が、それぞれの持ち味を活かしたオリジナリティのある教育的アプローチをおこなうことで役割を果たしていると言える。

⑵ 自立と社会参加

　卒後の生活を見通し、キャリア形成との関連の中で進路先の保障を求めるニーズに応えること、つまり、「自立と社会参加」に対する意義である。
　「二つの専攻科」は、学校教育の最終局面であり、生涯学習で言えば高等部卒業後の新たな学びのステージのスタートラインでもある。このため、福祉政策や雇用政策の影響を、より受けやすいと言え、「学びの場」の保障とともに社会資源や支援システムといったハード面の充実が望まれる。これらの充実が、進路先を担保し、卒業・卒所時の就労率を高めるだけでなく、3年後、5年後の定着率を見通した実践をおこなうことにもつながる。
　また、キャリア形成も無視できない課題である。これは、先述した「青年期の自分づくり」とも関連があり、形成したキャリアを発揮し続けるためには、ハード面だけでなく、ライフステージに応じた学びや体験による内面の育ちが必要になる。誰もが通る道であって、近道はないが、知的障害のある人にとっては、より多くの時間と支援を必要とするものであり、ここに教育年限を青年期まで延長することのメリットがあると言える。
　学校専攻科は、5年間の本－専一貫教育や義務教育から続く14年〜16年教育が可能であり、福祉事業型専攻科は福祉制度との連携を進めやすいという利点がある。また、双方ともに、青年期の移行を意識した柔軟な教育カリキュラム・プログラムを設定しやすい条件を備えている。これらを実践に活かすことで、「自立と社会参加」に対する役割を果たしていく必要がある。

4 「二つの専攻科」の協働で「より主体的な学び」へ

　ここまで、福祉による教育の補完という視点で「二つの専攻科」に対する調査の結果を考察した。学校教育としての専攻科、あるいはその代替としての教育福祉実践の礎になる制度（『学校教育法』、『障害者総合支援法』）はあっても、それを実現するための政策が伴っていない現状が指摘できる。また、第1章で取り上げたように、文部科学省の生涯学習支援政策においては、特別支援学校高等部の抱える課題は認識しながらも、公立の特別支援学校に専攻科を設置して学ぶ期間を長くすることで高等部教育の充実を図るという方針は示されず、現状では、学校法人よりも容易に開設できる一般社団法人、NPO法人、株式会社等の制度を活用した福祉事業型専攻科に頼らざるを得ない。そのような中、「二つの専攻科」が、それぞれの特長を活かしながら、学校教育と教育福祉実践の双方から役割を果たしていることも明らかになった。

　これを受け、学校から社会への移行における取り組みのさらなる充実を展望するために、制度的基盤（マクロ）と個別的実践（ミクロ）の結合する課題として、教育カリキュラム・プログラム（メゾ）に着目したい。その理由は二つある。

　一つは、「補完から協働へ」の視点である。序章でも述べたように、教育と福祉、あるいは、学校での教育実践と教育福祉実践、学校教育と生涯学習といった、異なる基盤のものを比較・検討するためには、共通の指標が必要となる。本研究では、青年期の教育権保障について論じており、制度的な基盤のみならず質の担保も含めて教育権と考えている。「補完」には、代替としての学びの場の保障といった消極的な響きが否めないが、絶対数は少ないながらも、「二つの専攻科」が実践内容で連携を取り合っていることは、調査からも明らかであり、これを、より積極的な意味合いで「教育カリキュラム・プログラムにおける協働」と捉えたい。

　二つは、「より主体的な学びへ」の視点である。先述したように、「二つの専攻科」は、学校教育で言えば最終局面にあたり、生涯学習で言え

ば高等部卒業後の新たな学びのステージのスタートラインにあたる。制度的なマイナス点に着目するだけでなく、実践の中に両者の特長をどう活かすかが問われる。調査結果にも「青年期の自分づくり」として「自分らしさ」や「主体性の発揮」といったキーワードが登場しており、より主体的な学びの姿勢をどう醸成するか、教育カリキュラム・プログラムに着目して分析したい。

〈文献〉
・船橋秀彦（2000）「高等部への希望者全入運動のあゆみ」『障害児の青年期教育入門』全障研出版部、239－271
・堀場純矢（2013）『階層性からみた現代日本の児童養護問題』明石書店
・加瀬　進（2010）「特別支援教育の時代における多職種連携に関する研究課題の検討―小学校における多職種連携に関する聞き取り調査を手がかりに―」『SNEジャーナル第16巻第1号』文理閣、5－25
・清時忠吉（2019）「生活介護事業所における学校から社会への移行期における学び支援の取り組み」『学青時代　シュレオーテ5周年記念誌』いずみ野福祉会、138－142
・厚生労働省（2018）『平成29年度社会福祉施設等調査の概況』（https://www.mhlw.go.jp/toukei/saikin/hw/fukushi/17/index.html）
・小川利夫（1978）『青年期教育の思想と構造　戦後青年期教育史論』勁草書房、43
・小川利夫（1985）『教育福祉の基本問題』勁草書房、12、30－55
・田中良三（2006）「障害児の教育年限の延長と今後の展望―今日の養護学校等専攻科づくり運動まで―」『障害者問題研究第34巻第2号』81－91
・卜部秀二（2014）「相談活動から見えてくる貧困」『みんなのねがいNo577』全国障害者問題研究会出版部、34－36

資料

資料3-1　学校および事業所の概要

No（種別）		1（私立特別支援学校）	2（無認可各種学校）	3（私立高等専修学校）	4（自立訓練事業所）	5（自立訓練事業所）
設置主体		学校法人	NPO法人	学校法人	社会福祉法人	株式会社
設立年月日		1978年4月1日	1990年4月1日	1948年4月1日	2010年4月1日	2008年6月25日
専攻科設置年月日		1996年4月1日	1990年4月1日	2003年4月1日	2010年4月1日	2011年4月1日
1学年の定員		15名	10名	20名	15名	15名（全体で30名）
現在の学生数		73名（うち専攻科は33名）	33名	24名	10名	30名
教職員数		31名	7名	2名	3名	8名
授業日数		年あたり202日	年あたり240日	年あたり200日	月あたり20日	月あたり22（年264）日
長期休業	夏休み	24日	40日	40日	3日	7日
	冬休み	24日	10日	14日	5日	7日
	春休み	23日	20日	14日	3日	0日
教育年限		2年	2年（専攻科からの入学不可）	2年	2年	2年
施設・設備	普通教室	5室	6室	9室	2室	4室
	特別教室	14室	1室	4室		2室
	調理室	○	×	○	×	×
	音楽室	○	×	×	×	×
	理科室	×	×	×	×	×
	視聴覚室	○	×	×	×	×
	PC室	×	×	×	×	×
	作業室	○	×	○（木工室）	×	×
	ホール	○	○	×	×	×
	体育館	○	×	○	×	×
	運動場	○	×	×	×	×
	その他				ミニキッチン パソコンスペース	ミニキッチン付 スペース
スクールバス運行		×	×	×	×	×
障害程度	療育手帳 A1	18名	0名	1名	0名	3名
	A2	0名	0名	—	1名	
	B1	52名	0名	3名	1名	10名
	B2	0名	0名	19名	8名	17名
	取得せず	3名	33名	1名	0名	0名
卒業後の進路先	一般就労	1名	20名	18名	1名	0名
	就労移行	0名	12名	7名	5名	6名
	就労継続A	2名	1名	3名	1名	0名
	就労継続B	4名	20名	53名	0名	6名
	生活介護	2名	1名	0名	0名	0名
	入所施設	0名	0名	0名	0名	0名
	在宅	2名	5名	1名	0名	0名
	入院	1名	0名	0名	0名	0名
	その他		家事手伝い・進学14名	職訓校、進学 自立訓練事業所	職訓校1名	通信講座1名、自立訓練（機能訓練）事業1名

No（種別）	6（多機能型事業所）	7（多機能型事業所）	8（自立訓練事業所）	9（自立訓練事業所）	10（自立訓練事業所）
設置主体	社会福祉法人	社会福祉法人	NPO法人	NPO法人	一般社団法人
設立年月日	1980年12月19日	1982年4月1日	1994年6月19日	2012年1月5日	2011年4月1日
専攻科設置	2011年4月	2008年4月1日	2012年3月1日	2012年4月1日	2011年4月1日
1学年の定員	全体で8名	全体で16名	10名（全体で20名）	10名	10名
現在の学生数	12名	16名	24名	16名	11名
教職員数	3名	4名	7名（ボランスタッフ21名）	8名	4.4名（管理者1名含む）
授業日数	年あたり260日	年あたり260日	年あたり248日	年あたり240~250日	年あたり248日
長期休業 夏休み	4日	5日	5日	3日	土日含む 7~8日
長期休業 冬休み	7日	5日	5日	7日	土日含む 9~10日
長期休業 春休み	0日	0日	3日	0日	0日
教育年限	2年（最大延長1年可）	2年	2年	3年	2年（例外で3年まで可）
施設・設備 普通教室	1室	1室	3室	2室	3室
施設・設備 特別教室	1室	0室	0室	0室	0室
施設・設備 調理室	○	×	×	×	×
施設・設備 音楽室	×	×	×	×	×
施設・設備 理科室	×	×	×	×	×
施設・設備 視聴覚室	×	×	×	×	×
施設・設備 PC室	○	×	×	×	×
施設・設備 作業室	×	×	×	×	×
施設・設備 ホール	○	×	×	×	×
施設・設備 体育館	×	×	×	×	×
施設・設備 運動場	×	×	×	×	×
施設・設備 その他			調理室兼ランチルーム		
スクールバス運行	○	○	×	×	×
障害程度 療育手帳 A1	不明	2名	4名	4名	5名
障害程度 療育手帳 A2		17名			
障害程度 療育手帳 B1		16名	14名	12名	4名
障害程度 療育手帳 B2		11名	5名		2名
障害程度 取得せず		0名	精神2級1名	0名	0名
卒業後の進路先 一般就労	6名	1名			0名
卒業後の進路先 就労移行	2名	6名			0名
卒業後の進路先 就労継続A	2名	0名			0名
卒業後の進路先 就労継続B	18名	12名			4名
卒業後の進路先 生活介護	18名	12名			0名
卒業後の進路先 入所施設	2名	0名			0名
卒業後の進路先 在宅	3名	0名			0名
卒業後の進路先 入院	1名	0名			0名
卒業後の進路先 その他	死亡1名				延長1名（特別専攻生 3年）

資料3-2　学校および事業所の方針

No（種別）	1（私立特別支援学校）	2（無認可各種学校）※法定外	3（私立高等専修学校）
基本理念	・すべての人が互いに尊重しつつ、助け合って生きていく社会の実現を目指す ・キリスト教精神に基づき、知的障害の特別の支援を要する生徒を対象に、社会の中で自立的に生活する人材の育成につとめる	1. 一人ひとりの子どもの必要に応じ、真の学力を高め、わかる喜びを知り、学ぶ楽しさを知ることができる教育 2. 互いの人格を認め合い、障害を理解しあい、より高い人間性をめざす教育 3. 子ども、父母、教職員が手をつなぎ、みんなで運営する学園	・ともに学んで、みんなで輝く ・社会で生きていくことができる力を養う
専攻科設置の動機	・高等部3年間では、社会に出て働くには力不足であることを知り、心の成熟さを目標に2年間の専攻科を設けた。	開校段階より、発達や学習の遅れを持つ子どもたちには、ゆっくり学ぶ期間を保障すべきと考え、高等学校の修業年限3年間にこだわらず、成人を迎える20歳まで学ぶ5年制高等部としてスタートした。その後、生徒のニーズをくみとり、小・中学校時代に失った自信や友だちとの対等な人間関係、自分に合った学習方法で学ぶことが楽しく感じられる授業、行事を丁寧に取り組む高等部本科（3年制）と、本科で培かった土台の上に青年期らしい自立の課題、将来の自分探しに主体的に取り組む高等部専攻科（2年制）にカリキュラムも整理し、5年一貫の高等部として今日に至っている。	就職者の離職が目立つようになり、その原因が人との関わりの経験不足によるもので、社会性の育成と仲間づくりのために年限延長した。
専攻科として大切にしている取り組み	・作業学習、現場実習を通して「内面の成熟（心の強さ）」を願う（一般就労を目指すものではない） ・今までの自分を問い直し、新しい自分を築く（「自分くずし」から「自分づくり」への教育）	・研究論文（2年次※旧卒論） ・研究論文演習（1年次） ・東海道五十三次 WALK ・職業人教育 ・全専研への参加（研修）	社会から学ぶ、仲間と学ぶをモットーに、実体験による学習と集団自治
専攻科以外の事業・他の組織との連携	・同事業体に社会福祉法人があり、生活面、労働面で連携している	・運営母体の NPO 法人で設置している「自立支援センター」との間で学校卒業後の課題について連携がある	同一法人ではないが、共同研究先として実習先や近隣施設と連携

No（種別）	4（自立訓練事業所）	5（自立訓練事業所）
基本理念	「主体的に自立した豊かな生活を営む力を身につけて社会にでよう」 日常生活・社会生活能力を身につけると共に、近い将来、大人になるための文化や地域社会・他人との関わり方を取得し、成人した大人に成長してから社会に出られるようにします。何ごとにも自信を持ち、意欲的・積極的に取り組める「自立した社会人」をめざします。	1）特別支援学校高等部を卒業した後に「学ぶ」（進学）という選択肢がない現状にあって、「もっと学びたい」という障害者のニーズ、「もう少しいろいろ体験させてから社会に出してあげたい」という保護者のニーズに応える事業を福祉事業の枠の中で展開する 2）青年期教育として、学ぶ意欲に支えられた自己肯定感、いろいろな体験の中で達成感を実現し、友だちや大人との信頼関係と地域社会とのつながりや支援の中で成長できるように実践する 3）将来的には公教育の場で制度として「専攻科」が設置できるようになるまで支援学校高等部教育とも連携して取り組んでいく
専攻科設置の動機	①専攻科卒業生に離職が少ない ②本人の願い「すぐ働かずにもっと遊びたい（きょうだいのように）」 ③親の願い「健常者と同じように学ぶ機会を保障したい」	1）専攻科を求める社会的必要性が客観的に存在する一方で、公教育での専攻科をつくることが出来ていない現状にあって、障害者本人、親、教育関係者からの強い願いが存在したこと 2）上記の願いを叶える受け皿がほとんど存在しなかったこと（地元県下はじめとして） 3）和歌山県などで始まった障害福祉サービス事業を使った「学びの場」づくりの先進例が存在したこと 4）会社が「障害者の社会的自立を支援する」（社是）ための事業として本格的に福祉事業に参入を目指したこと 5）学園長はじめ核となる人材の確保が可能であったこと
専攻科として大切にしている取り組み	・母体が社会福祉法人であり、その後の進路保障ができる ・障害者就業・生活支援センターで、丁寧に一般就労に向けての支援ができる ・ケアホームがあり、暮らしの部分でも自立に向けた取り組みができる	3つの目標を掲げています。 1）主体的に学ぶ 　学生自身の学びたいという要求を大切にし、自分たちで話し合い、考え、運営できるような学びの場にする 　　ex 自分で学習計画を立て取り組む自主講座、自分の興味関心のあることをテーマにして1年間調べ、まとめ発表する研究ゼミ、話し合いからはじめ予算・買い物・調理・決算まで自分で取り組む調理実習、学生自治会を中心に企画運営する野外活動・土曜日活動など 2）豊かな体験 　生活体験、社会体験、スポーツや文化の体験を多く取り入れ、豊かな体験を通して青年として、人間として成長できる場にする 　　ex 銀行でのATMの活用、野外活動、キャンプ活動、各種スポーツ、新喜劇、大学とのキャンパス交流など 3）仲間と共に 　青年期を生きる彼らが、仲間と共に楽しく協力しあって活動する。そのことを通してその後の人生の大きな財産にできるような場にする 　　ex 学生自治会を中心に学生が話し合い土曜日活動・野外活動を企画し運営、部活動をはじめ仲間の中で成長できる場にする
専攻科以外の事業・他の組織との連携	生活介護事業、就労移行支援事業、就労継続B型事業、共同生活介護、障害者相談・支援センター、障害者就業・生活支援センター	1）全国の授産商品の販売支援事業 2）軽印刷業 3）今後の事業展開として 　①専攻科運営の充実、「専攻科」づくりの支援事業、 　②障害者の就労の場（福祉就労、企業就労）づくり事業、 　③障害者の暮らしの場づくり事業、④障害者の余暇の場づくり事業

資料3-2　学校および事業所の方針

No（種別）	6（多機能型事業所）	7（多機能型事業所）	8（自立訓練事業所）
基本理念	「学びの場」「育ち合いの場」「スキルアップの場」としての実践 ①生活の幅を広げるための取り組み ②個と集団を意識できる取り組み ③魅力ある、週、月次、年間予定を作成し計画的、継続的取り組み ④2年後の進路について関連機関と連携し支援	〈法人の理念〉 ・働くことを通して一人ひとりの障害者が人間として発達できる作業所をつくろう ・仕事に障害者を合わせるのでなく、障害者に仕事を合わせよう ・どんな重い障害者も働ける場にしよう ・障害の程度や種別をこえ、助け合い、励まし合いながら働こう ・全ての人びとと協力し合って作業所づくりに取り組み、差別や偏見のない地域をつくろう	学校卒業後も学びたい、仲間と楽しい青年時代を送りたいという障害のある青年のねがいを受けとめ、「子どもから大人へ」「学校から社会へ」移行する時期に必要な学びの機会を保障し、権利として教育年限の延長（高校教育等）をアピールする
専攻科設置の動機	作業所利用者と在宅障害者を主な利用者としていたが、支援学校先生から学びの場の実践の紹介を受け、検討する中で意義を感じ実施することになった		障害のある青年の自立支援を保障する無認可の「ヤングクラス」事業を通じて青年期の移行支援の必要性を感じるとともに、大阪府交渉で専攻科の実現を訴える中で福祉事業型専攻科の先例に学び認可化を図った
専攻科として大切にしている取り組み	・「できない」と思っていたことが「できる場」 ・「できる事」で自信がつけられる場 ・「体験を通して学べる場」 ・「明日へつながる場」「自らの今後を具体的に考える事につながる場」 ・いろんな体験を通して「生活の質・幅」「成長」をつくる場 ・「仲間を受けとめ、受け入れ」「仲間を意識」できる場 ・親が子どもの変化や成長を感じられる場	・特別プログラム（陶芸、ジャズダンス、フラワーアレンジ、音楽療法）、地域で活躍している方々を講師として地域交流、また本人たちの余暇活動の広がりにつながる ・自分で考え、自分でえらび、自分で動くプログラム、関わりを大事にしています	○科学する楽しさを実験を通して学ぶ「科学」の保障 ○「こころとからだの学習」（性教育）通年を通して学ぶ ○地域の作業所や短大、高齢者施設等との交流 ○府内の社会福祉法人等との交流・学びの場づくり
専攻科以外の事業・他の組織との連携	生活介護事業、短期入所事業、児童・障害者日中一時支援事業（同一法人の他の組織に就労継続A型・B型事業、就労移行事業、共同生活介護、入所施設など）	生活介護事業 （同一法人の他の組織に就労継続B型事業、就労移行支援事業、相談支援事業、放課後等デイサービス、共同生活介護など）	児童発達支援、放課後等デイサービス

No（種別）	9（自立訓練事業所）	10（自立訓練事業所）
基本理念	○障害があっても、いつでも学びにもどれる機会保障（生涯学習） ○多様な経験と、学び、仲間づくり通して、自立へのイメージと自信をつける	1. 社会的、経済的、精神的に障がい者が自立するために支援する 2. 人間として豊かに生きることができるように支援する
専攻科設置の動機	福祉の現場や教育の実態から、学びの場が青年期に必要なことだと関係者が考えた	知的障がいを持ったわが子の、もっと勉強したい（大学生になりたい）という「ねがい」に親達が高等部卒業後の進路が就職か福祉的就労かの選択しかない現状に第3の選択肢として「学びの作業所」を立ち上げた
専攻科として大切にしている取り組み	仲間との協働作業、話し合い、スポーツ、丁寧な生活スキル習得	・一人ひとりの主体性を育て、自己確立する場として仲間（集団）の中で育む ・コミュニケーション能力を育てる（自分の考えを発表できる、自信を持たせる etc） ・豊かな体験を通して社会性を身につけていく
専攻科以外の事業・他の組織との連携	なし	なし

資料3-3　就職の動機　※自立訓練事業所支援スタッフ26名対象

〈**教職経験者**〉　**12名**〔**意見数11**〕

学校という、制約が多くなってきた場で実践することにやや疲れていた頃、この事業の立ち上げに誘いを受け、興味を感じた ／ 学園長、社長の話を聞いて ／ 支援学校高等部卒業後に働くという選択しかなく、進学（学びの場）の道がないのでつくりたいと考えたから ／ 知的障害、発達障害者の余暇の充実を望んでいたため ／ 社長と学園長に誘われ、自分自身も高等部を卒業した後の学びや、もっと仲間を意識できる場が必要と強く感じたため ／ 高等部卒業後、「すぐ作業所に行く」ということだけじゃなく、学ぶチャンスがある、そこで人格をつくる、充実させることにすごく興味があって、そのために少しでもお役に立てばと思った ／ 親子ともども困っている方が沢山いた。学校と違う場で力になれればと思った ／ 退職時に手伝ってほしいとの依頼あり、初めてのことで不安ある中、一緒に学んでいこうと思った ／ 提唱者の趣旨に賛同できたから ／ 青年期に学んでほしいことが沢山あり、学ぶ場も重要と考えて ／ 高等養護学校に勤務していた時、保護者がこの事業を立ち上げるということで再三にわたってお願いされ、意義のある事業ということで引き受けることになった

〈**教職未経験者**〉　**14名**

自分の子どもに障害があり、「親亡き後」の有効な支援策をつくることに関心があったため ／ 精神保健分野の勤務経験で発達障害や知的障害にも興味があり、関係機関の作業所を通じてこの事業所を知ったため ／ この方法なら支援学校卒業直後の方が、ゆっくりと学びながら、飛躍できる青年期を通過することができ、選択肢の持てる次のステップへの進路を自身で決定していけると直感し、魅力を感じたから ／ 自分自身も共に成長したいと考えたから ／ 姉が支援学級を受け持っており、影響を受けたため ／ 大学生の時に支援学校へ教育実習に行った時の、生徒と先生のすごい信頼関係を見たこと ／ 中学生の頃、体験実習で福祉施設に行き、障害をもった方々の作業などを見て一緒に作業や活動をしてみたいと思ったから ／ 大学の時、青年期の移行支援に関心があり、ここに通う学生の「自分づくり」の何かお手伝いができればと思って。また自分自身とも青年を通して向き合っていきたいと思った ／ 他事業所で青年教室があり、そこで生き生きと、また自分くずし、自分づくりに悩む青年たちの姿を見て興味をひかれたため ／ 障害をもつ子どもが、なぜ健常児と同じような就学、就労が難しいのか、なぜ改善していかないのか疑問を持ったため ／ 高等部卒業後に、さらにゆっくりと生きる力を蓄えることのできる自立訓練事業に興味関心があったため ／ 障害のある子どもたちの放課後や余暇活動に関心を持っており、そこから高校卒業後の進路や生活にも興味を持ったため ／ 大学を卒業する時、職に困っていた時期に友人から紹介してもらった ／ 学び年限を延長し、青年期の障がい者が自立したゆたかな生活を営むための支援をおこなうという考えに魅力を感じ、力になりたいと思ったから

資料3-4　移行支援を意識した実践上の工夫と成果

(1)「子どもから大人へ」の移行支援を意識した実践上の工夫と成果

1）工夫点（59）　　　　　　　　　　　　　　　※うち下線で表した6は「学校から社会へ」と重複
①活動内容（29）

性教育の学習を実践でおこない、必要に応じて男女別などのグループでおこなっている（学）／職場実習などの様々な活動後に「できたこと」「難しかったこと」を一緒に振り返った（学）／性教育（学）／「やってもらう」ではなく、「自分でする」「自分でできる」「自分でやろうとする」ように、やり方（入浴、清掃、片付け、選択 etc）を繰り返し伝え、上手にできているところをしっかりとほめる、また、うまくいかなかったところを、ポイントを伝えて次にはできるよう励ましていく（学）／進路に関すること、クラス活動（余暇活動）、性教育で、自分の考えを持つこと、それを話すことを大切にしている。迷う時間も保障する（学）／職場実習に向けての事前、事後学習で、本人と向き合う中での意識の変化と、実習現場での体験から現場での気づきが本人が意識できるようになった時、大人への準備ができている（学）／個々が持っている力を出し合い、みんなで協力して一つのことをやり遂げることを大切にした実践、キャンプや祭りなどの行事（学）／いろんなことにチャレンジすることにより、自己を知り、仲間を知ることができる。登山、キャンプ、祭り出店など（学）／<u>日常会話や性教育、個別学習等で、個人や集団に応じたテーマで伝えている（学）</u>性教育の実施（福）／成人を祝う会（福）／農耕などフィールドワークのまとめ発表、まとめ作業と発表練習（福）／社会に出た時に必要なマナー（福）／男子、女子別マナー講座の開催。自分たちが知りたいことをテーマとして出し合い、積極的に講座に参加する（福）／自治会での夏休み期間についての討論と決定（福）／放課後サークル活動の要求についての討論と合意づくり（福）／「こころとからだの学習」を隔週で実施（福）／事業所にいる間に20歳になるので、大人としての権利を教えています（福）／選挙における投票（福）／障害基礎年金の申請（福）／18〜20歳の学生たちなので、成人を迎えるという節目を活かして大人としての自覚を育てる課題が取り入れやすい（福）／年金をどのように生活に結びつけていくか、生活設計へのシミュレーション（福）／自分の思いや考えを他者に伝えるために毎朝のHRで最近のニュース（自身の出来事を含む）を発表し合う時間を設けた（福）／教科的なものは、一般教養としての部分を多くしています（福）／この2年間で二十歳を迎えるので、大人としてのふるまいや、コミュニケーション手段として「話題」を増やすということで、朝、自分で見てきたニュースを発表する時間を設け、継続する（福）／自分たちで企画した外出では、支援員は影で見ていて自分たちだけで行動する（福）／言葉遣いや、その場に相応しいふるまいを、都度、指導すること（福）／<u>外食、買い物を自由に（福）</u>／<u>自分で考え、運営し、まとめる学生自治会など、責任を学生に与える（福）</u>

②関わり方（30）

自己決定の場面の設定、生徒自身が気づくのを粘り強く待つ（学）／自己理解を深めることを繰り返すことで、自分の長所や短所に気づき、自分で成長を見られるようにした（学）／自分を知ること、他人を認めることが指導の中心となる（学）／自己肯定感を養うことが生活の主体者になることにつながる（学）／自分の考えを言えるような雰囲気づくりをしている。例えば、自分の意志を伝えることで、そのことがかなえられるなど。困った時は周りの人にすぐ相談することなど（学）／子ども扱いしない。同世代の大学生や社会人としての生活感覚、金銭感覚、経験をしてほしい。そのためにはお金がかかるが、それは必要な投資として親に理解を求めたい（学）／無理強いをしない。その生徒がやる気を見せた時や、やる気になる時がチャンスと捉え、できなかったことでなくできたことに着目すること（学）／わかった！できた！をたくさん経験できることと、その、わかった！できた！を、仲間や友だちと共有できる経験を増やすことで、自分に少しずつ自信を持てたり、活動に広がりを持てるようになってくる（学）／専攻科の2年生は、20歳というひとつの節目を迎えるが「20歳」＝「大人」とは考えず、個々の心身の発達を見て、適切な移行支援をおこなうことが重要（学）／まだまだ依頼心が強く、また自分に自信がないので親や教員を頼ってきます。その際、まず前面受容をします。少しずつ経験や自信がついてくると、仲間とつながるように促します。また、移行期だからこそ自分と向き合うように指導しています（学）／枠の中（親と子、教師と生徒）から出てみた上で、人間としてどういう価値観を持って生活していくことが必要なのかということに気づくことができるか？（学）／<u>経験の積み重ねで自信をつけること（学）</u>

プログラムや行事の持ち方、参加などにおける自主性の尊重と、自己評価・相互評価（福）／個人のことをみんなで出し合い、共有し、考える（福）／ひとつひとつ指示されるのでなく自分で考えて行動するように、自分の意見を言ったり決めたりすること（福）／今までついてきた"できること"を集団、仲間とともにおこなう（福）／周りの人に目を向ける（福）／一つのものを、集団で協調性を育てながら全員でまとめ上げる（福）／言われておこなうことから、自ら進んでする場を設ける（福）／日々の活動などの中で、できること、できないことを自分で理解し、学習していく（福）／自分の気持ちは何か、自分自身に問うようにはたらきかける。じっくり待って、ようやく発した一言に寄り添うようにしています（福）／子どもでも大人でもない、子どもでいたい、大人になりたいという青年たちの心の揺れを大切に、仲間と一緒に考え合う（福）／話を聞く、それに対して私の考えを言う。「どうかな」とそれを返す（福）／親離れ子離れ、親と距離を取っていく（福）／他者の意図に沿うことから「自分で決める」自己決定への支援（福）／選択、決断などを自分の頭で考えて出せるように、機会を逃さないようにする（福）／「生徒」でなく「学生」という呼び方をして、スタッフも子どもたちに意識しながら接している（福）／大人として対応することを一番に考えています（福）／<u>自信をつけることで、自分で選択すること、決定することができるように（福）／自分で選ぶ、相談する（福）</u>

2）成果（10）

職場実習の振り返りで「できたこと」は自信につながり「難しかったこと」はどうすれば改善できるか、または他者から援助を受けること（自分から手伝いを求めること）も必要という意識につながった（学）失敗等しても振り返り、次への展望を持ちやすくなってきた（福）／懇談で、保護者から「自分で考えるようになった」と言う話がよくされていた（福）／話し合いの場面で他者の話を聞くことができるようになった（福）／女子→女性、男子→男性へと変わっていく（福）／トラブルに対する訴えがいつもスタッフ（大人）であったのに対し、だんだんと自分たち（仲間同士）で解決しようと、自治の意識、力が芽生えてきた（福）／自分の気持ちを出すことが大切なことだと感じるようになったと思う（福）／子どもたちも自然と支援学校高等部とは違うんだという意識を持つ（福）／ほぼ「単語」のみで会話する利用者さんが「文章」での会話になりつつあり、日常会話と敬語の言葉遣いを切り替えておこなうことができるようになりつつある（福）／ニュースの興味の幅が広がってきた（福）

(2)「学校から社会へ」の移行支援を意識した実践上の工夫と成果

1）工夫点（60）　　　　　　　　　　　※うち下線で表した6は「子どもから大人へ」と重複
①活動内容（33）

権利擁護の学習（学）／職場実習の事前事後学習で自分のことを次第に客観視し、納得して次の場所に移行していくことができるようになる（学）／合同グループ学習（学）／ゼミ（学）／ケア会議（学）／生活地図やディスカッション形式の授業など（学）／自分で働いて自分で使えるお金を得る、お金の使い方を考える（学）／今の家庭生活で使っているお金がどれくらいかを知り、将来GHやひとり暮らしを考えるなら、生活費にどれくらい必要かを大まかに考える（学）／社会体験を重ねること、特に現場実習など職業的な体験は、社会人としての責任感、社会参加意識の向上に効果的（学）／本人が移行を意識してきた時、生活地図が現実のものになり、具体的に社会を意識する（学）／職場見学や旅行などの社会見学などを通して、外部（社会）について知る機会を持つ（学）／卒業後の生活についての情報をこまめに伝えるようにする（学）／社会とのつながりをつくるために外へ出て多くの人と関わりを持つことを大切にした実践（学）／仲間と存分に楽しい経験を共有する取り組みを、もりだくさんに授業に取り入れることにより、社会でのしんどいこと、きびしいことに対し、耐える力や友人に相談することができるようになる（学）／<u>日常会話や性教育、個別学習等で、個人や集団に応じたテーマで伝えている（学）</u>

社会生活プログラムやおしゃれ講座の実施、実習、見学（福）／実習している仲間の話や、修了生の話を聞く機会を持つ（福）／見学や実習をしながら、自分自身で進路を決定していくことができる支援をおこなう（福）／仕事に就いた時に必要なマナーを、2年目を中心におこなっています（福）／実際の場面を用いて言葉遣いなどを練習します（福）／"マナー講座"の開催による、仕事上で必要なマナーを身につける（福）／

活動の中で社会のマナーについての活動を取り入れ、自分でできることをひとつでも多く学習していく（福）／進路学習を隔週で実施（福）／運動会、祭り、発表会など学校外の地域活動への参加（福）／居住地の相談機関、社会資源の活用。娯楽施設、体育施設、催し物参加などの社会見学（福）／大人の世界やアフターファイブの場を体験（福）／物づくりで得手を、自己肯定感を育てる、より専門的にできたら素晴らしい（福）／カリキュラムの中で、福祉について、相談支援事業について、ガイドヘルプ、家事援助について、グループホームについて、作業所について、などを、実際に見学を交えながら学び、将来の生活をイメージした（福）／社会における諸々の社会資源の活用。例：図書館、体育館、温水プール、公園、デパートの活用、飲食店で友だちと会う、水族館、青少年会館、見学旅行、映画鑑賞、歩くスキーなど（福）／仕事をするとはどのようなことか理解を深める。畑作業では、育てた作物を収穫し、食す。また、販売物を制作、販売し、お金を稼ぐなど、仕事のやりがい、達成感を味わってもらう（福）／自己選択、自己決定をしっかりできるようになるために、発表の場を多く設ける（福）／<u>外食、買い物を自由に（福）</u>／<u>自分で考え、運営し、まとめる学生自治会など、責任を学生に与える（福）</u>

②関わり方（27）

特に専攻科で年齢を意識させる取り組みに変換させていくこと。「〜さん」と大人として扱うように日頃から関わるようにしていくことや、その年代の青年たちがあたり前にしていることを意識できるように働きかけていく（学）／多くの保護者は就職に直接つながってしまうケースが多いが、その間の移行期間が重要（学）／「やりたいこと」「できること」が常にイコールではありません。障がいを含めて自分自身と向き合い、心の準備が必要です。その上で、自分の進路を自己決定できるよう見守ることが大切（学）／組織やグループの中で、自分の役割や長所短所も含め理解をすすめ、「なりたい自分」「なりたい一員」を見つける（学）／「自分のことはできる限り自分でおこなうこと」「自分の気持ちを自分で伝えること」は大切だと、その都度伝え、学校生活の中でも、そのような意識を持てるよう関わっていた（学）／自分の仕事に対して、まわりから感謝される、役に立っていると実感できる体験を持つ（学）／学校の中だけでなく様々な人と出会い、経験をし、それによって自分とは何かを問える場所をたくさんつくりたい（学）／"働く場所を探す"というような狭い移行支援ではなく、社会の中で自分らしく楽しく生きていくことを目指した支援（学）／<u>経験の積み重ねで自信をつけること（学）</u>作業所で働く方々の仕事内容等に注意を向ける言葉がけをする（福）／集団の中での適切なふるまい方を、都度指導すること（福）／自らの感情をコントロールする方法を助言すること（福）／いつも「〜せねばならない」でなく、しんどい時やイヤな時は「しなくてもよい」自由があることを実践を通じて言って聞かせた（福）／専攻科が、就労に向けた高等部実践ではなく、自分たちのペースに合わせてゆっくり社会に出て行ける場になればよい（福）／学んだことを年上の人のいる中で発揮（福）／自分をわかってもらう手段（福）／"自分ですること"を重ねて自主的に動く力をつけ、学校での"してもらう"自分から社会へ出て、"自分からする"自分へと変わる。そのため、できるだけ自分たちで選び、決めることを大事にしている（福）／何でも他の人に合わせることを一番に考える人には、合わせることが一番じゃなく、自己がまず大切だと意識するように声かけしています（福）／あれこれを指示する関係から、一定の枠を仕掛けて待つ見守り支援（福）／先生—生徒という関係から、仲間集団、自治の力を育むことを意識する（福）／社会生活上で必要なこと、大切なことを情報提供する（福）／社会ではいつでも休めるわけではないので毎日通う（福）／個別の相談や楽しみを一緒に探す（福）／移行には、ゆっくりと時間をかけたい。まして、学校での学びは、まだまだ十分ではないと考えます（福）／<u>自信をつけることで、自分で選択すること、決定することができるように（福）</u>／<u>自分で選ぶ、相談する（福）</u>

2）成果（9）

職場実習として1週間ぶどう農園でぶどうに袋をかける作業をおこなった。働くことのやりがいや楽しさ、厳しさを感じることができた（学）

実習の回数は少ないが、2年間で各々イメージが持て、自分の意志を伝えられるようになった（福）／イヤな時は教室に残ることができるようになった（福）／福祉サービスの利用が促進した（福）／自分の力を認識し、親が決める進路から、自分で進路を決めようとする気持ちが育ってきた（福）／まだまだ「社会」についてわかっていないと思うが、自分の進路は意識しだしたのではないか（福）／1年間、誰一人やめずに通えた（福）／プログラム時とそれ以外のメリハリをつけた生活を送れるようになりつつある（福）／職の選択など、大小さまざまな選択ができるようになりつつある。ゆくゆくは、生活の場の選択につなげていけるようになればいいと感じている（福）

資料3-5　基盤の違いと職員の意識との関連

(1) 教職経験のある福祉事業型専攻科スタッフへの意識調査（26名中12名）

1) 学校における実践との違い（17）
①学生・利用者主体の活動（10）
期限にとらわれず、利用者（学生）のペースに合わせて取り組める ／ 学生を主体に、自分たちで考え、計画させることができる ／ 高校生と大学生が違うように、違うべきなのではないかと思っている ／ 福祉事業型専攻科を選んで来た学生の心構え ／ 自分の考えを直接言ってはいけないな？今まで「私はこう考える」ということをすぐ言っていたけれど、ここではじっくり待って、最後まで言わない場面があります ／ 学校はもっと型にはめる ／ 焦ることなく授業をすることができる ／ 実態に合わせてする、教育の原点を感じます ／ 本人の持っている力を土台に、じっくりと取り組むこと ／ 本人の主体性を育てる方向での実践（じっくりと時間をかけて納得できる方向の取り組み）

②活動内容の柔軟性（7）
利用者の希望や課題によって、プログラム変更など柔軟に対応できる ／ 自由に実践内容が組める ／ 学校という枠やしばりを気にせず、思い切った体験や取り組みができる ／ カリキュラムに縛られることがなく、挑戦的な内容のことも、すぐに実践に移せる ／ 教育課程にとらわれず、その集団に合ったカリキュラムを組めること ／ カリキュラムに縛られず、学生のつまずきにどんどん寄り添って、関わっていけるところ ／ 型にはめず、ニーズに合わせて、必要な対応が取れること

③社会資源の活用（1）
社会資源をうまく使っているところ

2) 特別支援学校高等部生と今の対象者との違い（9）
①自分たちで決める・主体的（5）
持っている知識、技術を応用する力がついている ／ 経験していないことも、「楽しいのでは？」と推察する力 ／ 自分たちでものごとを決めるところ ／ 学校教育を終えた青年として対応ができ、「主体的に学ぶ」力をつけやすい ／ 自分は学校を卒業して、「高校生ではない！」という自覚を持っているところ

②伸び伸び・じっくり（2）
人は皆違うので何とも言えないが、全体的に伸び伸びしている ／ 指示待ちになりやすいことから、個人の体験や考えを重視して、じっくりと取り組む

②不安を出す・自分を出す（2）
ここへ来て自分を少し出せてきて、それをお互いに認め合う、批判しあうということがたっぷりできていると思います ／ 進路（社会に出る）を意識し、不安定になったり、今までの学校生活とは少し違う場所、これまでの不安を訴えるところ

(2) 福祉事業型専攻科について感じるところ　※福祉事業型専攻科スタッフ26名対象

1) 長所・成果（5）
今の（キャリア教育が叫ばれているような）教育の中での数年延長には不安を感じます ／ 障害をもつ学生が、じっくり、ゆっくりと学ぶ場所は非常に必要だと感じています ／ 学生は、伸び伸びと、次への模索の場となっているように思える ／ この2年間で、学生は一段と大人になったなと感じます。バラバラで個の集まりが集団というものをつくり上げ、その中でも、できる子はできない（行動の遅い）子の世話をするなど、自分だけでなく他の学生のことも気にかけ、行動してきました ／ 利用者さんは、皆楽しく仲間と過ごしています。それを見ると、この時期の生活を同世代の障害をもつ青年に体験してもらいたいと思います

2）短所・課題（10）

年限のアローアンスが短いことが改善できないかと感じる ／ 教育年限の延長を、できるだけ恵まれた条件で考えると学校教育の中での延長がよいと思います ／ 経営が法令の改廃に大きく左右されることが難点 ／ 現在、全国的に福祉事業型専攻科が広がっていますが、ほとんどが軽度の方対象となっています。どんなに重くても、同世代の仲間と過ごす時間はとても貴重であり、皆ゆっくりと成長していっています ／ 教育の制度、教育の実践としての専攻科の取り組みと運動をすすめる側面と、福祉事業としての制度の限界・経営の課題を抱えて進める福祉の側面と、両方からの視点が求められる ／ 事業としては、とても大変で、ある意味、実践と教育運動しかやってこなかった教員にはとても困難 ／ 障害の重い青年の、福祉事業を活用した学びの場づくりが必要と感じる ／ 福祉事業型専攻科卒業後の進路について。単なる事業所間での移行支援でなく、広くライフステージを見通した進路支援が必要だと思われる ／ 施設等に対する公的補助が必要 ／ 人手がいるということ。各スタッフ共通理解や連係プレーをどうつくっていくか…十分な話し合いの時間がないことは大きな課題です

3）今後の展望（10）

特別支援学校高等部における実践について、職業教育に偏重し作業学習強化に対して、人間（人格）形成（人を育てていくことを中心とした）教育への転換が求められるのではないか ／ 一般の大学のように自主性を重んじられる集団の中で2〜4年過ごせたらと思います。やっぱり、大学がベストかなと思います ／ 実践が次のステップにどのようにつながっていくかを検証していく必要があると思います ／ 福祉事業型でもそうでなくても何をするところか明確にした方が良いかと思います ／ まだまだ取り組みが始まったばかりです。全国的に広がっていくことを期待しています ／ 未来への可能性を広げることができるところなので、全国にもさらに増えていってほしいと思います ／ 選択のひとつとして専攻科が全国に広がることを願う ／ 国の制度を上手く専攻科的生活訓練事業に当てはめる形が定着しつつある中で、今後、どのように多くの障害のある方たちのニーズを受け入れていけるか？あたり前の人として人生が送れるようになるには、さらなる工夫が必要なのでは？と考えます ／ 高等部卒業後に2年あるいは4年、誰でも希望すれば学びに行ける場所があればいいと思います ／ 福祉の分野にも、広い意味での教育的アプローチの必要性が広がってくるのではないか

③ 特別支援学校専攻科教員の意識調査　※特別支援学校専攻科教員22名対象

1）実践上の違い（22）
①学習内容（11）

本科は生活の基礎を身につけたり考えたりする活動。また、仲間との協力する力を育てる活動。専攻科では、その力を活かして、より深く考えたり、社会に出る準備を進める活動 ／ 大きくは職場実習があること ／ 本科は生徒に幅広く多くの経験をしてもらう。専攻科では、これまでの経験を振り返り、自分の長所短所を知る ／ 本科：教科学習、調理実習。専攻科：作業学習、職場実習 ／ 本科よりも専攻科の方が、カリキュラムがシンプルな分、生徒・職員ともに「将来」を意識した取り組みや会話が多いのかな、と思います ／ 職場実習、異学年での学習（社会のマナー、進路、人付き合いなど）／ 専攻科は職場実習がある。作業中心の時間割 ／ カリキュラムの内容は、決まったものをこなす本科と、何を学ぶかを決める専攻科で大きく異なる ／ 専攻科は、自分たちで企画し、決定し、実施する授業内容が充実している ／ 専攻科は、自分でテーマを決め、研究を深め、発表する場がある ／ カリキュラムの設定がある本科と、ある意味柔軟に対応できる専攻科では、学びの質が異なるため、課題や目的が違ってくる

②教育の目的（8）

本科は、さまざまな体験の提供、仲間づくりに力を入れている。専攻科は得意分野を活かすこと、個々の実態を重視した活動に力を入れている ／ 生徒を知る、自己の解放をはかるのが本科。社会に出るための準備が専攻科 ／ 本科：自分くずし。専攻科：自分づくり ／ 本科：体験の広がり、集団の中で。専攻科：内面化、個々の確立 ／ 本科は、「自分くずし」から「自分づくり」の時期で、多様な体験、仲間

との関係など、教科学習などを通して「自分づくり」をして行く時期。専攻科は、新たな「自分づくり」の時期で、実習を通して自分に向き合う時期 ／ 本科では、まず「自分のことは自分でできること」を目標に、自分の身の周りのこと、生活する上で必要なことをできるようにする。専攻科では、卒業後生活する上で必要であると考えられることを取り組む ／ 本科は、「学ぶことって楽しい」と実感する経験を重ね、自信を持ち、失敗を恐れず、自分を出していけることを大切にしている。専攻科は、卒業後に向けた進路や自立を目指し、自分の進む道を自ら考えて行動できる力を育てることを目指している ／ 本科では、まずは「自分らしさ」をみんなの中で出せることが課題。専攻科では、その自分とどう向き合い、のりこえていくか。

③関わり方（3）

生徒たちの学ぶ姿勢、意欲、学び方、意識が大きく違うと感じます。本科時代は、文字通り手取り足取り（言って聞かせ、やらせてみて、そこそこ、できたらほめてやる）。専攻科は、本人たちの自主性に負うところが大きい ／ 本科時代は、仲間、友だち、先生たち、親たちに支えられて、「わかる」「できた」の経験を増やすこと。専攻科では、自分自身の成長を自分で認めていくこと ／ 本科は、一人ひとりの特性を理解し、教員側から、ある程度アプローチが必要です。専攻科は、逆に、各々が自己決定や集団の自治のもと活動をするので、彼らの意志を尊重し、見守ることが肝要です。その上で、必要であれば助言します

2）本科生と専攻科生から受ける印象の違い（24）

本科では、そのときどきの学習に集中し、クラスメイトと学んでいく様子があり、専攻科では、クラスメイトと学ぶ中で社会（卒業後）で自分がどうしたいかを考えている様子が見られる ／ 本科では、仲間との新しい出会いや活動を通して、活動を楽しむ姿が見られます。専攻科で、具体的に将来のことを考え、「大人」の表情や行動が、より見られる気がします ／ 人それぞれ、移行に向けてのステップのスピードは違う。個人で5年間を見ると、やはり次第に落ち着いていく。本科時代に比べて、やはり大人になったな、と見ていて思う ／ 専攻科に入ると顔つきが大人っぽくなる ／ 専攻科生は、卒業後について関心を持ち、自分からも話すようになると感じる ／ 専攻科生は、行動が落ち着いている。実習、卒業後の生活について、現実のものとして捉えられるようになってきている ／ 専攻科生になってからの方が、情緒が安定しやすく、大人びた感じになる ／ 引っ込み思案だった生徒も自分の思いを話すようになる。それは本科での積み重ねの成果であることも多く、専攻科のみの成果ではない ／ 単純に、長く在籍しているので学校生活に慣れている ／ 正直わかりません。「専攻科」というよりは、生徒構成や担当職員の構成の方が、生徒たちへの影響が大きいかなあと改めて感じているので ／ 本科：学校生活を楽しんでいる。専攻科：学校生活を楽しみながらも卒業後のことを意識している ／ 本科：自信のない表現。専攻科：それぞれの表現 ／ 専1で初めての実習に行った後に、自分は今、大人になるための勉強をしているとわかり、雰囲気が変わる生徒はいる ／ 本科で様々な経験を積み、守られながら力をつけてきた自信 ／ 専攻科の実習を体験すると、本科の時と違う「働くこと」に対する意識が生まれてきて、成長した姿が見られる ／ 本科では、成功体験を積み重ねて少しずつ自信をつけている。専攻科では、自信を持って実際に行動し、それが成功することで、益々達成する ／ 本科から力をつけてきた専攻科の生徒は、仲間同士で助け合い、自分たちの力でいろいろな課題と向き合おうとする姿勢が見られる。「教員や親を頼る前に自分でできることは自分でやる」という気持ちが、とてもよく伝わってくる ／ 落ち着き、行動スタイル、気ばたらきが、3年間を経て専攻科あたりになると、ぐんと変わる ／ 小中学校時代の経験から自信をなくしたり、自己表現できない生徒が多数います。本科時代に仲間や友だちと何かをやり遂げることや、自分を出しても受けとめてもらえる友だちや仲間をつくること、この経験があるのとないのとでは違いがある ／ ホームルームなどで話し合いをしたとしても、本科の場合、まだ自分を出し切れていない生徒がいたり、自分を出せていても周りが見えていないので、まだまだ話がまとまりにくい。本科で自分を出せるようになってから来た専攻科では、周りの意見も取り入れながら議論ができる ／ 与えられた課題に取り組む本科と、自分のつけたい力を推し量って取り組む専攻科の違いから、学びの質的な違いの印象を強く受けている ／ 本科の生徒は、ひとつひとつ確認をすることが多いです。また、依頼心が強い印象です。対して専攻科の学生は、自分に自信があるので、自分（たち）で決めて事後報告し、自分たちの責任で仲間を思いやりながら活動している印象です ／ 専攻科生は、気持ちの上で余裕がうかがえる ／ 受動的な部分（本科）と、能動的な部分（専攻科）と対照的。

⑷ 移行支援教育における学校教育と福祉事業の違い　※特別支援学校専攻科教員22名対象

1）学校教育ならではの独自性（24）
①カリキュラムに関すること（14）
教育機関にあることで、一人ひとりへの対応は細かくできていると思います。福祉型専攻科などの実践は、あまり知りませんが、関係機関との連携も学校が中心になることで、より積極的におこなえるのではないかと思います ／ これは、公立だと学習指導要領に基づく授業実践、蓄積と指導要領改善→また実践と全国規模でおこなっているので、着実に時代に合わせた授業展開と学校経営をおこなっている。それが、教育機関ならではの独自性か。私立は、それからは多少離れている感あり。本校の独自性は、連携する社会福祉法人の三本の柱、今日的使命と理念、基本方針を読むとよいかと思う ／ 本校は、調理学習に重点を置いて取り組んでいる。「おなかがすいたら何かつくって食べれる」というのは、生きていく上で大きな力となっていると思う ／ 正直なところ、学校が福祉化してしまっている印象を受けている。質問にもあるように、学校独自のカリキュラムは必要だと思う。そのためには、具体的な目標を学校全体で決める必要があると思う ／ 体育や音楽などの教科を通しての成長 ／ 仕事だけでなく心の面の充実を図り、積極的側面での成長を育むことができる ／ 学校の教育は、教科などの知識を身につけるだけでなく、精神面（集団での活動、自分について、どのように生きていくかなど）での成長を、より重点的に取り組むことができる。つまり、卒業後に必要な生活スキルだけでなく、その根底となる「生きる力」の源となる精神面について、特に学ぶことができる ／ 学校は、ゴールを就職というところにおかなくても良い雰囲気がある。時間もゆったりと考えられるし、必要に応じて延長もできる。福祉事業型では、制度の成り立ちから期限内に結果を出すことが求められるし、また、そのことが本来の意味合いだと思います。例え、2年間の利用期間があっても途中で転職する場合もあり、学びの目標や日々の取り組みに制約が生じると思う ／ 専門の先生の指導が受けられる ／ 学習の評価がきちんとできている ／ 教育期間だからこそ担保できるものは学び合いだと思う ／ サービスを受ける立場と提供する立場では、近視眼的になってしまい学びの場になり得るのか疑問はある ／ 教育の場だからこそ、カリキュラムを組み、綿密かつ弾力的に生徒・学生に適した学びがあると思います。しかし、福祉型は、学生（利用者）一人ひとりのニーズに合わせた学びではなく、その日その日を送る消化試合の感が否めません。もっと一人ひとりの先を見通したカリキュラムがあるべきと思います ／ わかりませんが、専攻科の時期を担当する職員は、凄く大切な時期を担当していると思うので、ある程度、素質や対応力がある職員だと、いろいろな分野や学校でできる独自性の対応ができるのかな、と専攻科を経験してみて感じました。

②ライフステージに関すること（6）
福祉事業型だから、教育機関だから、ということよりも、青年期に必要な支援ができるかどうかだと思います。集団（仲間）の中で、自分を見つめることが大切なのではないでしょうか。その意味では、"多様な学びの場"があればいいなあと思います ／ まだ学生という気持ちの余裕があり、5年間の実践の中で、本人のアセスメントや教育歴の中から、本人の支援などを実践できるメリットがあると思う ／ 本科時代につけてきた力を継続して発揮できる、つながりを持った時間があること ／ 自分が成長してきた時や、それまでの経験を、サポートしてもらいながら自分で振り返りができるところ ／ 5年間（さらにはもっと）時間をかけてがんばってきたことを本人が卒業と同時に自負 ／ 専攻科の2年間だけでは、教育期間であっても難しいと思います。大切なのは、教育として専攻科の前の段階から体系づけられることだと考えます。独立した専攻科では難しいと思います。

③人との関わりに関すること（4）
福祉事業型が周囲にないので答えづらいが、本科生という後輩が近くにいることから、後輩を大切にする、後輩の授業に講師として招かれる、といったことができる ／ 学生としての同世代の人との関わり ／ 学生であるうちは、担任が細かく話を聞いてあげて、ひとつひとつ問題を解決していく手段を探して取り組んでいる ／ 幅広い年齢の人とのぶつかりあいが学校ではできる。

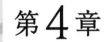
第4章

「二つの専攻科」の
教育カリキュラム・プログラムの
実態と課題

はじめに

　前章では、福祉による教育の「補完」という視点で、学校専攻科と福祉事業型専攻科を比較・検討し、制度的基盤(マクロレベル)と個別的実践(ミクロレベル)の共通点と相違点から、青年期の移行支援教育における、それぞれの意義と役割を明らかにした。

　「二つの専攻科」は、渡部 (2013) が「ハイブリッド方式」[1]と例えたように、異なる制度に則って、知的障害のある人の青年期を教育的に支援している。坂井 (2000) によって「子どもから大人へ」「学校から社会へ」の二重の移行期と位置づけられる青年期は、人生の大きな転機であり、内面の成長・成熟と外的な環境の変化が同時に求められる。

　これに加えて、本書では「より主体的な学びへ」の移行期であると捉え、学びの中身にも着目している。序章で述べたように、「教育カリキュラム・プログラム」は、教育課程と活動プログラムという、基盤の異なるものを比較・検討するために、筆者が定義した造語である。また、「全国専攻科 (特別ニーズ) 研究会」(以下：全専研) 等の活動を通して「二つの専攻科」が実践交流や意見交換をしている例もあり、両者は、よりよい教育実践のために、基盤の違いを超えて「教育カリキュラム・プログラム」レベルで協働していると捉えることができる。

　ここでは、これまで比較・検討されることの少なかった「二つの専攻科」の実践の指標である教育カリキュラム・プログラムに、「発達主体である青年の学び」がどのように位置づけられ、実際に運用されているのかを探り、青年期に必要な「より主体的な学び」を促進するために「専攻科」が果たしている機能と今後の課題を明らかにしたい。

　この目的を達成するために、まず、「二つの専攻科」への質問紙調査を通

1　渡部 (2013) は、福祉事業型専攻科について以下のように述べ、知的障害のある人たちの「青年期」にとって必要な存在であることを指摘している。
文教行政として学校型の高等部(高校)専攻科を増設整備するという政策を採っていない現時点では、学校型専攻科と「福祉事業型『専攻科』」ないし「学びの作業所」の双方を連結させた「ハイブリッド方式」によって、ここしばらくは「障がい青年の自分づくりと二重の移行支援」の実践と仕組みをつくっていく必要があろう。

して以下の二点を整理する。一つは、発達主体である青年にとっての、専攻科（青年期）ならではの学びとして位置づけている教育活動、二つは、その教育活動を生徒（学生・利用者）に意識づけるために効果的と考えられる学習形態である（2節）。次に、教育カリキュラム・プログラムに『ユネスコ学習権宣言』に謳われた6つの学習権が、どのように位置づけられているのかを探る（3節）。

　これらの現状整理をもとに、『ユネスコ学習権宣言』の発展型である『学習：秘められた宝 ユネスコ「21世紀教育国際委員会」報告書』に学習の4本柱として明記されている「知ることを学ぶ」「為すことを学ぶ」「共に生きることを学ぶ」「人間として生きることを学ぶ」とも関連づけながら、主体者としての学びを促進するために専攻科の「教育カリキュラム・プログラム」が果たしている機能と今後の課題を、「より主体的な学びへ」の移行の視点で明らかにする。最後に、研究の成果と残された課題に触れる（4節）。

1節 | 教育カリキュラム・プログラムの機能や課題を明らかにする方法

1 調査の目的

　発達主体としての青年の学びを促進するために、「二つの専攻科」の教育カリキュラム・プログラムが果たしている機能と今後の課題を明らかにする。

2 調査の対象

　2017年度全専研全国集会の基調報告に掲載された学校専攻科12校と福祉事業型専攻科35事業所、全体としては47か所。有効回収率は、学校専攻科9校（75%）、福祉事業型専攻科20事業所（57%）、全体としては29か所（62%）であった。また、福祉事業型専攻科2か所に補足のヒアリング調査を実施した。

3 調査の方法

　質問紙調査（2017年12月〜2018年1月実施）。回収した調査票は、Excelにて単純集計および4件法で解析する。

4 調査項目

　学校専攻科と福祉事業型専攻科を比較検討するため、共通の質問紙を用いた。項目は、以下の6つである。①教育活動例29項目を示した上で、「発達主体である青年の学び」を意識している度合を4段階で回答する。

②その中で、とりわけ強く位置づけている教育活動を3つ選択。③あらかじめ提示した15項目の学習形態例から、前述した「発達主体である青年の学び」を達成するために教職員が工夫している度合を4段階で回答。④その中で、とりわけ重視している学習形態を3つ選択。⑤『ユネスコ学習権宣言』の知名度を4段階で回答。⑥『ユネスコ学習権宣言』に謳われた6つの学習権を提示し、各々に該当する教育活動を回答。

5 研究の視点

　第一は、専攻科が青年を対象としている点である。学校専攻科は、高等部（一部に高等学校や高等専修学校）に設置されたものではあるが、高等部卒業後の教育年限延長を保障するものとして教育実践をおこなっている。福祉事業型専攻科も同様で、双方ともに学んでいるのは発達主体としての青年である。青年期に必要な学びとは何かを検討するための指標に『ユネスコ学習権宣言』を用いた。本章の目的は、発達主体としての青年にとって必要な教育カリキュラム・プログラムとは何かを明らかにすることであるが、そのためには、支援者である教職員が青年の学習権をどう捉えて実践に活かしているのかを探る必要があると考え、学習権を基本的人権の一つとして位置づけた『ユネスコ学習権宣言』に着目した。

　第二は、文部科学省の推進する生涯学習推進政策との関連も含め、高等教育を、どう捉えているかという点である。福祉事業型専攻科は、『論点整理』（文部科学省2018）で取り組み例として提案されている「社会福祉サービス等を活用した学びの場」にあたり、「学校から社会への移行期に特に必要となる学習」の具体例に、職業体験をベースとしたものや、高等部からの継続教育、社会生活スキルの獲得・向上などを挙げ、主体性を引き出す学習として継続教育や職業教育を重視している。その一方で、大学での学びについて言及している。本研究においては、「専攻科」は、高等部教育を充実させるための教育年限延長、もしくは「高等部卒業後」の学びの場（福祉による補完を含む）であって、「学校卒業後」の学びの場

として位置づけてはいない。教育の階梯として、後期中等教育（高等部）の次は高等教育になるが、教育カリキュラム・プログラムの中で、それを意識しているかどうかを探る必要があると考える。

6 倫理的配慮

　質問紙調査の依頼状には、①無記名調査、②データは統計的に処理するため個人名は特定されない、③研究報告書等への公表を予定、の三点を記載し、調査票の返送をもって同意を得られたと判断した。ヒアリング調査に関しては、調査結果の取り扱いについて書面にて説明し、承諾書に署名捺印をいただいた。

2節 「二つの専攻科」の教育カリキュラム・プログラムの実態

1 教育課程と活動プログラムについて

　調査結果の考察に先立ち、先行研究をもとに、学校専攻科における教育課程と、福祉事業型専攻科における活動プログラムについて整理したい。

⑴「二つの専攻科」で実施されているもの

　渡部（2009）は、「子どもから大人へ」「学校から社会へ」の二重の移行について、「瞬間移動ではない」と指摘し、専攻科を含む高等部教育も移

行保障・移行支援の一環であると捉えた上で、「青年自身による『子ども
から大人への自分づくり』を教育的に組織し、方向づけ、援助する営み」
でなくてはならないと述べている。「青年自身による」という表現からも、
青年が発達主体となった学びが求められていると理解できる。

　また、青年期に必要な教育課程に関して、渡部（2000）は、「青年期の
人格発達を総合的に保障するには、教育課程はトータルな領域で構成さ
れる必要がある」と述べ、「青年期教育の教育課程・5領域構想」とし
て、①教科学習、②総合学習、③学校生活、④養護学習、⑤進路学習の
5つを提示している。本研究で対象としている学校専攻科は、学習指導
要領の縛りを受けないため、各校で自由度の高い教育課程を定めること
ができ、一例として、鳥取大学附属特別支援学校専攻科（以下：鳥大附属）
における「“社会生活力”をはぐくむ5領域の教育課程」の①くらし（くら
し、健康、情報、食、ふれあい、基礎）、②労働（実習、ボランティア、職場見学）、
③余暇（スポーツ、漢字検定）、④教養講座（食文化、性教育、音楽・美術鑑賞）、
⑤研究ゼミの5領域がある（渡部2009）。さらに、渡部（2017）は、5領域
を「大人の活動」である、くらし、労働、余暇と、「学生の学び」である、
教養、研究ゼミに分類している。

　一方、福祉事業型専攻科のプログラムについては、船橋（2017、2018）が、
①自分の身体と健康・スポーツ、②自分を豊かに、③進路学習・進路相
談・就労体験、④障がいの受容・人権・主権者、⑤青春を楽しむ、⑥地
域で生きるの6領域を提案し、具体的には、ハンセン病療養所訪問、日
本の古典（枕草子など）、青春の短歌、コンセプチュアル・アート、ボディ
パーカッション、ヨガ、期日前投票などを取り上げている。船橋（2018）は、
学校教育と比較して、より地域活動を重視し、他の福祉事業と比較して、
より文化的活動を展開していると結論づけている。

⑵ 高等教育の展望

　「二つの専攻科」は、高等教育において何を目指すのか。これについては、

先行研究でも一定の方向性が認められる。法定外見晴台学園大学は、『学校教育法』が定める正規の大学ではなく地域生活支援事業を活用した学びの場であるが、「もっと学びたい」という知的障害のある青年の意欲とニーズに応え、2013年に「大学」として開学した。共同客員研究員の古山（2018）は、同大学での学びに関して、「学生たちに期待されていることは、将来、<u>社会のなかで自律して生きるために必要な『教養』を身に付け</u>、自信を持って社会へ巣立っていくことである（下線筆者）。さまざまな知識に触れ、同世代の仲間たちと関わり合いながら『学びあう』ことで、彼らはその教養を身に付けていく」と述べている。教員（同大学教授）の山田（2016）は、実際の授業（講義）の中で、「知的好奇心をかき立てること」を「『学び』の出発点」として大事にし、「単なるめずらしい出来事との出会いに終わることなく、<u>自分の生活と関わらせて考えを深められるものでなくてはならない（下線筆者）</u>」としている。また、「偏狭な訓練主義的あり方を反省し、教育本来の姿を取り戻すこと」を大学進学の目的の一つに挙げている（田中2016）。

　古山が「自立」でなく「自律」としていることや、山田が、学びと生活が相互にフィードバックし合う関係を重視していることからもわかるように、自立を見据えた高等部卒業後のステージにおいては、具体的な生活スキルや職業スキルの獲得に向けた学びと、教養や知的好奇心といった数値化しにくい内面の育ちを高めるための学びがバランスよく保障され、相互関係にあることが必要である。教養を身につけることで、ものの見方が多面的になり、社会の一員として生きるために必要な力を、自ら獲得しに行こうとする能動的な姿勢につながるのではないか。見晴台学園大学が「大学」として高等教育に舵を切ったことは、大変チャレンジングな試みであり、「青年期の自分づくり」の内実が新たな段階に入ったことを意味する。この取り組みから学ぶことは多い[2]。

2　一方で、法定外大学としての見晴台学園大学や、福祉型大学を謳っているカレッジ福岡などに代表される「高等教育を指向した試み」は、「『専攻科』とは区別して認識しておくべき」という意見（國本2018）もある。

2 「発達主体である青年の学び」として 専攻科で重視されている教育活動

　鳥大附属の教育課程表を参考にしつつ、先行研究として参考にした「専攻科」の実践報告等をもとに、比較的よく実施されている29例を設定し、「発達主体である青年にとっての、専攻科ならではの学び」と位置づけて実施しているかどうかを、「強く位置づけている（4点）、やや位置づけている（3点）、あまり位置づけていない（2点）、実施していない（1点）」の4段階で回答していただいた。4件法で解析した結果（平均値）を、学校専攻科、福祉事業型専攻科に分けて表4-1に、とりわけ強く位置づけているものを3項目選択していただいた結果を図4-1に表した。

⑴ 全体的な傾向

　「二つの専攻科」に共通して、「発達主体である青年にとっての、専攻科ならではの学び」として、とりわけ強く位置づけられている教育活動は、図4-1の通りである。29例のうち、回答数が一番多かったのは、「テーマに沿った研究・発表活動」の48.3％で、半数近い学校および事業所で強く位置づけられ、実施されていた。二番目は、同率で「生産活動」「調理計画の立案と実習」（いずれも27.6％）であり、三番目も同率で「ソーシャルスキルトレーニング」「就労体験や職場実習」（いずれも20.7％）と続く。この結果から、全体的な傾向として、大学などの高等教育機関を意識した「研究」という教育活動を目玉にしつつ、就労・社会参加に向けての実体験や、人間関係の構築に関する体験的な学習といった職業訓練、スキル獲得学習にも重きを置いていることが明らかになった。

　その一方で、「通帳やキャッシュカードの作成」「給料や年金に関する学習」「大学生との交流」は、共通して平均値が低く、「とりわけ強く」位置づけている学校・事業所は皆無だった。

　その中でも、特に「通帳やキャッシュカードの作成」は、40.0％の学校専

図4-1 教育活動別に示した、「発達主体である青年にとっての、専攻科ならではの学び」として、とりわけ強く位置づけられている割合

攻科、42.1％の福祉事業型専攻科で実施されていない。集団で学ぶという「専攻科」の特性から、個に注目しすぎた活動は設定しにくいと推察される。

(2) 学校専攻科と福祉事業型専攻科の比較

次に、29例各々の平均値について、学校専攻科と福祉事業型専攻科を比較した結果（表4-1）を分析する。前述したように、全体的に見ると、「テーマに沿った研究・発表活動」が「発達主体である青年の学び」として圧倒的な度合で「とりわけ強く」位置づけられているが、平均値としては、学校専攻科3.30、福祉事業型専攻科3.37で、それを上回る項目もある。学校専攻科では「就労体験や職場実習」「日常生活のマナー学習」（いずれも3.50）や、「生産活動」（3.40）、福祉事業型専攻科では、「調理計画の立案と実習」（3.53）が、それにあたる。この他、福祉事業型専攻科では、「テーマに沿った研究・発表活動」と同じ平均値ものに「日常生活のマナー学習」があり、学校専攻科同様、重視されていることがうかがえる。

また、学校専攻科と福祉事業型専攻科の平均値が、ほぼ等しいものとして、「ソーシャルスキルトレーニング」「スポーツ・レクリエーション」「体調管理・体力増進」「美術・造形活動」「音楽活動」があるが、これ以外の活動例の平均値には、ばらつきがある。例えば、学校専攻科の平均値が高く、福祉事業型専攻科の平均値が低いものとして「生産活動」「就労体験や職場実習」「ビジネスマナー」「文字や漢字の学習」「地域イベントへの参加」「模擬店や模擬喫茶店の運営」があり、反対に、福祉事業型専攻科の平均値が高く、学校専攻科の平均値が低いものとして「調理計画の立案と実習」「メイクやおしゃれの学習」がある。このばらつきに見られる両者の差が、教育を母体にした学校専攻科と福祉を母体にした福祉事業型専攻科の相違点であると解釈できる。

「調理計画の立案と実習」は、多くの福祉事業型専攻科で重要視されており、毎週1回、あるいは隔週に1回、仲間と話し合い、協力し合って自分たちの昼食をつくる事業所もある。一方、学校専攻科の平均値は3.00と、そ

表4-1　教育活動別に示した「発達主体である青年の学び」の重視度

活動例	学校専攻科 平均値	福祉事業型専攻科 平均値
日常生活指導（ADL）	*3.30*	3.17
ソーシャルスキルトレーニング	*3.30*	3.26
日常生活のマナー学習	*3.50*	*3.37*
体調管理・体力増進	*3.30*	*3.32*
家事スキルの習得（洗濯、調理、裁縫、清掃など）	3.10	2.84
調理計画の立案と実習	3.00	*3.53*
通帳やキャッシュカードの作成	2.00	2.16
給料や年金に関する学習	2.60	2.32
宿泊体験	3.10	2.84
生産活動（農作業、製菓、クラフト製作など）	*3.40*	2.58
事業所見学	3.10	3.00
就労体験や職場実習	*3.50*	2.74
パソコン学習	2.80	3.00
ビジネスマナー	2.90	2.37
音楽活動	3.30	3.11
美術・造形活動	3.20	3.16
スポーツ・レクリエーション	*3.30*	*3.32*
野外活動	2.70	3.00
登山・トレッキング	2.30	2.05
文字や漢字の学習	3.20	2.84
計算ドリル	2.40	2.37
文学（物語、短歌、俳句など）に親しむ学習	2.67	2.58
テーマに沿った研究・発表活動	*3.30*	*3.37*
大学生との交流	2.30	2.05
地域イベントへの参加	*3.30*	2.79
模擬店や模擬喫茶店の運営	3.00	2.37
メイクやおしゃれの学習	2.40	2.58
心と身体の学習（性教育）	3.00	2.79
自治会活動	2.70	2.58

斜字体は上位3目（同位を含む）

れほど高くはなかった。鳥大附属の教育課程表（鳥大附属2017）にある「自分一人で調理できることを目標に」「自分一人で調理できるメニューを増やし」の記述からも読み取れるように、調理をスキルアップの手段と考える学校専攻科に対し、福祉事業型専攻科では、仲間と協働する力を育むためのツールとして位置づけていることが理解できる。反面、先述したように学校専攻科では、「地域イベントへの参加」「模擬店や模擬喫茶店の運営」の平均値が福祉事業型専攻科に比べて高く、「強く位置づけている」の割合は、前者が50.0％、後者が60.0％である。学校専攻科では、これらの教育活動を通して仲間との協働を育もうとしていることが推察できる。

　「大学生との交流」は、学校専攻科、福祉事業型専攻科ともに平均値が低かったが、「とりわけ強く」位置づけている福祉事業型専攻科は皆無で、52.6％の事業所では、実施すらされていない。福祉事業所である福祉事業型専攻科が大学と接点を持つためには、教育機関を補完する存在であることを、もっと発信し、広く認知されることが求められるのではないか。

3 「二つの専攻科」で重視されている教育活動を達成するために効果的な学習形態

　先行研究として参考にした「二つの専攻科」の実践報告等をもとに、比較的よく実施されている学習形態15例を設定して提示し、「発達主体である青年にとっての、専攻科ならではの学び」を生徒（学生・利用者）に意識づけるための工夫として重視しているかどうかを、「とても重視する（4点）、やや重視する（3点）、あまり重視しない（2点）、全く重視しない（1点）」の4段階で回答していただいた。4件法で解析した結果（平均値）を、学校専攻科、福祉事業型専攻科に分けて表4-2に、また、とりわけ強く位置づけているものを3項目選択していただいた結果を図4-2に表す。

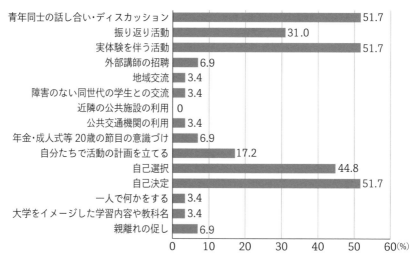

図4-2　学習形態別に示した「発達主体である青年の学びとして、とりわけ強く」位置づけられている割合

表4-2　教育活動別に示した「発達主体である青年の学び」の重視度

活動例	学校専攻科 平均値	福祉事業型専攻科 平均値
青年同士の話し合い・ディスカッション	3.40	*3.84*
振り返り活動	*3.70*	3.68
実体験を伴う活動	*3.90*	*3.89*
外部講師の招聘	2.90	3.26
地域交流	3.00	3.11
障害のない同世代の学生との交流	2.70	2.74
近隣の公共施設の利用	3.30	3.26
公共交通機関の利用	*3.50*	3.39
年金・成人式等20歳の節目の意識づけ	3.30	3.17
自分たちで活動の計画を立てる	*3.50*	*3.74*
自己選択	*3.90*	*3.89*
自己決定	*3.90*	*3.89*
一人で何かをする	*3.50*	3.16
大学をイメージした学習内容や教科名	2.70	2.42
親離れの促し	*3.50*	3.21

斜字体は上位3項目（同位を含む）

⑴ 全体的な傾向

　学校専攻科・福祉事業型専攻科に共通して、「発達主体である青年の学び」を本人に意識づけるために、とりわけ重視されている学習形態は、図4-2の通りである。15例のうち、回答数が一番多かったのは、「青年同士の話し合い・ディスカッション」「実体験を伴う活動」「自己決定」の51.7％で、半数以上の学校および事業所で強く位置づけられ、実施されていた。ついで「自己選択」の44.8％、「振り返り活動」の31.0％である。この結果から、全体的な傾向として、自分の希望に気づき、それを他者に伝える、自分たちで話し合って決めたことを体験する、それを事後に振り返るといった一連の流れを重視していることが推察される。また、「実体験を伴う活動」が重視されている点は、前節で示した教育活動上の特性として、「生産活動」「調理計画の立案と実習」「就労体験や職場実習」が強く位置づけられていたこととも合致する。

　「とりわけ重視する」が0％だった唯一の項目は、「近隣の公共施設の利用」である。平均値としては、決して低くはなく、「とても重視する」「やや重視する」の回答を合わせると、学校専攻科90.0％、福祉事業型専攻科84.2％で、むしろ高い。第3章で述べた、「施設・設備面の不備を補い、さらには、手続きを自分たちでおこなうこと（社会参加）や、地域の人と一緒に利用すること（交流・共同学習、インクルージョン）で教育的効果を高めている」という実態とも合致している。その一方で、「とりわけ重視する」の回答がなかった事実からは、「近隣の公共施設の利用」を対症療法的に捉えており、実際には、施設・設備の充実や、それを可能にする制度の裏付けを求める現場の要望が強いこともうかがえた。

⑵ 学校専攻科と福祉事業型専攻科の比較

　次に、15例各々の平均値について、学校専攻科と福祉事業型専攻科を比較した結果（表4-2）を分析する。上位5項目のうち、「実体験を伴う活

動」「自己決定」「自己選択」「振り返り活動」については、学校専攻科と福祉事業型専攻科の平均値に大きな差はないものの、「青年同士の話し合い・ディスカッション」のみ、学校専攻科の平均値は、それほど高くない。第3章で、多くの福祉事業型専攻科がとっている事業形態（自立訓練事業）では、障害程度の重い青年は在籍しにくいことが明らかになっており、どちらかというと軽度の青年が集っている福祉事業型専攻科の方が、対等なディスカッションが成立する機会が多いと言える。加えて、教育機関である学校の特性として、専攻科であっても生徒指導（訓育）の側面がなくなることはないため、すべてを生徒同士の話し合いによって進めていくことには無理もあろう。福祉事業型専攻科の職員の方が、より学生・利用者とフラットな関係を築きやすいことも推察される。

「外部講師の招聘」「自分たちで活動の計画を立てる」の2項目は、福祉事業型専攻科の平均値の方が高い。前者は、福祉事業型専攻科の自由度の高さを、後者は、「調理計画の立案と実習」に重きを置いている教育活動上の特性を反映していると考えられる。また、第3章で確認したように、福祉事業型専攻科では、職員の不足をボランティアスタッフで補う例が見られ、外部講師がこれにあたるとも推察される。

反対に、「公共交通機関の利用」「一人で何かをする」「親離れの促し」の3項目は、学校専攻科の平均値が高い。学校専攻科は、社会へ出る前の最後の教育機関であるということが、教職員の中で意識されているため、すでに社会へ出ている福祉事業型専攻科との差異があるのではないかと考えられる。

「障害のない同世代の学生との交流」「大学をイメージした学習内容や教科の名称」の平均値は、共通して高くはない。教育活動の面で「大学生との交流」が、それほど重視されていなかったことを反映する結果になった。

4 教育カリキュラム・プログラムに見る「二つの専攻科」の教育的機能の特長

⑴ 教育カリキュラム・プログラムにおける「青年期教育」の機能

　前項で、「発達主体である青年にとっての、専攻科ならではの学び」について、教育活動と学習形態の二側面から調査結果を考察した。教育活動の傾向として、図4-1より、大学を意識した「研究（48.3%）」を重視しつつ、就労や社会参加、人との関わりに関する体験的な学びにも重きを置いていることが明らかになった。研究については高等教育との関連で後述する。

　体験的な学びについては、図4-1より、「就労体験や職場実習（20.7%）」「生産活動（27.6%）」「日常生活のマナー学習（17.2%）」「ソーシャルスキルトレーニング（20.7%）」など、スキルアップをねらいとした実体験を伴う活動が教育カリキュラム・プログラムの中に強く位置づけられていることが理解できた。項目だけを見ると特別支援学校の高等部と類似している印象を受けることに加え、多くの福祉事業型専攻科の主な事業形態である自立訓練事業においては、これらこそが事業の目的に合致した活動である。学習形態にも着目して考察する必要があり、後述する。

　また、前項で述べたように、福祉事業型専攻科に多く見られる「調理計画の立案と実習」、学校専攻科で重視されている「地域イベントへの参加」「模擬店や模擬喫茶店の運営」等、教育目標を達成するために教職員が意図的に設定した場面の中で協働する活動が多く見受けられた。先行研究において、茂木（2000）が、「青年期という発達的位置にいることが等閑視され（中略）職業自立を強く意識した教育になっていることが多い」と指摘する公立特別支援学校高等部の教育課程を鑑みると、青年期の特質を踏まえた諸課題と本格的に向き合うのは、高等部卒業後の段階となり、これらのプログラムを通して、それを担っているのが福祉事業型専攻科であることも推察される。渡部（2009）が、「瞬間移動ではない」と指摘するように、「二重の移行期に、ゆっくりと時間をかけて学ぶ」という「二つの専攻科」が担っている時間的

な延長の部分が、教育カリキュラム・プログラムに反映されたものと捉えることができる。

　次に、学習形態に着目する。図4-2から考察すると、第一に、自ら選び取り（自己選択44.8%）、決めていく（自己決定51.7%）体験の中で、自分の気持ちに気づき、それを他者に伝えつつ他者の意見も受けとめ、話し合って（青年同士の話し合い・ディスカッション51.7%）決めたことを仲間と協力して実行する（実体験を伴う活動51.7%）、そして事後に振り返り（振り返り活動31%）、次につなげるという一連のサイクルを繰り返す教育カリキュラム・プログラムが確立されつつあることが理解できる。「一人で何かをする」は、あまり重視されていない（3.4%）が、表4-2によると学校専攻科ではむしろ平均値が高い（3.50）ことから、個の成長にも注目しつつ、集団活動を最大限に活用していると推察できる。集団学習を活かした個別指導は、特別支援教育において珍しいものではないが、年齢を重ねた分、より自分らしく、より主体的に学べるという点で、青年期にふさわしい学習形態であると言える。

⑵ 教育カリキュラム・プログラムにおける「高等教育」の機能

　本研究では、高等部卒業後の教育年限延長を実現するものとして「専攻科」を捉えている。延長した部分が高等教育にあたるのか継続教育にあたるのか、教育カリキュラム・プログラムから考察したい。

　ここでは、高等教育を大学との関連で定義づけて論を進めたい。『学校教育法』第83条によると、大学の目的は、「広く知識を授けるとともに、深く専門の学芸を教授研究し、知的、道徳的及び応用的能力を展開させること」とある。知的障害のある青年に則して考えると、一つには、人文、社会、自然といった学問のエッセンスを、その人に合った内容で学ぶ大学の教養課程の部分、二つには、学びから得た力を実社会で活かすことのできる人を目指す職業人教育の部分に置き換えることができる。

　第一に、表4-2、図4-2より、「テーマに沿った研究・発表活動」が、ほとんどの学校・事業所の教育カリキュラム・プログラムに位置づけら

れ、高等教育の側面を一手に引き受けている現状が読み取れた。先行研究でも、各学校・事業所の発刊する研究紀要や実践報告集、広報誌に、ゼミ発表やテーマ研究発表、卒論発表の成果や意義が記され（例えば特別支援学校聖母の家学園2016）、青年たちが主体的に取り組む姿から専攻科教育の目玉になっていることがうかがえる。また、先述したように、特別支援学校高等部の教育内容が職業自立を強く意識したものであることから、福祉事業型専攻科に来て、初めて、長期に亘る「研究」というものを体験する人も多いと推察される。「大学生になったんだ」と思える教育環境づくりは、学びに対する本人の動機づけにもつながる。

　第二に、「テーマに沿った研究・発表活動」以外の教育活動において、その位置づけは弱く、学校専攻科・福祉事業型専攻科双方で、十分に保障されているとは言いがたい。質問紙に示した教育活動例29項目の中に自然科学や社会科学に関する項目がないので、補足資料として調査対象から提供していただいた時間割や教育課程表を確認したところ、「理科」を位置づけている専攻科は1か所のみであった。ただ、「社理」「生活講座」の名称で、暮らしと結びついた理科的な学習をしているところや、自分づくりのための科学的知識の獲得を目的として、「こころとからだの学習（性教育）」に取り組んでいるところ、時事や福祉制度と絡めて社会科的な学びを取り入れているところがあった。また、「音楽活動」「美術・造形活動」や、舞台発表等の芸術分野は、自己解放の位置づけが、俳句や物語など「文学に親しむ学習」はスキルアップの側面が、それぞれ強いように見受けられた。

　このような現状から、継続教育（職業人教育）と考えれば非常に工夫された内容であり、同時に高等教育につながるものが、いろいろな教育活動の中に分散して位置づいていると理解できた。一方、両者の境界線が曖昧なため、学ぶ側の意識をどう醸成するかが課題でもある。主体性を育むためにも、教育活動の意図するところを生徒（学生・利用者）に伝える必要性と、ねらいを曖昧にしない教え手の力量が問われる。

3節 「二つの専攻科」の教育カリキュラム・プログラムに位置づけられた「学習権」

1 『ユネスコ学習権宣言』への着目

『ユネスコ学習権宣言』は、1985年3月、第4回国連教育科学文化機関（UNESCO）国際成人教育会議で採択された。学習権の種類[3]を明記した上で、「学習権なくして人間的発達はあり得ない」とし、これを、基本的人権の一つに位置づけている。筆者が、発達主体としての青年の学びを考える上で、『ユネスコ学習権宣言』に着目した理由は二つある。以下、参考文献の表示がない引用は、すべて『ユネスコ学習権宣言』からのものである。

第一に、本研究において、「二つの専攻科」を学校教育と生涯学習の双方に位置づくものと捉えており、『ユネスコ学習権宣言』は、「成人教育に則して位置づけられているだけでなく（中略）学校教育を含む教育の意味を再認識するうえからも重要な意義を持つ」（特別支援教育大事典2010）とあるように、障害のある人の学びにおいて学校教育と学校外教育が共通の原点を持つという本研究の枠組みに合致しているからである。

第二に、「学習活動は、あらゆる教育活動の中心に位置づけられ、人々を、なりゆきまかせの客体から、自らの歴史をつくる主体にかえていく」と謳われていることが、まさに青年期の二重の移行「学校から社会へ」「子どもから大人へ」（坂井2000）を支援する教育活動に求められるものと一致するとともに、本研究において着目している、「より主体的な学びへ」の

---

3 ①読み書きの権利、②問い続け深く考える権利、③想像し創造する権利、④自分自身の世界を読み取り歴史を綴る権利、⑤あらゆる教育の手立てを得る権利、⑥個人的集団的力量を発揮する権利

移行の観点とも一致するからである。

「学習権は人類の一部のものに限定されてはならない」とあり、例とし
て、男性、工業国、有産階級、幸運な若者が挙げられている。障害児・
者への言及はなく、インクルーシブ教育を謳った『サラマンカ宣言』(1994)
や『障害者の権利に関する条約』(国連総会にて採択2006、日本発効は2014)
などの新たな概念も含まれてはいない。時代の限界である。しかし、学
習によるエンパワメントという意味で、『ユネスコ学習権宣言』が障害児・
者の教育権保障に資するところは大きい。

2 調査結果

(1)『ユネスコ学習権宣言』の知名度

『ユネスコ学習権宣言』の知名度を、表4-3に表す。知識として知ってい
る人は多く、程度の差はあれ89.7%が何らかの形で見聞きしたことがあっ
た。しかし、専攻科の教育カリキュラムに反映させている学校・事業所は
少なかった（13.8%）。

(2) 6つの学習権に該当する教育活動

「二つの専攻科」に質問紙調査を実施し、6つの学習権を意識して実施
している、または、当てはまると思われる取り組み（教育カリキュラム・プ

表4-3 『ユネスコ学習権宣言』の知名度

	専攻科数	%
よく知っており「専攻科」の教育カリキュラム・プログラムの参考にしている	4	13.8
よく知っているが「専攻科」の教育カリキュラム・プログラムの参考にはしていない	4	13.8
聞いたことはあるが詳しくは知らない	18	62.1
知らない	3	10.3

ログラム名と活動例）を記述していただいた。後ろのページに、資料4-1として一覧表を掲載する。ここでは、各々の概要について述べる。

1）読み書きの権利

学校専攻科（5/9校）、福祉事業型専攻科（9/20事業所）ともに、個人のニーズや到達度に応じた個別学習で、基礎学力（読み書き計算）の向上と定着を図る活動を実施していた。活動例にぬり絵や運筆練習も含まれることから、障害程度の重い人にも識字学習（の前段階）が保障されていることが理解できる。また、障害程度の軽い人を想定し、スキルアップとして漢字検定やパソコン、原付免許取得に向けた取り組みをおこなっている学校・事業所があった。集団で取り組む活動としては、壁新聞づくり、調理実習におけるレシピの作成や値段の計算、年賀状などが挙げられる。また、研究ゼミやテーマ研究といった研究活動を位置づけている学校専攻科（4/9校）・福祉事業型専攻科（5/20事業所）もあったが、その数は多いとは言えない。研究活動においては、読み書きの力を駆使することも求められるが、「読み書きの権利」の獲得を強く意識して設定された教育活動ではないことが理解できる。

2）問い続け、深く考える権利

学校専攻科（5/9校）・福祉事業型専攻科（11/20事業所）の多くで、テーマに沿った研究活動を位置づけていた。活動例の記述からは、調べ学習にとどまらず、興味・関心の喚起から発表（プレゼンテーション）までの過程を大切にしていることも読み取れた。また、行事や調理活動などの具体的な場面で生徒（学生・利用者）同士が話し合って決めていく取り組みも重視されていた。他には、日常生活全般において個々人の判断を大切にしたり、日記を書いて自分なりに一日を振り返ったり、類型別・課題別のグループで自分の課題に向き合ったりすることが挙げられていた。

3）想像し、創造する権利

美術、陶芸、写真、演劇（聖劇、寸劇、コントなど）、映像製作、俳句、川

柳などを挙げる学校・事業所が多く、特に福祉事業型専攻科では12事業所で取り組まれていた。聖劇は、建学の精神を表すものでもあり、私学ならではの活動と言える。創作活動ではない「ものづくり」や作業学習、模擬店・模擬喫茶店の企画・運営を挙げる例もあった。「想像」に着目したと推察されるが、性教育で他者を知る、イベント企画でリスクを考えるといった記述もあった。

4) 自分自身の世界を読み取り、歴史を綴る権利

研究ゼミなどの研究活動（3/9校、6/20事業所）と、教育カリキュラム・プログラム名はまちまちだが、自分史、生い立ち学習、性教育などの活動（4/9校、4/20事業所）に、大きく分かれる結果となった。特に、後者について詳しく活動例を記入する学校・事業所が多く、自分に向き合うことを通して、障害理解や、身近な人への感謝の気持ちにつなげたいと意図する支援者の思いが理解できた。また、20歳の節目を迎えることから、成人式を位置づける回答もあった。

5) あらゆる教育の手立てを得る権利

「教科の壁を越えて」「日常生活」「すべてのカリキュラム」「すべての場面で」という横断的な記述が多かった反面、「職業」「労働」「アルバイト」や、福祉制度に関する学習、一般常識、SST等の対人コミュニケーション学習といった実務的で実体験を伴う活動を挙げる回答も目立った。

6) 個人的・集団的力量を発揮させる権利

学校行事（2/9校）やイベント（6/20事業所）の他、生徒会・自治会活動、宿泊学習や調理活動などが挙げられた。「（担当などを）自分で選び、責任を持ち、集団の中で力を発揮する」「計画→実行→振り返りと主体的活動」「集団で企画、立案し、運営する」「仕入れ、仕込み、開店、会計、振り返り」といった具体的な活動の流れに関する記述が多く、一連の流れを体験するために必要な教育カリキュラム・プログラムが準備されたと理解できる。

また、リレーマラソン、駅伝、集団球技（フットベースボール、バレーボール）、ダンス等、仲間と協力し合って取り組むスポーツを位置づけている回答も多かった。生徒会活動を挙げている学校専攻科は少なく（1/9校）、あまり重視されていない印象を受けた。

⑶ 全体的な傾向

　質問紙調査の結果から、「二つの専攻科」の多くで採用されている教育カリキュラム・プログラムを12項目に分類し、そこに位置づけられた「6つの学習権」、渡部（2009）の先行研究に基づいて作成された5領域の教育課程（鳥大附属2017）の三者の関連を、図4-3に表した。教育カリキュラム・プログラムと学習権の関係を表す線のうち、回答数が多いもの（10以上）を太線で示している。

　「5領域」との関係では、「研究ゼミ」と「労働」を除く、「くらし」「余暇」「教養」の領域を、複数の教育カリキュラム・プログラムが担っていたり、一つの教育カリキュラム・プログラムに複数の学習権が位置づいたりといった現状が見て取れる。「二つの専攻科」で教育活動に携わる支援者は、生徒（学生・利用者）が自分の人生の主体者になるために、総合的・横断的な教育活動を準備していることが理解できた。

　特に、「研究ゼミ」には、すべての学習権が位置づけられていた。前節で、テーマに沿った研究活動が「二つの専攻科」の教育カリキュラム・プログラムの目玉になっていると述べたが、興味・関心の喚起からテーマ設定、研究（調べ学習）、まとめ、そして発表まで、この教育活動のすべての過程が、支援者によって主体的に学ぶための取り組みと捉えられている。

　また、「想像し、創造する権利」と「個人的・集団的力量を発揮させる権利」は、それぞれ9つの教育カリキュラム・プログラムによって担われていた。「二つの専攻科」では、すべての学習権を意識した教育活動を展開しているが、支援者が、とりわけ、この二つを重視していることが理解できた。

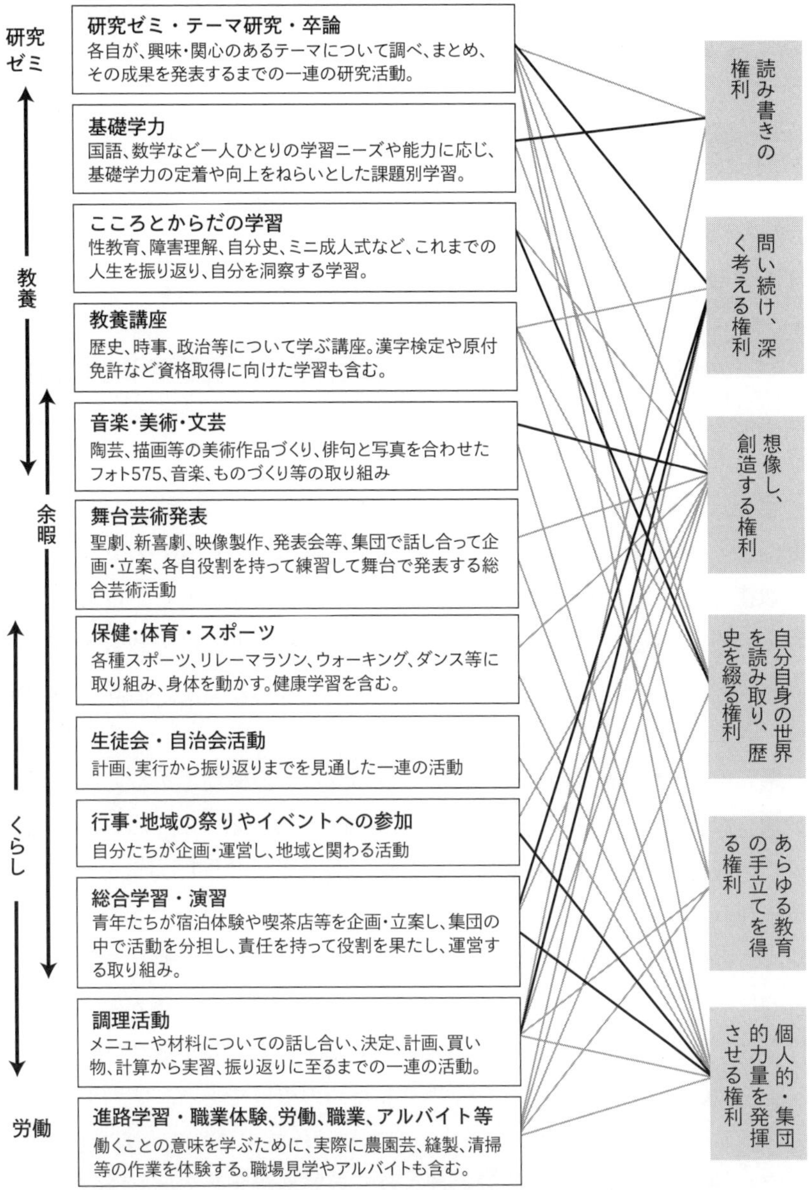

研究ゼミ

研究ゼミ・テーマ研究・卒論
各自が、興味・関心のあるテーマについて調べ、まとめ、その成果を発表するまでの一連の研究活動。

基礎学力
国語、数学など一人ひとりの学習ニーズや能力に応じ、基礎学力の定着や向上をねらいとした課題別学習。

教養

こころとからだの学習
性教育、障害理解、自分史、ミニ成人式など、これまでの人生を振り返り、自分を洞察する学習。

教養講座
歴史、時事、政治等について学ぶ講座。漢字検定や原付免許など資格取得に向けた学習も含む。

音楽・美術・文芸
陶芸、描画等の美術作品づくり、俳句と写真を合わせたフォト575、音楽、ものづくり等の取り組み

余暇

舞台芸術発表
聖劇、新喜劇、映像製作、発表会等、集団で話し合って企画・立案、各自役割を持って練習して舞台で発表する総合芸術活動

保健・体育・スポーツ
各種スポーツ、リレーマラソン、ウォーキング、ダンス等に取り組み、身体を動かす。健康学習を含む。

生徒会・自治会活動
計画、実行から振り返りまでを見通した一連の活動

くらし

行事・地域の祭りやイベントへの参加
自分たちが企画・運営し、地域と関わる活動

総合学習・演習
青年たちが宿泊体験や喫茶店等を企画・立案し、集団の中で活動を分担し、責任を持って役割を果たし、運営する取り組み。

調理活動
メニューや材料についての話し合い、決定、計画、買い物、計算から実習、振り返りに至るまでの一連の活動。

労働

進路学習・職業体験、労働、職業、アルバイト等
働くことの意味を学ぶために、実際に農園芸、縫製、清掃等の作業を体験する。職場見学やアルバイトも含む。

読み書きの権利

問い続け、深く考える権利

想像し、創造する権利

自分自身の世界を読み取り、歴史を綴る権利

あらゆる教育の手立てを得る権利

個人的・集団的力量を発揮させる権利

注1 左端の＜5領域＞は渡部（2009）の先行研究により鳥大附属の教育課程表を参照
注2 回答数の多いもの（10以上）を太線で表記

図4-3 教育カリキュラム・プログラムに位置づけられた学習権

3 支援者が「二つの専攻科」の教育カリキュラム・プログラムに求める機能

　質問紙調査の結果に基づき、支援者が「二つの専攻科」の教育カリキュラム・プログラムに求める機能について二つの側面から述べる。

⑴「より主体的な学びへ」の移行にとって必要な機能

　「二つの専攻科」で教育活動に携わる支援者が、「発達主体である青年の学び」にとって重要であるという観点で、教育カリキュラム・プログラムに求めている機能を次の4点に集約できる。

　第一は、「研究」の機能である。名称は異なるが、ほとんどの専攻科で「研究活動」が実施されており、『ユネスコ学習権宣言』に謳われたすべての学習権の獲得に必要な教育カリキュラム・プログラムとして位置づけられている。「卒論（卒業論文）」と位置づける学校もあり高等教育を視野に入れていることもうかがえる。広義では研究活動を支える基礎学力の維持・向上も、ここに含まれると考える。

　第二は、「実体験を通して総合的に学ぶ」ための機能である。12項目に分類した教育カリキュラム・プログラム例のうち、最大の9項目が位置づいた学習権は、「想像し、創造する権利」「個人的・集団的力量を発揮させる権利」で、目的達成のために多彩な教育活動が展開されていた。その多くは、青年たちが主体となって企画・立案から実施までの長いスパンで総合的に活動する取り組みであり、「生産活動」「調理活動」等が強く位置づけられている。労働や進路に関わる教育活動も、ここに位置づけられる。

　第三は、「集団の中で自分を深める」ための機能である。学習形態として「話し合い・ディスカッション」がとりわけ重視される一方で、「自己決定」「振り返り」も重く位置づけられ、教育活動としては、「総合学習」「演習」など集団で取り組む形式をとりつつ、その目的に、障害理解・自分理解が含まれることも多い。また、文化・芸術活動や、スポーツ等の

体力の維持・向上に関する取り組みも同様で、集団の持つダイナミズムの中で自分らしさを発揮することが意図されている。

第四は、「主体的に社会と関わる」ための機能である。教育活動の一環として、地域の行事や販売活動に参加することが多く、また、職場実習を一歩進めたアルバイトや、自動車・原付免許の取得に向けた取り組み等、学内にとどまらない活動も展開されている。アルバイトと言うと、障害程度の軽い青年を想定しがちだが、生活介護事業を活用した福祉事業型専攻科において、同一法人内の就労継続支援B型事業所で軽作業等を体験し、給料（工賃）をもらう例もあり、障害程度の重い人たちにもアルバイトを保障しようとする気概が感じられた。生活に必要な読み書きの力をつけるための、基礎学力の維持・向上に関する取り組みや、必要な情報を検索する調べ学習も、ここに含まれる。

ユネスコが提唱する、「生涯を通じた学習のための4本柱」（UNESCO1997）との関連で言えば、「研究の機能」は「知ることを学ぶ」に、「実体験を通して総合的に学ぶ機能」は「為すことを学ぶ」に、「集団の中で自分を深める機能」は「共に生きることを学ぶ」に、「主体的に社会と関わる機能」は「人間として生きることを学ぶ」に、それぞれ一致する。

⑵「学習指導要領」との比較

2019年2月に改訂学習指導要領が告示された。3つの改訂ポイントのうち、「資質・能力」と「カリキュラム・マネジメント」については、第2章で取り上げたが、ここでは、もう一つのポイントである「主体的・対話的で深い学び」に着目し、これを実現するために必要な授業改善の視点と、「二つの専攻科」の教育カリキュラム・プログラムに求められる機能との比較について述べる。

1)「主体的な学び」

学ぶことに興味や関心を持ち、自己のキャリア形成の方向性と関連づ

けながら、見通しをもって粘り強く取り組み、自己の学習活動を振り返って次につなげる「主体的な学び」が実現できているかどうかが問われる。これは、「二つの専攻科」における「実体験を通して総合的に学ぶ機能」と共通する部分がある。多くの専攻科で重視されている企画・立案、実施、振り返り、次につなげるという一連の過程と似通っている。

2)「対話的な学び」

「対話的な学び」では、子ども同士の協働、教職員や地域の人との対話、先哲の考え方を手がかりに考えること等を通じ、自己の考えを広げ深める授業展開が求められる。「二つの専攻科」の教育カリキュラム・プログラムで言えば、「集団の中で自己を深める機能」と「主体的に社会と関わる機能」に共通する。

3)「深い学び」

習得・活用・探究という学びの課程の中で、各教科等の特質に応じた「見方・考え方」を働かせながら、知識を相互に関連づけて、より深く理解したり、情報を精査して考えを形成したり、問題を見出して解決策を考えたり、思いや考えをもとに創造したりすることに向かう「深い学び」が実現できているかが重視される。「二つの専攻科」では、高等教育を視野に入れた「研究の機能」が重視されている。学習指導要領は、高等部（後期中等教育）を想定したものなので、大学における「研究」には該当しないが、本章の2節で、高等教育の展望と関わって「教養を身につけることで、ものの見方が多面的になり、社会の一員として生きるために必要な力を、自ら獲得しに行こうとする能動的な姿勢につながる」と述べたことに通じるものがある。

このように、「主体的・対話的で深い学び」は、「二つの専攻科」の教育カリキュラム・プログラムの中に、すでに位置づけられ、実施されている。その一方で、第2章で取り上げた高等部の抱える課題の中に、社会自立を強く意識する教育内容の弊害から福祉事業型専攻科が求められ

る実態があることも確認されている。「資質・能力」は「何ができるように
なるか」であり、「主体的・対話的で深い学び」は「どのように学ぶか」
であるが、たとえ同じ方法で学んだとしても、学びの目的が異なれば結
果も異なることが指摘できたと言える。また、すぐに「できるようになる」
ことばかりではないし、「できるようになる」人ばかりではない。育ちに
要する時間は一人ひとり異なり、「個別の指導計画」のように短いスパン
では評価できない力もあるからこそ教育年限の延長が求められるのであ
る。卒後を見通し、生涯にわたる学びを視野に入れた時、青年たちが「よ
り主体的に学ぶ」人になっていくために必要なのは、「何ができるように
なるか」でなく「何を学ぶか」ではないのかと筆者は考える。

4節 「二つの専攻科」の教育カリキュラム・プログラムの課題

　本章では、青年期の主体的な学びを促進するために、「二つの専攻科」
の教育カリキュラム・プログラムが果たしている機能を整理した。2節で
は、「青年期教育」と「高等教育」の二つの視点に着目して考察した。こ
れは、渡部（2017）の指摘する「大人の活動」と「学生の学び」とも合致
する。3節では、教職員への調査から、支援者が「発達主体である青年の
学び」にとって必要と考える教育カリキュラム・プログラムの機能につい
て述べた。「二つの専攻科」を、社会へ出る前の最後の教育機関と捉えた時、
教職員が見通しているのは卒後である。学校や福祉事業所という守られた
環境の下、教育カリキュラム・プログラムに則り、一定の枠の中で展開さ
れている教育活動を通して体験したことや獲得された力が、卒後の人生に

おいても活かされ、援助を求める力も含めて主体性を発揮できることが望ましい。ここでは、それらを受けて、今後の検討課題について述べる。

課題の第一は、教育カリキュラム・プログラムの組み立てにあたり、当事者の意見を取り入れる試みである。「青年同士の話し合い・ディスカッション」が重視されている実態からも、実践の中で当事者が意見を述べる機会は保障されていると考える。一歩進めて、「青年期」の学びとして自分には何が必要なのか、本人にとっての学びの意義を、もっと聴き取る必要がある。障害程度との関係もあり、全員が参加することは難しい場合もあろうが、さらなる主体性の発揮につながるのではないかと考えられる。

第二は、福祉事業型専攻科としての自立訓練事業をはじめとする教育福祉実践を評価し、高等部卒業後の移行支援を担うものとして明確に位置づける必要性である。居場所としての役割にとどまらず、教育カリキュラム・プログラムの面でも学校専攻科と並んで青年期の移行支援教育を担う機能があることが理解できた。しかし、学びの成果が認められる一方で、制度としては十分でなく、それが教育カリキュラム・プログラムの制約につながっていた。一例を挙げると、調査結果から、福祉事業型専攻科で調理に関する活動が非常に多く、職場実習や就労体験が少ない傾向にあることが明らかになったが、前者は、施設・設備面での制約、後者は報酬単価が日割り計算であることの弊害によるものと推察される。文部科学省は、生涯学習推進政策において、『論点整理』『報告』で「学校から社会への移行期」を強く位置づけ、「障害福祉サービス等を活用した学びの場」を今後重視すべきであるとしているが、制度面での充実も望みたい。

第三に、教育カリキュラム・プログラムの中に、「研究ゼミ」以外にも高等教育を担う分野を入れる必要がある。「二つの専攻科」の多くで「テーマに沿った研究・発表活動」を重要視している実態からも、高等教育を意識していることは明らかである。大切なのは「何を学ぶか」であり、教育カリキュラム・プログラムの中に、高等教育と継続教育をバランスよく配置するためにも、その指標となる教育カリキュラム・プログラムの検討は急務である。

〈文献〉

- 船橋秀彦（2017）「シャンティつくばのプログラム」『福祉型専攻科シャンティつくば実践報告集第1号』福祉型専攻科シャンティつくば、19－49
- 船橋秀彦（2018）「福祉型専攻科シャンティつくばの教育プログラム試案」『全障研しんぶんNo545』
- 船橋秀彦（2018）「福祉型専攻科シャンティつくばの教育プログラム」『福祉型専攻科シャンティつくば実践報告集第2号』福祉型専攻科シャンティつくば、11－21
- 学校法人特別支援学校聖母の家学園（2016）『特別支援学校聖母の家学園研究紀要』
- 文部科学省（1947）『学校教育法』（https://elaws.e-gov.go.jp/document?lawid=322AC0000000026）
- 古山萌衣（2018）「見晴台学園大学における『学び』」『発達・知的障害者の大学教育研究』NPO法人見晴台学園大学、5－9
- 國本真吾（2018）「障害青年の教育年限延長要求と生涯学習」『人間発達研究所紀要第31号』22－35
- 茂木俊彦 他（1999）『講座 転換期の障害児教育 第5巻障害児教育方法の軌跡と課題』三友社出版、202－206
- 文部科学省（2018）『学校卒業後における障害者の学びの推進方策について（論点整理）』（https://www.mext.go.jp/b_menu/shingi/chousa/shougai/041/toushin/1409250.htm）
- 文部科学省（2019）『特別支援学校高等部学習指導要領』（https://www.mext.go.jp/content/20200619-mxt_tokubetu01-100002983_1.pdf）
- 坂井清泰（2000）「養護学校高等部教育とトランジション、キャリア教育」『特殊教育学研究第38巻第2号』83－93
- 外務省（2014）『障害者の権利に関する条約』（https://www.mofa.go.jp/mofaj/fp/hr_ha/page22_000899.html）
- 田中良三 他編（2016）「見晴台学園大学がめざすもの」『障がい青年の大学を拓く』クリエイツかもがわ、15－28
- 茂木俊彦 他編（2010）『特別支援教育大事典』旬報社
- 鳥取大学附属特別支援学校（2017）『平成28年度研究紀要』専1―専24
- UNESCO（1985）『ユネスコ学習権宣言』
- UNESCO（1994）『サラマンカ宣言』
- UNESCO（1997）「生涯を通じた学習のための4本柱」『学習：秘められた宝　ユネスコ「21世紀教育国際委員会」報告書』ぎょうせい
- 山田隆幸（2016）「ネパールの子どもたち――世界の人々と文化」田中良三 他編『障がい青年の大学を拓く』クリエイツかもがわ、86－99
- 渡部昭男（2009）『障がい青年の自分づくり　青年期教育と二重の移行支援』日本標準、

32－43

・渡部昭男（2013）「障がい青年の自分づくりと二重の移行支援」岡本　正 他編『福祉事業型「専攻科」エコールKOBEの挑戦』クリエイツかもがわ、184－209
・渡部昭男（2017）「専攻科設置の源流と経緯」三木裕和　監修、鳥取大学附属特別支援学校著『七転び八起きの「自分づくり」　知的障害青年期教育と高等部専攻科の挑戦』今井出版、122－137
・全国専攻科（特別ニーズ教育）研究会（2017）『第14回研究集会基調報告』

資料4-1　教育カリキュラム・プログラムに位置づけられた学習権

	教育カリキュラム・プログラム名	活動例
読み書きの権利	〈学校専攻科〉 • 生活／言語・数量 • 国語、数学　　• 類型別学習 • 作文　• 便り　• 日記　• 唱和 • 余暇（漢字検定） • ゼミ　　　　• 卒論 • 研究ゼミ　　• 総合学習 〈福祉事業型専攻科〉 • 国語　　　　　　• 基礎学力 • 生活国語　　　　• 漢字学習 • 一般教養（国語）• えんぴつ • 生活Ⅱ • 表現 • 選択活動 • 自主講座　• 研究ゼミ • 調理実習	• 一人ひとりのニーズに応じた個別の学習 • 能力に分けたグループで学ぶ • 読み書き計算の向上・定着を図っている • テーマに沿った調べ学習、調べた内容を文にまとめ、みんなの前で発表する • 漢字練習、ひらがな・カタカナ練習、運筆練習、ぬり絵等 • 手紙、年賀状、文作り、書き初め、日誌、感想文 • 読む、生活に必要な読み取る力、聴き取る力 • 計算する　　　• 壁新聞づくり • 振り返り、発表 • 言葉による表現、俳句や振り返り作文の作成 • 漢字、文字、計算、パソコン、原付免許講座 • 調理のレシピの作成、値段の計算、教材をプリントに書く

	教育カリキュラム・プログラム名	活動例
問い続け、深く考える権利	〈学校専攻科〉 • 日常生活全般　• 各教科 • 諸講義　　　　• 日記	• 時間がかかっても生徒一人ひとりの判断を大切に • 日記を書く時に一日を振り返る
	• 行事の事前、事後学習　• 総合演習	• 青年たちで企画運営する
	• ゼミ　• 研究ゼミ　• 卒論 • 総合的な学習の時間 • 自己研修ゼミ	• 対話、興味あるテーマについての調べ学習 • テーマの魅力を自分だけで終わらせず、他者に伝える • 今年度は、ダンス、音楽、手芸、調べ、美術
	• 進路学習　• 労働　• 職業	• 働くことの意味
	• 類型別学習（能力別） • 課題別学習（今年度は4グループ）	• 生活化、生活力、たくましさ、積極性
	• 調理　• 買い物学習 • ボランティア活動	
	〈福祉事業型専攻科〉 • 調べ学習 • 自主ゼミ　• 自主研究 • 研究ゼミ　• 個別学習 • 研究発表　• テーマ研究 • 修了研究	• 興味・関心の喚起→調べる→まとめる→整理する→発信する • 自らテーマを決めて発表する • 取り組みからプレゼンまで
	• 話し合い　• 社会 • 旅行先のプレゼンテーション会 • 調理実習　• 生活Ⅰ	• 調理や、レクリエーションの行き先などを決める • 1か月の調理のメニューを決める • 企画の立案
	• 生活数学	
	• 将来ミーティング • 教養講座 • マナー学習　• 青春講座	• 卒業年度の進路の検討、決定のためのプログラム • 利用者への質問とその返答による対話を主体的に展開し、一方的に伝えるだけでなく、自ら考えるよう促す

	教育カリキュラム・プログラム名	活動例
想像し、創造する権利	〈学校専攻科〉 • 生活全般　• 諸講義 • 美術 • 作業学習　• 総合学習　• 校内実習 • 教養 • くらし • 聖劇発表 • 演習 • 類型別学習 • 自己研修ゼミ　• ゼミ　• 卒論 • 調理　• 買い物学習　• 選択授業 〈福祉事業型専攻科〉 • 創作活動 • 特別プログラム　• 陶芸　• 文化芸術 • 美術　• 美術作品づくり　• 芸術 • フォト 575 • 音楽 • ものづくり授業 • 修了研究 • サークル活動　• 選択講義 • 調理実習 • 春・夏・秋・冬のファッション • 演劇・ステップ劇場 • イベント企画 • こころとからだの学習 • ヨガ　• ダンス	 • ものづくり、製紙作業 • 作品づくり • コント、寸劇、映像製作 • 宿泊学習の内容や模擬喫茶店の運営を 　イメージし、実践する • 陶芸 • 文化的活動、創造的活動 • 絵画、陶芸、版画、ちぎり絵 • レザークラフト • 行き先はもちろん、その行程で起こり 　得るリスクなども考えてもらう • 性教育（自分のことを知る、他者のこ 　とを知る、人間の体、存在の大切さを 　知る）

	教育カリキュラム・プログラム名	活動例
自分自身の世界を読み取り、歴史を綴る権利	〈学校専攻科〉 • 生活／言語・数量 • 総合学習（成人、生い立ち〜現在〜未来） • 教養 • くらし（振り返り） • 日記　• 作文 • 研究ゼミ・テーマ研究、発表 • ゼミ　• 卒論 • 類型別学習　• 進路学習 • 諸講義 〈福祉事業型専攻科〉 • 自主ゼミ、自主研究 • 研究ゼミ　• 個別学習 • 活動発表会の個人発表 • 研究発表（テーマをフリーに） • こころとからだの学習 • 教養講座「自己理解」 • CCS ミニ成人式 • 選択講義 • 生活社会	• 自分史、自分の振り返り。20 歳の節目の学習として自分を振り返ることによって親をはじめ関わるすべての人たちに感謝する、性教育、自己認識 • 自分が好きなもの、興味のあることを調べ、まとめ、発表することで、自分のことを知り、探求する • 自らテーマを決めて発表する • 「私の好きなこと」をテーマに、自分を精一杯表現するプログラム） • 「自己紹介」というテーマで発表を予定する方もいる • 性教育、自分の出生、自分自身の障害理解につながる学び、自分史の作成 • 自分のことを知り洞察する機会 • 歴史や現代政治、時事問題

	教育カリキュラム・プログラム名	活動例
あらゆる教育の手立てを得る権利	〈学校専攻科〉 • 各教科、日常生活　• 諸講義 • 選択授業、総合的学習 • 類型別学習 • くらし　• 進路学習 • 職業 • ゼミ　• 卒論 〈福祉事業型専攻科〉 • すべてのカリキュラム • 教科学習 • 調理 • 労働 • アルバイト • 外部講師による特別講座 • 教養講座 • 基礎学習 • グッドライフ	• すべての場面で大切にしている • 教科の壁を越えて、企画立案やルールづくり等 • 活動の計画、振り返り • 縫製、清掃、調理、福祉介護 • 自分のやりたい勉強も自由に選択して個別の学習をスタッフが支援する • 対人コミュニケーション • 計画から買い物、実習までの一連の学習、PC で検索する • 畑作業 • 法人内作業所、法人外特例子会社 • 身だしなみ、おしゃれ、健康、手洗い • 一般常識を知る • SST を意識した学習 • さまざまな福祉・教育、制度についての学習

	教育カリキュラム・プログラム名	活動例
個人的・集団的力量を発揮させる権利	〈学校専攻科〉 • 各教科、日常生活　• 諸講義 • 職業　• 健康 • 類型別学習 • 余暇 • 保健体育 • 音楽（歌唱、器楽） • 自己研修ゼミ　• ゼミ　• 卒論 • テーマ研究 • 総合学習（研修旅行）　• 特別活動 • 総合演習 • 演習 • くらし • 学校行事（運動会、学園祭等） • 諸行事 • 生徒会活動 〈福祉事業型専攻科〉 • グループ別活動 • ジャズダンス、ダンス　• 駅伝 • スポーツ • 自治会活動　　　• 野外活動 • 新喜劇　　　　　• 学園祭 • ふれあいまつり　• 土曜日活動 • 部活動 • 調理実習 • 社会見学 • テーマ研究 • 行事　• 運動会　• 発表会 • 音楽活動の中で演奏会を聞く • 自治会活動 • 「春・夏・秋・冬の挑戦」の計画と実行 • 男女別プログラム • チャレンジフェスタ • チカホでの販売活動 • 選択活動 • 模擬体験喫茶店 • 全体ミーティング	• すべての場面で大切にしている • ウォーキング、リレーマラソン • スポーツ、文化的活動の実施 • フットベースボール、バレーボール、卓球、バドミントン、陸上等 •宿泊学習での調理、マリアハウスでの担当など、自分で選び、責任を持ち、集団の中で力を発揮する •自治会活動、雑談、計画・実行・振り返り • 1つのテーマへ向かう議論の場 • おそろいのTシャツやスカーフをつくって参加する •計画→実行→振り返りと主体的活動 •テーマに沿って調査、研究、発表を行う •集団で企画、立案し、運営する •集団で話し合い、各自役割を持って取り組む •意見を出し合いながら議論し、まとめ、実践していき、最後に振り返りをおこなう • 喫茶活動 • 小物づくり含む • 3つの活動から自分がやりたい活動を選ぶ • 仕入れ、仕込み、開店、会計、振り返り • 常に自ら考え、発言を促すスタイル。司会や記録を自主的に選択し、スタッフの介入は最小限

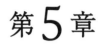
第5章

「二つの専攻科」の
教育カリキュラム・プログラム検討の
方向性

はじめに

前章において「二つの専攻科」の教育カリキュラム・プログラムの機能について整理し、その結果から今後の課題について考察した。今後の検討課題として、①教育カリキュラム・プログラムへの当事者の参画、②福祉事業型専攻科を文部科学省の推奨する「学校から社会への移行期」の教育的支援を担う教育福祉実践として明確に位置づけるための法整備、③高等教育を担う教育カリキュラム・プログラムの充実、の三点が明らかになった。

本章では、運用者である教職員から見た教育カリキュラム・プログラムの評価と、保護者から見た専攻科教育の成果から、教育カリキュラム・プログラムの今後の充実方策を探りたい。

そのために、まず「二つの専攻科」に対する質問紙調査を実施して、教職員が、移行期である青年期を教育的に支援する中間的な学びの場としての専攻科の実践を、制度との関わりの中でどのように考えているかを整理する。次に、学校専攻科卒業生の保護者に対するフォーカスグループインタビュー調査を実施し、わが子にとっての専攻科教育の意義を探る。

これらの結果から、「二つの専攻科」の教育カリキュラム・プログラム検討の、今後の方向性について考察する。

1節 | 教育カリキュラム・プログラムの課題と今後の在り方を検討する方法

1 質問紙調査

(1) 調査の目的

　教育カリキュラム・プログラムを実際に運用している「二つの専攻科」の教職員から見た教育カリキュラム・プログラムの課題と今後の充実方策を整理する。

(2) 調査の対象

　2017年度全専研全国集会の基調報告に掲載された学校専攻科12校と福祉事業型専攻科35事業所、全体としては47か所。学校、事業所ともに管理的な立場の人（校長、専攻科主任、施設長、サービス管理責任者等）に記入していただいた。有効回収率は、学校専攻科9校（75%）、福祉事業型専攻科20事業所（57%）、全体としては29か所（62%）であった。

(3) 調査の方法

　質問紙調査（2017年12月〜2018年1月実施）。回収した調査票は、4件法で解析し、自由記述欄については、堀場（2013）の先行研究に倣い、筆者が類型化して分類した。分析結果の妥当性を確保するため、指導教員と検討を重ねた。

⑷ 調査項目

　調査項目は、以下の二つである。①福祉事業型専攻科が青年期教育の一翼を担っている現状を、どのように捉えているか。②教職員が、移行期である青年期を教育的に支援する中間的な学びの場としての専攻科の実践に関し、社会に期待することや、希望する制度・サービス等も含めて、どのように考えているか。

　学校専攻科と福祉事業型専攻科を比較検討するため、共通の質問紙を用い、①については、用紙の中に、学校専攻科向けと福祉事業型専攻科向けの二つの設問を準備し、該当する方に答えていただいた。②については自由記述で回答していただいた。

2　グループインタビュー調査

⑴ 調査の目的

　保護者から見た専攻科教育の成果について考察し、教育カリキュラム・プログラムの課題と今後の充実方策を整理する。

⑵ 調査の対象

　私立S特別支援学校（以下：S特支）学校専攻科卒業生（25歳〜42歳）の保護者8名。S特支の元PTA会長のBさんにコーディネートをお願いした。調査協力者一覧を表5-1に表す。学校専攻科卒業生のプロフィールも併せて記載している。

⑶ 調査の方法と調査項目

　あらかじめ以下の項目を示した上で筆者が進行役となって自由に語っ

表5-1　調査協力者一覧

| 協力者 | お子さまの基本情報 | | | | | |
(保護者)	名前	年齢	性別	障害支援区分	生活の場	就労・日中活動の場
Aさん	aさん	42歳	男性	不明	自宅	生活介護事業所
Bさん	bさん	35歳	男性	4	施設	生活介護事業所
Cさん	cさん	34歳	男性	4	自宅	生活介護事業所
Dさん	dさん	34歳	男性	6	自宅	生活介護事業所
Eさん	eさん	33歳	男性	1	自宅	就労継続支援A型事業所
Fさん	fさん	32歳	女性	3	自宅	生活介護事業所
Gさん	gさん	31歳	女性	なし	自宅	特例子会社
Hさん	hさん	25歳	女性	1	自宅	就労継続支援B型事業所

ていただいた。分析方法は、各自の発言を録音して逐語録を作成し、発言内容をカテゴリー別に分類して考察した。

2017年8月19日12：30 ～ 14：30に実施。

● 現在のお子さまについて（年齢、職場、住まい、余暇、障害支援区分、福祉サービスの利用状況）

● 専攻科在学中のお子さまの様子

● 専攻科に通わせての感想

● 保護者から見て、専攻科での学びが今の生活にとってどんな意味を持つか

3　研究の視点

検討するための視点として、次の二点を置く。

一点目は、「二つの専攻科」の実践の指標となる教育カリキュラム・プログラムを、政策レベル（社会に期待することや、希望する制度・サービス）、実践レベル（わが子の育ち）との関わりから、重層的に考察することである。

二点目は、保護者を含む支援者の評価から、教育カリキュラム・プログラムに求められる機能や今後の方向性を考察することである。前章では、教育カリキュラム・プログラムそのものに着目したが、ここでは、実際の運

用に関わる人の意見に着目したい。また、当事者でなく保護者へのヒアリングとしたのは、自分で語ることが可能な卒業生ばかりでなく、障害程度の重い人の生活実態も含めて調査結果に反映したいと考えたからである。

4 倫理的配慮

質問紙調査の依頼状には、①無記名調査、②データは統計的に処理するため個人名は特定されない、③研究報告書等への公表を予定、の3点を記載し、調査票の返送をもって同意を得られたと判断した。グループインタビュー調査に関しては、調査結果の取り扱いについて書面にて説明し、承諾書に署名捺印をいただいた。

2節 教職員から見た「二つの専攻科」の教育カリキュラム・プログラムの検討課題

1 質問紙調査の結果

質問紙調査の結果から、「二つの専攻科」の教職員が、移行期である青年期を教育的に支援する中間的な学びの場としての専攻科の実践を、制度との関わりの中で、どのように考えているかを整理する。

(1) 教職員から見た、「二つの専攻科」の協働関係

教育の制度に則った学校専攻科と、それを福祉の制度で補完する福祉

表5-2 「二つの専攻科」の協働関係

質問		学校専攻科の回答（％）	福祉事業型専攻科の回答（％）
1	教育は、本来、学校が担うべきもの。「福祉事業型専攻科」による青年期教育は、教育運動の一段階であり、過渡的なものである。	とても思う 40.0 やや思う 20.0 累積％ 60.0	とても思う 31.6 やや思う 42.1 累積％ 73.7
2	「福祉事業型専攻科」には、学校教育にはない良さがある。もはや代替ではなく、独自の意義を持つ存在である。	とても思う 30.0 やや思う 40.0 累積％ 70.0	とても思う 36.8 やや思う 52.6 累積％ 89.4
3	どちらも「中間的な学びの場」であることは確かなので、本人・家族や地域の実情に応じて「学校専攻科」と「福祉事業型専攻科」を選べばよい。	とても思う 40.0 やや思う 50.0 累積％ 90.0	とても思う 47.4 やや思う 52.6 累積％ 100
4	学校専攻科は福祉事業型専攻科と、福祉事業型専攻科は学校専攻科と、それぞれ交流し、その実践から学ぶべきだと思う。	とても思う 30.0 やや思う 40.0 累積％ 70.0	とても思う 47.4 やや思う 42.1 累積％ 89.5

事業型専攻科との関係については、第3章で述べた。ここでは、両者の協働関係について考察する（表5-2）。

　福祉事業型専攻科は教育の代替であり、本来であれば18歳以降の学びの場である専攻科が学校教育で担われるべきだ（質問1）と「とても思う」人の割合は、学校専攻科の方が高い。しかし、「とても思う」と「やや思う」の合計は、学校専攻科60.0％、福祉事業型専攻科73.7％となり逆転する。福祉事業型専攻科が独自の意義を持つ存在である（質問2）と考える人の割合は、福祉事業型専攻科の方が多く、「とても思う」と「やや思う」を合計すると89.4％にも上る。これらのことから、福祉事業型専攻科の職員は、制度的には教育を補完する存在であるという意識が強い反面、実践については、独自の存在価値を見出していることが理解できる。

　状況に応じて「二つの専攻科」を選べばよい（質問3）と思う人は、福祉事業型専攻科の職員の方が、若干多く、「とても思う」「やや思う」を合わせると100％になった。また、実践における「二つの専攻科」の交流（質問4）について、「とても思う」と答えた人の割合が多いのは福祉事業型専攻科であった。学校専攻科の方も交流の意識が低いというわけではないが、やや消極的である。これら2つの質問から、学校専攻科の職員

に比べて、福祉事業型専攻科の職員の方が、青年期の学びの在り方や教育と福祉の協働について柔軟に捉えていることがうかがえる。

⑵ 教職員が認識する「二つの専攻科」の意義と課題

　自由記述欄に寄せられた55の意見から、11のサブカテゴリーを見出した。内訳は、意義1、課題10である。それらをまとめた7つのカテゴリーは、政策、運用、実践の3つのレベルに大別される。これらを表5-3（3-1、3-2、3-3）に表した。引用例の（学）は学校専攻科、（福）は福祉事業型専攻科からの意見であることを示す。

1）3つのレベル

　政策レベルは、55の意見のうち、最も多い24で構成されており、「二つの専攻科」にとって大きな課題が残っている分野であると、教職員に認識されていることがうかがえる。

　サブカテゴリーは4つで、そのうちの1つは、社会に対する啓発の必要性を指摘するものであった。「二つの専攻科」の理念や、そこで展開される教育的な活動に意義を感じているからこそ、広く世に問うのだと推察できる。また、後の3つのサブカテゴリーは、福祉や教育の制度の充実を求めるカテゴリーに集約することができた。

　運用レベルは、4つのサブカテゴリーで構成されている。そのうち、教育カリキュラム・プログラムの検討に関するものが2つあり、移行支援教育の内容を見直すことの必要性と、高等教育をどう展望するかの2点が検討課題であると、教職員によって捉えられていた。「二つの専攻科」の教育の意義を問い直し、さらなる充実を図るための課題であると言える。

　実践レベルは、1つの意義と2つの課題の3つのサブカテゴリーで構成されている。生徒（学生・利用者）の実態や、進路支援への対応には切実な問題があるものの、本人や家族にとって「二つの専攻科」で時間を

かけて学ぶことの意義は大きく、教職員も、そこに自らの仕事の意義や価値を見出していることが推察される。また、青年期の学びの場が、質量ともに拡充していくことを願っている様子がうかがえた。

表5-3　教職員が認識する「二つの専攻科」の意義と課題

3-1　政策レベルの意義と課題

カテゴリー	サブカテゴリー	自由記述欄からの引用
	社会に対する啓発の必要性（7）	ゆっくりと学ぶ必要があるという考え方が社会全体に広がることを期待。そのための金銭的支援も同様（学）／先般、本校高等部専攻科を文部科学省生涯学習政策局特別支援総合プロジェクト特命チームの担当者が視察。「後期中等教育に求められるもの」「卒業後の支援の課題」等情報提供（学）／豊かな青年期教育の保障は、税金という形にはなりませんが、国際社会における日本の立場をおし上げるパワーになり得る（学）／高校卒業→即就労ではなく学びの場を選択できるような仕組みが広がってほしい（学）／障がいの特性として物事を理解するのに健常者より時間がかかるということを社会的に広く知ってもらうことが必要。その上で教育年限の延長が必要ということを理解してもらう（福）／福祉型の専攻科は、あまりにも乏しい資源、安い人件費の中で、志を高く持つ人たちが頑張っている（福）／卒業後、就労か福祉作業所以外の選択肢もあることを、発達のおだやかな人達に周知される社会であってほしい（福）
制度の充実（17）	学校教育機関の質的・量的充足（9）	私立特別支援学校が存在していたから福祉型が誕生した経緯がある。公立学校ではなしえないもの（学）／このような学びの場を広げていってほしい（学）／受け皿が日本の学校教育に不足（学）／公立知的障がい特別支援学校の設置（学）／障がい者が学ぶことの意義や価値を、まずは国や自治体が認め、制度整備をし、発信してほしい。特に文部科学省（福）／知的障害の高等部卒業生にも広く学びの場をつくる必要がある。差別以外なにものでもない現在の在り方（福）／福祉事業型専攻科が増え続けているが、やはり、教育の場での学校専攻科の設置が必要だと感じます（福）／通常の大学のように整備も整った環境の中で学ばせたい（福）／13〜14年前に、市の教育委員会に知的障害の支援（養護）学校だけ専攻科がないので何とかしてほしいとお願いしたが、現在に至るまで実現していない（福）
	社会教育の場や施策の充実（5）	生涯学習化と関わって利用の自由度のある余暇活動センターもしくは青年・成人学級のような所がほしい（福）／生涯学習の場として公民館で講座をお願いしたが、2回（3B体操と調理実習）して終わった（福）／学びの場としての公民館講座を実現してほしい（福）／公民館での生涯学習を、当事者の希望などを聞いて参加できるようなものがほしい（福）／現在、任意団体で調理、カラオケ、ダンスなどしているが、主体的に動く人がいないと終わってしまう（福）
	社会資源の充実（3）	グループホームが整備されていない（学）／きちんと法整備をし、新たな受け皿（事業の創出）ができれば（福）／18歳で成人ということが通ってしまったら、さらに生きづらくなる不安（福）

3-2　運用レベルの意義と課題

カテゴリー	サブカテゴリー	自由記述欄からの引用
教育カリキュラム・プログラムの検討課題（11）	移行支援教育の内容の精査（8）	今後、専攻科を4年制にし、外部からの受け入れも検討（学）／本科との差別化（学）／どのようなカリキュラムで教育を行っていくのかが非常に重要（学）／まだまだ研究の必要な分野（福）／青年期の移行支援について、どれだけの期間が必要なのか議論が必要（福）／教育年限の延長に、どういう方法がよいのか検討が必要（福）／職業科としての専攻科でなく、普通科の専攻科が必要（福）／専攻科が生涯学習の場のような感じが望ましい（福）
	高等教育の展望（3）	後期中等教育としての延長である専攻科ではなく、専攻科修了後のさらなる学びの場としての一般の大学開放を目指して（学）／特別支援教育の高等教育機関（大学の部分）をしっかりと位置づけて（福）／生涯学習化ではなく、高等部の上級課程をつくっていく方がよい（福）
福祉事業型専攻科におけるサービス提供実態の改善（3）		本来の自立訓練、就労移行の概念を飛びこえて4年をトータルで見ることに対して、狭義の意味でのそれぞれのサービスを提供できていない。本来、性格の違うサービスを4年でくくることについては、難しさを感じる（福）／利用年限の延長について検討しているが、制度の壁があり、どう当事者の姿、ニーズに合わせて運用すればいいのか悩んでいる。制度も柔軟に対応してもらいたい（福）／引きこもりの方の支援が充分でない気もしているので、国、行政が制度を整えて自立訓練に結びつけられるとよい（福）
『障害者の生涯学習の推進方策（文部科学省）』への懸念（3）		生涯学習の意識を、社会全体がどうとらえて、高めていくことができるのか、学ぶことに対しての機運の高め方や制度化などの検討が、まず必要（学）／特別支援教育の生涯学習化の意図と、その先にあるものが見えづらい（福）／教育委員会の考え方の中に、支援学校卒業した人の生涯学習がない（福）

3-3　実践レベルの意義と課題

カテゴリー	サブカテゴリー	自由記述欄からの引用
時間をかけて学ぶことの、本人・家族にとっての意義（8）		特別支援学校が就労に向けての実習を高等部1年から取り入れないといけないような状況になっている現在、もっとゆとりのある、障害があるからこそ豊かな、ゆったりした時間が必要（学）／高等部の3年間が豊かで夢と希望のある学生生活であるよう卒後の選択の幅が広がっていくと素晴らしい（学）／保護者も子離れしていきます（学）／学びの場を経験して就労していくことで後の生活がより豊かなものになっていく（学）／専攻科の2年間は学校から社会へ移行していく大切な準備期間。高等部（高等学校）の時より社会の中で活動することを増やすことにより、コミュニケーションしながら生きる力を身につけていきます。わずか2年間ですが、生徒は大きく変わります（学）／学びたいという生徒、学ばせたいという保護者の存在（学）／18歳以降も「進学」という選択肢が当たり前になってほしい（福）／個人差が大きく、ゆるやかに知識や学力を身につけていく必要がある（福）
教職員のニーズ（6）	多様化する生徒（学生・利用者）の実態への対応（3）	引きこもりの方が、社会に出ていけるためのステップとしても、自立訓練は有効（福）／現在の自立訓練事業が、そのままの形で受け皿になるとも思えない（福）／特別支援学校からの卒業生のみを対象にしているわけではなく、就労したがリタイヤした方、一般高校→退学→B事業所へ就労移行を利用したが就労につながらずB事業所へ、長期の引きこもり、といった様々な方が随時利用（福）
	進路の課題への対応（3）	専攻科を卒業した後「どうするか」という進路の問題（学）／障がい特性は多様化しており、就労へ結びつけていくことは難しくなっている（福）／学校専攻科の後に福祉事業型専攻科を選ぶのか、福祉作業所や一般就労を目指すのか、選択肢があればいい（福）

2) 学校専攻科と福祉事業型専攻科の比較

　福祉事業型専攻科からのみ意見を採取したサブカテゴリーが３つあった。表5-3-2の「福祉事業型専攻科におけるサービス提供実態の改善」は、切実な課題であり、当然の結果である。

　注目したいのは同3-3の「多様化する生徒（学生・利用者）の実態への対応」である。先行研究（例えば丸山2015）にも、福祉事業型専攻科が何らかの原因で引きこもりになった人の居場所や学び直しの場になっているとの指摘があるが、学校以上に多様化する利用者に対応するため、教育カリキュラム・プログラムを検討する必要性を切実に感じていることが理解できる。

　また、同3-1の「社会教育の場や施策の充実」では、福祉事業型専攻科からのみ余暇活動センター、公民館活動や青年・成人学級への言及があった。施設・設備面の使いづらさを補うために日頃の教育活動で活用していることも推察されるが、余暇活動や生涯学習に対する意識の高さがうかがえた。本研究では、学校専攻科と並んで「学びの場」と位置づけている福祉事業型専攻科であるが、実際には教育機関を卒業した青年が利用する場であり、社会教育とつながる機会は、学校専攻科以上に多いと言える。

　一方、学校専攻科からの意見が多かったものは、同3-3「時間をかけて学ぶことの、本人・家族にとっての意義」である。福祉事業型専攻科の職員が意義を感じていないということではなく、高等部本科との関わりから述べている意見が多いことから、高等部３年と専攻科２年を合わせた連続した５年間の中での専攻科の意義を、よりリアルに感じている教員が多いのではないかと推察する。

3) カテゴリー間の関係

　11のサブカテゴリー間の関係性を図5-1に表した。特徴的なところを三点挙げる。

　第一に、政策、運用、実践の３つのレベルそれぞれにおいて、教育カ

リキュラム・プログラムそのものの検討課題（左側）と、社会や制度との関わりの中で発生する検討課題（右側）の二側面のあることが読み取れた。どちらも重要な課題ではあるが、専攻科が学校教育のみで成立し、進学先の選択肢としても充足しているのであれば、教育の側面支援にあたる右側の列は、主たる検討課題にはならない。「二つの専攻科」のハイブリッドによって、青年期の学びが成り立っているからこそ、このような結果になったと考えられる。また、どちらの列のカテゴリーも、学校専攻科

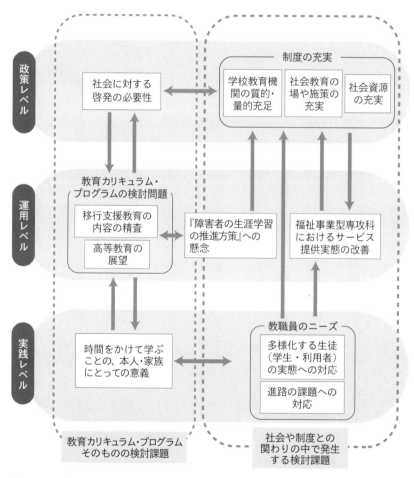

図5-1　カテゴリー間の関係図

と福祉事業型専攻科の双方から採取した意見で構成されており、「二つの専攻科」の教職員が同様の問題意識を持っていることが理解できる。

　第二に、左右二つの列のうち、左側の列は、教育カリキュラム・プログラムの検討課題を中心に、政策と運用、運用と実践の相互作用が成立していることに対し、右側の列は、教育カリキュラム・プログラムを介さない課題が多いことが指摘できる。「福祉事業型専攻科におけるサービス提供実態の改善」は、事業の運営もしくは運用上の工夫に関する課題であり、教育カリキュラム・プログラム検討のレベルではない。質問紙の自由記述欄からは、「二つの専攻科」の教職員の切実なニーズが読み取れたが、「制度の充実」につなげるための方策を講じるには、教育カリキュラム・プログラムの検討以外の手立ても必要となる。

　第三に、11のサブカテゴリーのうち、課題に関するものが10に対して、意義に関するものが実践レベルの「時間をかけて学ぶことの、本人・家族にとっての意義」の１つのみで、偏りが見られたことである。思うところを自由に書いていただくという趣旨で質問を設定したが、「二つの専攻科」の教職員が、意義よりも課題を多く認識していることが読み取れた。しかし、この結果を、意義の発信につなげるための課題整理ができたと前向きに捉えたい。

2　教職員が専攻科に求めるもの－政策と実践の視点から見た教育カリキュラム・プログラムの検討課題

　教職員が、移行期である青年期を教育的に支援する中間的な学びの場としての専攻科の実践を、制度との関わりの中で、どのように考えているか探ることを目的として二つの質問紙調査を実施した。ここでは、調査結果に基づき、実践と制度の視点から見た教育カリキュラム・プログラム運用の検討課題について整理する。

　第一に、教育カリキュラム・プログラムだけを論じられない実態がある。調査結果から、教育カリキュラム・プログラムの策定が、社会資源の不足や制度の使いづらさによる制約を受けたり、生徒（学生・利用者）の実

態に左右されたりすることが指摘でき、そのことを教職員が認識していることも理解できた。実践や政策との関わりの中でしか教育カリキュラム・プログラムの検討が進まないとは言え、この課題に対して、三つのレベルから総合的に取り組む必要性があると考える。

　第二は、異なる制度を用い、異なる生徒（学生・利用者）が学ぶ「二つの専攻科」の間に、実践面で協働関係が成立しており、両者が教育カリキュラム・プログラムのレベルでも協働することによって、さらなる発展が期待できることである。調査結果を見ると、教育の代替であると同時に独自の存在価値を持つ福祉事業型専攻科が、青年期の学びにおいてハイブリッドの片方を担っていることが、「二つの専攻科」のどちらの教職員によっても認識されていた。ただ、若干の温度差があり、福祉事業型専攻科の職員の方が、やや柔軟に捉えていることが指摘できる。学校専攻科は、教育の制度で守られていると言えるが、福祉事業型専攻科との交流を通し、複合的な視点を持つことが、教育の質を高めることにつながると考えられる。

3節 | 保護者から見た 専攻科での学びの評価

1 グループインタビュー調査の結果

　フリートークを録音して逐語録を作成し、発言内容を6つのカテゴリーに分類した（表5-4参照）。下線は、専攻科の教育カリキュラムに関わる発言

本節は、筆者執筆の「専攻科での学びが卒後の生活の中でどのような意味を持つか─専攻科修了生の保護者を対象としたヒアリング調査からの考察」（全国障がい者生涯学習支援研究会発行（2018年3月）『障がい者生涯学習支援研究第2号』25－31）より加筆・修正して掲載した。

表5-4　保護者から見た専攻科教育の評価

カテゴリー	発言例
社会との関わり	社会へ目を向ける／社会へ入っていく／社会に出て体験するのがよかった／実習先に溶け込めた／途中下車して買い物／Ｔ町に住める機会を与えてもらった
仲間づくり	お世話させていただく体験ができた／縦割り集団がよかった／専攻科のグループでいるのが楽しい／その関係が今も続く／友だちの写真を今も見る／友だち同士にしかわからない空気（会話や表情）を受け入れる／友だちに指摘されて赤ちゃん言葉が減った／人との関わりが上手になった／面倒を見る／人間観察／仲間との関わり／重い子も軽い子も同じクラス／一生ものの仲間
家庭だけではできない体験	経験値が上がる／職場実習で親や先生と離れて過ごせた／家だけではできない体験／机上の学習だけでなく体験することが多かった／歩いたり沢山身体を動かしたり
自主性の発揮	自分で調べる癖がついた／自分で選んで自分で決める／服を選ぶ／CDショップに行きたがる／自由に課題を決めて研究し自信がついた／伸び伸びできた／選挙の時に立候補者の公約を検索した
学びの時間の保障	少しでも長く学校生活ができてよかった／積み重ねを毎日学校でやってた／学びの時間が削られることがおかしいよなって思ってたところに答えをもらった感じ
専攻科の課題	行事が多くて戸惑った／良くも悪くも１回入ったものはなかなか抜けない／障害特性上困ったこともあった／社会と交わることを覚えたがために勝手に行ってしまう部分

である。また、ヒアリングをする中で、「今の生活」に焦点が当たり、大人に成りゆく過程における生活実態の変化や、余暇の過ごし方に関わる発言も聞かれたが、ここでは、専攻科教育の評価に特化して取り上げている。

　以下、発言内容についてカテゴリー別に考察していく。名前の表記は、イニシャル小文字が学校専攻科卒業生、大文字が、その保護者を表している。

(1) 社会との関わり

　専攻科在学という時間的な余裕が社会へ目を向ける契機となり、また、実際に地域社会の中で活動することにつながっている。

　Ａさん：専攻科に行っている間、社会へ目を向けさせることが、少しは、ためになったんかな。この子はこの子なりに、また一歩社会へ出て、障害であっても覚えていただく機会、Ｔ町に住める機会、は与えてもらったかな。一歩覚えたがために、中へ入らずにすんだっていう感じ。

「閉じ込め」やなくて、社会に入っていけたな。

　aさんの場合は、単独または友だちと一緒に行動している。bさんとcさんにとって、それは、やや難しい課題であるが、bさんは専攻科の教育活動の中で、cさんは、職場実習の中で、しっかりと社会と関わる体験をしており、特にCさんは、親の手を離れて自然体で別のコミュニティに入っていけたわが子の姿を鮮明に覚えている。

Bさん：小・中よりは本科、本科よりは専攻科の方が、何か社会とのつ
　　　ながりを求めての活動が多かったかな。
Cさん：一番印象にあるのは、体験（職場実習）に行った時のことなんで
　　　すね。言葉が話せないのでうまく伝えられて一日を過ごせるのかすご
　　　く不安だったのが、朝、本人、何もなくすっと別れて、施設の職員さ
　　　んに「こっちよ」って誘導されながら行った時の、その姿がすごく記
　　　憶にあります。普段から「ああ、これができてすごいな」とか、実感
　　　がなかったので、こういう時にふっと親から離れて、先生たちから離
　　　れて、すっと行く姿が、今でもずっと残ってます。

⑵ 仲間づくり

　S特支では、障害種別や発達段階別のクラス編成をしておらず、学習グループも一部を除いて到達度別編成ではない。いろいろな個性の人が、ともに学び、過ごす中で、仲間との関係が密になっていく。bさんとcさんは、表出言語を持たず、dさんも障害特性上、話し言葉を駆使してコミュニケーションをとるタイプではないが、その人柄が仲間に愛され、仲間集団の中で、なくてはならない存在であった。また、彼ら自身も、仲間からの関わりを受け入れ、ともに活動する楽しさを味わうことができた。卒後の就労・日中活動の場では、似通った発達段階の人が集まりがちなので、学校、さらにはS特支ならではの集団編成と言える。

Bさん：うちの子の場合は専攻科のメンバーでおるのが楽しそうやった
な。学年違っても専攻科のグループで動くことが多かったので、何し
とってもキラキラキラキラしとったなって。その関係が今も続いている
ので、マイムマイム（余暇活動支援としてS特支が主催する青年サークル）の
活動に行っても「頼むね、bのこと」って。それで活動の中に入ってい
けたんやけど、それで、2時間もの、どこ行くかっていう会議にちゃん
と座っておれるっていうのは、仲間関係っていうか、なんかビックリし
て。何て言っても専攻科の時の人間関係ができたのが大きかったなっ
て思って。じゃないと、保護者か職員さんを通してしか関係を結べな
いので、それがよかったなって思うし。学校の時、いろんな人と一緒の
クラスやったから、職員さん、先生との関係よりも仲間同士で、世話し
てもらうとか、それを見て覚えるとか、何かそういうのが、施設入所だ
とやっぱり重い人ばかりなので、刺激し合うっていうのが薄いかな。本
科終わって3年間あった上の2年間で花開くっていうか、本科のうちに
そういう関係が根本に積み重ねられとったんやな～って。そこで出てし
まっていたら、花開かせる機会があったのかな。

Dさん：dが鶏舎のことを「コッコ」って言いよったんね。そしたらy君が、
「d、何がコッコや。コッコって何？ 鶏って言ったらええやん」って。
それ聞いて「にわとり」って言うようになった。そういう視点。

Cさん：だから仲間っていう、そういうつながりはすごいなって思うこ
とがある。マリアバンド（S特支主催の音楽活動）で会ったりとか、マイ
ムマイムで会ったりすると、普通に話してて、それをcが受け入れて、
けらけらって笑うのには、あの子らにしかわからない空気、会話であっ
たりとか、みんなそういう表情をしているので、親にはわからんこと
いっぱい持ってるんやな。

　以下の発言に出てくる、「面倒を見る」「お世話する」という表現は、
ややもすると押しつけがましい言葉に受け取られる場合があるが、ここ

での印象は違う。彼らの多くは、地域の中学校で定型発達の同級生に交じって学んできた。楽しいことばかりではなく、つらいことや、頑張りすぎて自然体で過ごせなかった体験も沢山あったと推察される。特別支援学校で、ありのままの自分を出すことができ、安心感に加えて誰かの役に立つ経験を得ることができた。保護者の発言からは、そこからさらに「人との関わりがうまくなる」「責任感」「いい人間関係」といったものへと広がっていく様子が見て取れる。

> Gさん：5年間っていうことで、人との関わりもうまくなったし、元々下の子の面倒見るのが好きな子やったけど、それがもっと好きになったような気がする。
>
> Aさん：縦割り。あれが一番よかったな。お世話させていただく。いつもいつも、お世話される身がやね、さしていただくという機会をいただいた。最高に伸びる時期やったね。責任感もね。
>
> Hさん：縦割りのクラスがすごくよくて、今まで、手をかけられるだけの存在だったのが、いろんな仲間とふれあう中で、自分も手をかけることがあるっていうのを学んでいったのがすごくて、周りの人たちの様子を見られるようになった。あの子はこういうことが得意だから、お願いしてみてもいいかなとか、自分できないけど、あの子はこれが得意だからちょっと聞いてみようとか、そういうことができるようになったことが、すごく成長したなって感じたのね。自分が助けてもらうだけじゃなくて、あの子が苦手としていることは、私がこれはできるからやってあげようとか、ビックリするくらい成長して、すごく、縦割りとか、障害の重い子軽い子みんな同じクラスにいるってことが、ものすごくプラスになった。hも、てんかんの発作が結構出るので、いろんな場面で助けてもらえたり、いい人間関係が築けたなっていう思いがあります。

⑶ 家庭だけではできない体験

　「家庭だけではできない」には、二つの意味が含まれる。一つは、活動そのものである。専攻科の年齢になると身体も大きくなり、異性の親と一緒には行けない場所も増えてくる。また、テーブルマナー講座のように、仲間と一緒だからこそモチベーションを維持し、安心して臨めることもある。楽しい経験は、家族に報告したくなる。心がしなやかに動いている証拠であろう。

> Dさん：この学校でなければできやん体験もあった。ここのおかげで温泉行ったり、作業所で宿泊させてもらったり、買い物も、名古屋へホテルバイキングも。そんなん、家だけでは絶対無理。親も安心して出せる。それからテーブルマナー。スーツ着て。家では行かないよね。
>
> Fさん：専攻科行った時に、さらに体験することが多かった。割とfは、そういうの好きなんで楽しかったと思うんですよね。普段は家で「今日、こんなことあったよ」ってしゃべる子じゃないんだけど、やっぱ楽しかったときは、ほんとに一言二言で済ませてしまうんだけど、「楽しかった」「おもしろかった」って言うことが多かった。

　もう一つの意味は、「当たり前」「普通のこと」といった活動への姿勢、受け取り方である。親の愛情ゆえに「難しいから」「無理だろうから」と避けて通りがちな活動も、同年代の仲間と取り組めば意外と可能なものである。実際にやってみて初めて手応えをつかむことも多い。それを家庭生活にフィードバックすることで、さらなる成長が期待できるのではないかと考えられる。

> Cさん：なかなか親は教えられないからな〜。普通のことなんだけど、普通のことが普通にcには教えることが難しいので、やっぱりそれは、（専攻科に）通ってきたからなのかなって思いますね。

Bさん：親子やと、その場につれて行こうという気もないし、つれて行っ
　　　たら親が代わりにやってしまうんやけど、専攻科やと、みんなが、いろ
　　　んな社会の経験しようっていう気持ちでいるから、先生が子どもたちに
　　　させようという感じでしてもらえる。それで初めて気がつくんやよね。
　　　「あっ、できるやんか。こんなことできたんや」って思う。

⑷ 自主性の発揮

　「自主性」に関連して、「研究ゼミ」を挙げる人が多かった。これは、1
年間かけて、好きなものや興味のあることについて調べ、まとめ、その成
果を年度末に家族や仲間の前で報告・発表する活動である。青年期の学び
に必要な要素が多く含まれると考えられ、学校専攻科や福祉事業型専攻科
の多くで教育カリキュラム・プログラムの中に位置づけられている。この
学習形態を通して経験したことが、在学中のみならず卒業後の日常生活や、
選挙等の社会参加につながる活動にも活かされていることがうかがえた。

Eさん：専攻科の勉強は、本当に毎日楽しそうで、イヤだっていうのは聞
　　　いたことがありませんでしたし、こんなふうに勉強させてもらうんやっ
　　　たら…自由に課題を決めて、研究っていう形でやらしてもらったから、
　　　すごく自信につながったと思います。うちの子は、なんか、ずっと一人
　　　勝手やってきたような気がするんやけど、初めての選挙の時に、選挙区
　　　の立候補の人を一人ずつみんなパソコンで調べた。公約をちゃんと検
　　　討して。でも、なかなか…。それからは、女の人を選ぶことにしたんや
　　　けど、この人はこう言うとるみたいなことをちゃんと自分でやったから。
Hさん：専攻科でいうと後は「研究ゼミ」。ひとつのことをコツコツと長
　　　い時間かけて調べ上げていくっていうのが、それがなんか、いろんな
　　　ことの基礎になるよね。だから、今でもなんか「あれはどうかな？」っ
　　　て思ったとたんにネット広げて、パソコンつけて、自分で検索してみ
　　　たり、なんか自分で調べる癖って言うのかな、そういうのができたかな。

買い物など、日常生活や学校生活の中の「選ぶ」という場面に言及する発言もあった。年齢と経験を重ねる中で、本人が自分の好みで何かを選んだり、意思表示したりする機会が増え、保護者の側も、その自主性を尊重し、一つの人格として認めようとしている姿が見て取れる。

　　Hさん：でも先生は、「hちゃんが『これがいい』って言って決めたんです」って。それを受け入れなきゃいけない。本人は気に入って、しばらく使ってたので。なんかその自主性を重んじてくれるし、でも、当たり前のことなんだよね。自分で選んで自分で決めるって。
　　Cさん：やっぱり気に入っている場所に行って「ここだったら選べる」っていう場所が一個でもあるから、それは親としていいかなって思ってて。ただ買ってきて与えるだけじゃなくて、一応自分の中で選んで。

⑸ 学びの時間の保障

　筆者は、ゆっくりと時間をかけて成長・発達していく人たちだからこそ、より多くの学びの時間が必要であると考えているが、それは、本人たちのみならず保護者にとっても必要な時間であることが明らかになった。

　　Aさん：高等部3年終わって、作業所でも何でもいいんですけど、社会へ出すっていうより心の余裕。この子たちの余裕。
　　Eさん：専攻科があるところへ入ったということで、親がすごく楽になりました。先生方も、これからの人生急がなくてもいいみたいな感じが伝わってきて。親の会なんか行くとね、卒業したらすぐに行き場所考えやなあかんとか、そんなんで追われている感じがしたけど、まずそれが、親がほっとしてよかった。

　学校は通過機関であり、卒業後の人生の方が長い、働く中にも、ある

いは福祉事業所での日中活動の中にも、新たな経験や楽しみは存在するし、一人ひとりの育ちも見られるであろう。しかし、次の発言からは、「学校」に通うことそのものに意義があるのだとの思いが伝わってきた。また、きょうだいとの比較で言えば、高等部卒業後の進学先の少なさは、「他の者との平等を基礎」とした『障害者権利条約』の理念に反するものである。

Bさん：学校を出てからは、延々と同じような時間が続くので、少しでも長く、いろいろな経験ができる学校生活ができたのはよかったかな。
Hさん：お姉ちゃんとか妹とかは、大学行くんだろうなって中学校や高校の時から考えてて。でも、やっぱり障害があるってことで学びの年数が減るってことが、何でやろうって思ってたときにS特支ってところにお世話になって、専攻科まであるってことがすごく魅力的で。そうだよね、時間かかる、学ぶことに時間がかかる子たちが、その学びの時間を削られることがおかしいよなって思ってたところに答えをもらったみたいな感じ。

⑹ 専攻科の課題

　専攻科教育の意義は認めつつも、成果ばかりではない実態も語られた。学校は「きっかけづくり」の場であり、それを家庭生活や社会生活の中で維持・発展させる必要がある。しかし、卒業（修了）にあたり、本人や家庭に対して丁寧にフィードバックできなかったことがうかがえる。また、障害特性に対する配慮にも不十分な点があったことが指摘できる。

Aさん：でも、社会へ交わることをいろいろ覚えたがために、勝手にいろいろと行ってしまう部分も往々にしてある。
Dさん：何するんでも慣れるのに、繰り返しがないと見通しがつかん子やもんで、３年間ではわかりにくかった…何か行事も多かったし、戸惑っていたんかな。いまだに、宿題、夏休みの。夏になると12年、

宿題を自分でつくって…。まだ残っとんのはベルマーク集め。切り抜いて、それを「持ってけ持ってけ」って。私も言葉では上手に説明できへんし、わかりにくいし、自分も言いにくい子やもんで、入れるのも抜くのも大変って、今になって思う。

2 保護者が専攻科に求めるもの
──個の育ちから見た教育カリキュラム・プログラム

　保護者が、わが子の成長を通して、専攻科の教育内容を、どのように評価しているかを、「社会との関わり」「仲間づくり」「家庭だけではできない体験」「自主性の発揮」「学びの時間の保障」「専攻科の課題」の6つに分類することができた（表5-4）。

　専攻科は、二重の移行期を教育的に支援する「中間的な学びの場」である。「場」というのは、単に場所や空間があるだけでなく、ともに学ぶ仲間があり、発達課題や生活年齢に合った教育的な活動があり、その時間が保障されることを意味する。保護者が評価するのも、集団の持つダイナミズム（仲間）に起因するものや、実体験（活動）を伴うものであった。ここでは、教育環境と教育内容の二側面から考察し、今後の課題に言及する。

⑴ 教育環境

　S特支の専攻科では、スポーツ（体育）や芸術等、高等部本科から継続して取り組まれている教科学習の他に、専攻科独自の特長的な教育課程として「演習」「経済」「生活講座」「研究ゼミ」の4科目を設定している。このうち、「研究ゼミ」はテーマ別、それ以外は、学習到達度や発達段階にかかわらず生徒の希望に添った形（学習内容別）でグループ編成をしており、基礎となるクラス集団も、学年・発達段階が混在した等質グループ編成となっている。保護者が評価している「仲間づくり」には、このような背景がある。

　「お世話する」「お世話される」という立場の違いから発生した人間関

係が、上下関係でなく、心の交流や自己肯定感の確立の側面を伴って成立していることに対して、また、それによるわが子の成長や変化に対して、障害程度の軽重に関係なく感動を覚える保護者が多かった。

「学校を出てからは、延々と同じような時間が続くので、少しでも長く、いろいろな経験ができる学校生活ができたのはよかった」という発言にあるように、学校卒業後は、障害程度（療育手帳の判定、障害基礎年金の等級）や障害支援区分によって進路先が限定される傾向にある。筆者は、本人の発達段階や障害特性に合った就労・日中活動の場を決定する進路支援を否定しないし、むしろ望ましいと考えるが、安定した日課の中にも、適度な刺激や負荷のある生活を送ってほしいと願う保護者の気持ちは察するに余りある。特に、仕事や活動の内容は会社や事業所ごとに工夫できたとしても、障害福祉サービスを利用する以上、ある程度は発達段階の似通った人たちが集まるのは必定で、障害程度を越えた仲間づくり・仲間との関わりは、余暇に委ねるしかない。

「少しでも長く」という言葉には消極的な響きもあるが、積み重ねられた人間関係が専攻科で花開き、卒業後もその関係が続いていくという意味で、このような教育環境があることを積極的に捉える保護者の期待に、支援者もまた応えていく必要性を感じる。

(2) 教育内容

S特支には、4つの特長的な教育活動があると先述したが、中でも「研究ゼミ」に関する評価が高く、この学習から経験したことが、「自主性の発揮」という形で、在学中のみならず卒業後の日常生活や社会参加にも活かされていた。

また、あとの3科目のうち、「生活講座」では、生活に根ざした事柄について学び、「青年らしい」という切り口で体験することを重視しているし、「経済」でも、何らかの製品をつくり、売り、収益を得て、それを自分たちの楽しみに還元するという流れを実際に体験している。「演習」で

は模擬喫茶店や宿泊体験といった具体的な活動を自分たちの手で実際に
つくりあげていくことが中心的な課題となる。学校という集団があってこ
そ保障される「家庭だけではできない活動」である。

　トークでは、グループホームの利用に向けて家事を頑張っている姿や、
「10年かけて正社員になれた」「無理はさせないがB型からA型への移行
も視野に入れて」という職業スキルの向上に関わる思いも吐露されたが、
それを学校に求める発言は見られなかった。

⑶ 今後の課題

　「生涯発達」の言葉に象徴されるように、人は一生涯、成長し続ける存
在である。一人ひとりの「学びたい」という気持ちに応じて、いつでも、
その場が保障されることが理想である。その一方で、ライフステージご
とに必要とされる「学びの場」もある。本調査において、専攻科での体
験が、その後の生活に大きな影響を与えていること、それを保護者が評
価していることが明らかになった。青年期、特に高等学校卒業後の数年
間に求められる学びの場の一つとして、専攻科の存在意義は大きいと言
える。その上で、保護者の願いを受け、専攻科での学びを卒業後に活か
すための課題を三つ挙げる。

　一つ目は、教育カリキュラム・プログラムの課題として、障害特性に
応じた教育活動や学習展開の工夫が求められることである。専攻科で得
たものも多い反面、それが「こだわり」など本人の生きづらさにつなが
らないよう、細やかな合理的配慮が求められる。

　二つ目は、政策レベルの課題で、専攻科で得たものを継続させるため
の社会資源の整備である。卒後に交流する機会があってこその「一生も
のの仲間」である。学校だけでなく、多くの機関と連携し、卒業後も学
びの成果を発揮し続けられるような社会を目指したい。

　三つ目は、二つ目とも関連する実践上の課題である。文部科学省の生
涯学習推進政策の関連もあって学習指導要領が改訂され、生涯学習への

意欲を高めることや生涯を通じてスポーツや文化芸術活動に親しみ、ゆたかな生活を営むことができるよう配慮することが規定された。楽しくゆたかな「今」の学校生活があってこそ、卒業後も「学びたい、活動したい」と思えるということが、保護者の語りから明らかになっている。生涯学習につながるような学習意欲・活動意欲を高める実践が期待される。

4節 ｜ 今後の教育カリキュラム・プログラム検討の方向性

　これまで、「二つの専攻科」の教職員が、教育カリキュラム・プログラムの検討課題について、実践・制度との関わりから、どのように考えているか、また、学校専攻科卒業生の保護者が、わが子にとっての専攻科教育の意義を、どのように捉えているか、この二点について述べた。

　「二つの専攻科」は実践面で協働しているが、実践交流にとどまらず、お互いの教育カリキュラム・プログラムから学ぶというレベルでの協働もさらに進めていきたいところである。そのためには、実践と政策の視点が不可欠である。そして、教育カリキュラム・プログラムの課題を整理し、その解決に向けて取り組むことが、「二つの専攻科」で学ぶことの意義の発信にもつながると指摘できる。ここでは、今後、どのような視点で「二つの専攻科」の教育カリキュラム・プログラムを検討していくことが充実方策につながるのか、その方向性について考察したい。

　第一は、政策レベルの課題である。「二つの専攻科」、特に福祉事業型専攻科の事業経営・運営との関わりから、教育カリキュラム・プログラムを検討する必要が生じており、学びの場であることとサービス提供との関係を整理していきたい。文部科学省の生涯学習推進政策において福祉事

業型専攻科という文言は登場しないものの、「障害福祉サービスと連携した学びの場づくり」が推奨されており、質問紙調査からも、「制度の壁」「制度も柔軟に」「制度を整えて」といった発言が採取されている。現行の法律（例えば『障害者総合支援法』）に注釈を付けるなどして、福祉事業型専攻科が青年期の学びを担う機関であることを明記することを提案したい。

　第二に、運用レベルと関わって「5領域」を見直すことである。学校であれば、各校で教育課程表を作成しており、福祉事業においてもプログラムが準備されている。渡部（2009）の提唱した「5領域」が一つのモデルとなっている他、伊藤（2015）、船橋（2017）の先行研究や、高等教育を想定した学びの場（見晴台学園大学、みんなの大学校等）も参考にされている。また、生涯学習との関わりでは、文部科学省の『論点整理』（2018）や『報告』（2019）で、卒業後の学びにおいて重要とされる学習内容や学習方法の具体例を提案しているが、質問紙調査からは、これを懸念する意見も採取された。これらを参考に、現場発信で5領域を見直すことも視野に入れたい。政策との関わりでは、制度に則して教育カリキュラム・プログラムを見直すことになるが、同時に生徒（学生・利用者）の学びにとって何が大切かという個の育ちの視点も必要であると考える。運用レベルにおいて両者の融合を図ることが求められる。

　第三に、実践レベルとの関わりでは、具体的な教育内容の検討を挙げたい。青年期に一定の時間をかけて継続的に学ぶことの意義が教職員によって認識され、その成果として「社会との関わり」「仲間づくり」「家庭だけではできない体験」「自主性の発揮」「学びの時間の保障」が保護者によって確認された。これらの意義や成果を、青年期の移行支援と高等教育という二つの側面から整理し、各学校・事業所の教育カリキュラム・プログラムに反映させ、位置づけていく必要がある。また、成果だけでなく課題も明らかになっているので、改善のための検討を進める必要がある。加えて、多様化する生徒（学生・利用者）の実態や進路の課題への対応から、理念は変えず、実情に応じて教育内容を再編成することも望まれる。

〈文献〉

・船橋秀彦（2017）「シャンティつくばのプログラム」『福祉型専攻科シャンティつくば実践報告集第1号』福祉型専攻科シャンティつくば、19－49

・学校法人特別支援学校聖母の家学園（2016）『特別支援学校聖母の家学園研究紀要』

・学校法人特別支援学校聖母の家学園（2019）『学校要覧』

・伊藤修毅（2015）「自立訓練（生活訓練）事業の教育的機能に関する一考察」『立命館産業社会論集第51巻第1号』

・堀場純矢（2013）『階層性からみた現代日本の児童養護問題』明石書店

・丸山啓史（2015）「知的障害のある青年の「学びの場」としての自立訓練事業の役割―母親等を対象とする質問紙調査から―」『京都教育大学教育実践研究紀要第15号』

・見晴台学園大学ホームページ（http://daigaku.miharashidai.com）

・みんなの大学校（旧称：シャローム大学校）ホームページ（https://minnano-daigaku.net）

・文部科学省（2018）『学校卒業後における障害者の学びの推進方策について（論点整理）』（https://www.mext.go.jp/b_menu/shingi/chousa/shougai/041/toushin/1409250.htm）

・文部科学省（2019a）『障害者の生涯学習の推進方策について―誰もが、障害の有無にかかわらず共に学び、生きる共生社会を目指して―（報告）』（https://www.mext.go.jp/b_menu/shingi/chousa/shougai/041/toushin/1414985.htm）

・渡部昭男（2009）『障がい青年の自分づくり　青年期教育と二重の移行支援』日本標準、32－43

終章

結論と今後の研究課題

はじめに

　本研究では、教育福祉の考え方に基づき、知的障害のある人の「ゆたかな青年期」の学びを保障するための「二つの専攻科」の機能を明らかにすることを目的としている。目的達成のため、第一に、「二つの専攻科」の背景でもある青年期の教育権保障における歴史的な経緯の整理を、第二に、「二つの専攻科」に関する教育と福祉の役割関係に関する実態調査を、第三に、今後の充実方策に結びつく、教育と福祉の融合を目指した「教育カリキュラム・プログラム」の概念化と、その構成要素を把握するための調査を、それぞれ実施した。

　また、知的障害のある人の青年期の教育権保障が不十分であることを教育福祉問題と捉えており、問題解決に寄与するものとして、青年期の学びを担う福祉事業、とりわけ福祉事業型専攻科を新たな「教育福祉実践」と位置づけている。教育と福祉の融合を実践面で把握する際、独自に概念化した「教育カリキュラム・プログラム」によって内容の重なりに焦点を当てた。

　本章では、第1章から第5章までの検討により明らかになった点として、1節で青年期の教育権保障において共通の原点を持つ教育と福祉の役割と課題を、2節で「教育カリキュラム・プログラム」の実態から見た「二つの専攻科」の機能を、それぞれ述べる。さらに、3節で今後の充実方策について提案し、4節で得られた知見と意義、今後の研究課題について述べる。

青年期の教育権保障において共通の原点を持つ、教育と福祉の役割と課題

1 青年期の教育権保障の多様性

　知的障害のある人の青年期の教育権は、学校教育における年限延長としての「学校専攻科」と、福祉制度によってそれを補完する教育福祉実践としての「福祉事業型専攻科」という二重構造によって保障されている他、大学での学びや、生涯学習に関連したさまざまな取り組みへの広がりも認められる。これらの学びが求められる背景の一つに、公立特別支援学校高等部の抱える教育的な課題（職業自立を強く求められる実態による発達のゆがみ、高等部を卒業できない生徒の存在等）があることも指摘されている。この実態を受け、文献検討に基づき、特別支援学校高等部卒業後の教育年限を延長することの意義と課題を明らかにした（第1章、第2章）。家庭基盤の弱い子ども・青年にとっては、学びの場と生活の場が同時に保障されにくい実態もあり（序章、第2章、補論）、より利用可能な事業形態・事業経営を模索する必要性も指摘できた。

　専攻科で学ぶ時期は、「子どもから大人へ」「学校から社会へ」の二重の移行期である青年期にあたり（坂井2000）、この時期に教育的な移行支援をおこなうことが求められる（渡部2009）。学校教育で年限延長をしている例は少ないが、研究紀要等の形で実践の成果が発信され（鳥大附属2017等）、高等部の部分も含めて、5年、あるいは7年というスパンで教育支援のできる学校の強みが認められる（第2章1・2節）。一方、専攻科も含めた高等部教育の充実という視点で、公立校への専攻科設置を視野に入れた時、先述した高等部の抱える課題と学習指導要領との関わりが問われることも明

らかになった。また、労働や福祉といった他分野との連携・協働が、今後、より一層、必要になってくることも予想された（第1章3・4節）。

　また、青年期の学びには多様性が求められるが、生涯学習や社会教育の分野でも、数々の教育福祉実践が、古くから学校卒業後の学びを担ってきた。障害者青年学級や社会福祉施設における学びの取り組みである（山﨑2001等）。近年では、学校専攻科を福祉の制度で補完する福祉事業型専攻科が急増して青年期の学びの場としての広がりを見せ、その成果（岡本、河南、渡部2013等）も発信されるようになってきた。福祉事業の長所を活かした柔軟な活動が知的障害のある青年たちの学びに資しており、学校教育が果たし得ない役割を果たしている。その内容を専攻科教育の参考にする必要がある一方で、教育制度の対象でないための制約も多く、一定期間継続して学ぶ場になり得ていなかったり、数の上で広がりに欠けたりする実態も認められた（第2章2節）。

　次に、国の動向を見ると、文部科学省は、2017年度より障害者の生涯学習を推進している（生涯学習推進政策）。そこに「学校から社会への移行期の学び」が位置づけられたことは、青年期の教育権保障において画期的な一面もあるが、他方では、専攻科も含めた高等部教育の充実は想定されておらず、学校教育の政策に結びついていない、大学での学びに言及している一方で、実践的な学習重視で高等教育の視点に欠けている、といった課題も浮き彫りになっている。この政策は、「学校卒業後の障害者が社会で自立して生きるために必要となる力を生涯にわたり、維持、開発、伸長する」（文部科学省2017）ことを目的にしており、「もっと学びたい」という当事者の思いとは少しかけ離れた側面も見受けられる（第2章3節）。

　青年期におけるさまざまな実践の成果から、青年期に学ぶことの意義の一つに「主体形成」があることが明らかになり、多様性の中に共通の原点を持っていることが確認された（第2章4節）。

2　「二つの専攻科」が果たす役割と今後の課題

　高等部の抱える課題から、「二つの専攻科」が果たしている役割を、次の三つに集約できた。第一に、職業自立と青年期認識の統合を図り、主体的な学びの確立につなげる役割、第二に、学校専攻科で言えば「ゆっくり学ぶ場」、福祉型専攻科で言えば「学び直しの場」としての役割、第三に、障害程度の重い青年の育ちに丁寧に寄り添って教育的な支援をおこなう役割、この三点である。一方、果たせていない役割は次の二つに集約できた。第一は、生活の場と学びの場を同時に保障できていないこと、第二は、学びを必要とするすべての青年に学びの場を提供できない量的な限界であった（第1章4節）。

　その上で、学校専攻科に着目すると、第一に、教育機関であることの強みを活かし、専攻科までの高等部5〜7年間のカリキュラム・マネジメントを踏まえて、教育年限延長の意義を世に問うこと、第二に、高等教育をどう展望するかも含めた教育内容検討の中心的役割を担うことの二つの役割が求められた（第1章4節）。

　また、今後の検討課題は、次の二つであった。第一は、どんなに障害程度が重くても、その人格形成に向けて人は生涯発達するということを、教育と福祉、両側面の実践を通して明らかにしていくため、教育内容の検討を進めることで、そのためには、実践の指標となる教育カリキュラム・プログラムに着目する必要がある。教育権保障においては、制度的な側面のみならず、教育の質を担保することも重要な課題である。第二は、学校教育のゆがみを生じさせる社会的な問題を解決するとともに、実現可能な学びの場を創出することである（第2章4節）。

2節 教育カリキュラム・プログラムの実態と課題から見た「二つの専攻科」の機能

1 「社会福祉制度における学校教育の補完」の観点から見た「二つの専攻科」の役割と課題

「ハイブリッド方式」(渡部2013)で「ゆたかな青年期」の学びを保障する「二つの専攻科」の関係を、教育を補完する福祉として捉え、調査1の結果に基づいて制度的基盤の違いによる学校専攻科と福祉事業型専攻科の共通点と相違点から、青年期の教育を保障するための各々の役割を整理した。

制度的基盤との関わりでは、福祉事業型専攻科には教育的機能と独自性という二つの存在意義が認められた。教育的機能の観点からは、第一に、学びの場が広がり、移行支援教育につながる機会が増えたこと、第二に、独創的な実践が発信されていることが挙げられる。また、独自性の観点からは、第一に、当事者・家族・地域のニーズが反映されやすいこと、第二に、多職種連携がとりやすいことが指摘できる。今後は、障害程度や家庭基盤等の制約に左右されず、必要に応じて学べる事業形態を模索することが課題である（第3章2節）。

実践との関わりに着目すると、基盤の違いを超えた「二つの専攻科」の支援者の見立てに三つの共通性を見出すことができた。第一に、青年期を意識していること、第二に、職業スキルの獲得に偏っていないこと、第三に、集団での学びを重視していることである。ただし、学びの環境による福祉事業型専攻科の課題も指摘できた。第一に、高等部を5〜7年で考え

---

1 「二つの専攻科」の実態調査（「二つの専攻科」の制度的基盤と個別的実践の共通点と相違点を明らかにするために実施した質問紙・グループインタビュー調査）。第3章参照。

ることのできる学校専攻科と比較して、ゆっくり学ぶ時間が短いこと、第二に、教育機関ではないため施設・設備面で制約があること、第三に、多彩な質の集団がつくりにくいこと、である。教職員の見立てそのものに共通点は多く、実践の面で協働関係にあると言えるが、マクロからの影響もあり、実践に移す時点で違いが生じる傾向にあった（第3章3節）。

また、「二つの専攻科」の教職員によって、学校教育にはない良さがある福祉事業型専攻科は、もはや教育の代替ではなく独自の意義を持つ存在であり、お互いの実践から学ぶべきだと捉えられていた（第5章）。

2 「二つの専攻科」の教育カリキュラム・プログラムの実態と課題

⑴「二つの専攻科」の教育カリキュラム・プログラムの構成要素

学校における教育課程と福祉事業における活動プログラムの果たす機能が協働関係にあることに着目して、二つを合わせた概念である「教育カリキュラム・プログラム」を新たに定義し、制度的な教育権保障のマクロと個別的実践のミクロとの相互関係の中で、教育の質を担保する教育カリキュラム・プログラムをメゾとして位置づけた。

まず、調査2の結果から、「より主体的な学びへ」の移行の視点で「二つの専攻科」の教育カリキュラム・プログラムを分析して、主体者としての青年の学びを促進するために果たしている機能や内容を、青年期教育と高等教育の二側面から考察し、今後の課題を明らかにした。

第一に、「二つの専攻科」が青年を対象とした学びの場であることから青年期教育に着眼した。大学をイメージした研究活動を重視しつつ、体験的な学びを取り入れるとともに、教育効果を高めるため、「自己選択、自己決定、仲間同士の協働による活動の創出、振り返り、次につなげる」のPDCAサイクルを繰り返す集団学習が重視されており、青年期らしい

2　教育カリキュラム・プログラムに見る青年期教育の実態調査（「二つの専攻科」の教育カリキュラム・プログラムの課題を探るための質問紙調査）。第4章参照。

学習の在り方であることが確認された（第4章2節1）。

　第二に、後期中等教育の次の階梯を想定しているかどうかを探るため、高等教育に着眼した。テーマに沿った研究活動が位置づけられ、重視されているが、それ以外に高等教育を想定した教育活動は少ない。ただ、継続教育としては、工夫された内容となっており、そこから高等教育につながる可能性のあるものが、いくつか認められた（第4章2節2）。

　また、「二つの専攻科」の教職員が、発達主体である青年の学びを促進するために教育カリキュラム・プログラムに求めているのは、「研究の機能」「実体験を通して総合的に学ぶ機能」「集団の中で自分を深める機能」「主体的に社会と関わる機能」の4つで、これらは、ユネスコが提唱する、「生涯を通じた学習のための4本柱」（UNESCO1997）の「知ることを学ぶ」「為すことを学ぶ」「共に生きることを学ぶ」「人間として生きることを学ぶ」と、それぞれ一致することが確認された。また、学習の手法としては、学習指導要領における「主体的・対話的で深い学び」との関連性もあるが、学習の目的に異なる部分があった（第4章3節）。

　さらに、今後の課題として、第一に、教育カリキュラム・プログラム策定に対する当事者の参画、第二に、制度的な裏付け、特に生涯学習支援政策との関わりでは、「学校から社会への移行期の学び」のための事業として福祉事業型専攻科を位置づけ、そのための法整備も併せておこなうこと、第三に、高等教育の充実が挙げられた（第4章4節）。

⑵ 教育カリキュラム・プログラム検討の方向性

　次に、調査3をもとに、保護者・教職員から見た教育カリキュラム・プログラムの評価を整理し、今後の検討の方向性に言及する。

3　教育カリキュラム・プログラムに対する評価の実態調査（「二つの専攻科」の教職員に対する質問紙調査、および、学校専攻科卒業生の保護者を対象としたグループインタビュー調査）。第5章参照。

1) 保護者・教職員から見た教育カリキュラム・プログラムの評価

　「二つの専攻科」の教職員は、時間をかけて学ぶことの本人・家族にとっての意義を感じる一方で、多くの課題を認識しており、特に、制度・施策・社会資源に対する不安や不満、多様化する生徒（学生・利用者）の実態に対応することの困難性が指摘された。第一に、教育カリキュラム・プログラムは、実践や政策との関わりの中で運用されるため、総合的に論じる必要があると考えていた。特に、福祉事業型専攻科では、教育的な実践＝サービス提供実態となり、切実な課題として捉えられていた。第二に、「二つの専攻科」は、実践面で協働関係が成立しているが、教育カリキュラム・プログラムの面でも協働することで、さらなる発展が期待できると捉えられていた。これに関しては、学校専攻科からのさらなる歩み寄りが必要であることも指摘できる（第5章2節）。

　保護者は、わが子の成長から、専攻科での学びにおける「社会との関わり」「仲間づくり」「家庭だけではできない体験」「学びの時間の保障」「自主性の発揮」の5つの側面を評価していた。これらは、教職員が、発達主体である青年の学びを促進するために教育カリキュラム・プログラムに位置づけている4つの機能（前項参照）とおおむね一致していた。教職員が重視し、工夫を重ねて展開している教育活動・学習形態を、保護者も評価しており、相互理解の関係が成立していると見ることができる（第5章3節）。

　また、保護者からの評価は、教育内容に起因するものと教育環境に起因するものに大別できる。教育内容に関しては、「自主性の発揮」につながるものとして、特に「研究ゼミ」への評価が高かった。教育カリキュラム・プログラムに、職業スキル向上の取り組みを位置づけることを求める声は聞かれなかった。教育環境に関しては、到達度や障害程度の似通ったメンバーに限定されない、いくつかの等質集団による学級・学習グループ編成や、その中でいろいろな体験ができる点が評価されていた。その一方で、親の視点から見た専攻科教育の課題として、障害特性を考慮した教育活動や学習展開、学んだことを活かすことのできる社会資源の整備の二点への言及があった（第5章3節）。

2）教育カリキュラム・プログラム検討の方向性

教育カリキュラム・プログラム検討の方向性として以下の三点が提案できる。

第一に、政策レベルとの関わりから、福祉事業型専攻科の事業経営の見直しを挙げる。学びの場であることとサービス提供の場であることの矛盾が指摘されることに加え、生涯学習推進政策では、福祉サービスを活用した事業についての言及があるにもかかわらず、福祉事業型専攻科に対する法的な位置づけの曖昧なことが懸念される（第5章4節）。

第二は、運用レベルの課題で、教育内容を決定するための土台である教育カリキュラム・プログラムと、それを方向づける「5領域」（渡部2009）を見直すことである。「二つの専攻科」で学ぶ時期は、青年期にあたり（第2章1節）、「発達主体である青年の学び」を展開するために、各学校・事業所において教育活動や学習形態が工夫されていた。そこには、5領域がおおむね網羅されていたが、細かく見ていくと過不足や偏りも認められた（第4章2・3節）。また、文部科学省の生涯学習推進政策を批判・懸念する声も寄せられた（第5章2節）ことから、この政策に欠けている、特別支援学校高等部の教育の充実や、「学校から社会への移行期の学び」における高等教育の在り方についても検討する必要がある。

第三は、実践レベルの課題で、教育内容そのものの検討である。教育実践は、多様化する生徒（学生・利用者）の対応や、制度・政策とも大きく関わる進路支援の課題と切り離して考えることはできず、それに対して柔軟に教育内容を構築していくことが求められていた（第5章2節）。加えて、当事者の参画（第4章4節）も求められる。

3 「二つの専攻科」の機能

これまで検討してきたことをもとに、「二つの専攻科」の機能を以下の三点に集約する。

1) 学びの「場」を提供する機能

「二つの専攻科」は、学校教育においては、高等部卒業後の教育年限延長を保障し、教育福祉実践においては、学びを求める青年の選択肢を広げることに資している。学び直しの機会を提供する役割も担っている。

2) 青年期に必要な「学び」を提供する教育的機能

「学校から社会への移行期」において、継続した一定期間の学びの中で、主体性を高めることが青年期の自分づくりにつながる。そのために必要な教育的機能は、①研究（高等教育）の機能、②実体験を通して総合的に学ぶ機能、③集団の中で自分を深める、人間関係の構築・再構築の機能、④主体的に社会と関わるための社会人教育の機能、の４つに集約される。

3) 教育カリキュラム・プログラムを通して「二つの専攻科」の機能を達成するための協働

専攻科設置による公立特別支援学校高等部教育の充実を模索しつつ、現実的な学びの場の拡充を図るために、「二つの専攻科」の協働によって実践の指標となる教育カリキュラム・プログラムを充実させ、発信する機能が求められる。

3節 「二つの専攻科」の今後の充実方策

1 政策レベルの検討課題
── 誰もが安心して学べる社会を実現するために

⑴「障害福祉サービス等における学び」を支える法整備
── 生涯学習推進政策との関わり

　第一は、福祉事業型専攻科が「学びの場」であることを裏付けるための法整備である。現状において、福祉事業型専攻科は、学校専攻科と並んで青年期の移行支援を担うハイブリッドの一翼であり、文部科学省の生涯学習推進政策においても、福祉事業型専攻科の名称は記載されていないものの「障害福祉サービスを活用した学びの場」についての言及がある。その一方で、本研究で実施した調査からは、現場職員よりサービス提供実態の改善、事業経営の見直しの必要性が指摘されていることも確認できた（第5章）。また、教育的な実践をおこなっていることが周囲に認知されにくく、それが、実践の制約として教育カリキュラム・プログラム編成にも表れていること（第3章・第4章）も指摘できる。

　先行研究において、國本（2018）は、人は、生涯にわたって学び続け、発達し続ける存在であり、そのことは権利として保障されなければならない[4]とし、「障害者の生涯学習推進をめぐる近年の動向は、政権が掲げ

4　國本（2018）は、「青年期・成人期の障害青年の学びの実践の整理」として、青年期というライフステージにおける教育ニーズを教育年限延長（タテへの権利）、成人期というライフステージにおける教育ニーズを生涯学習（ヨコへの権利）と位置づけ、「二つの専攻科」は前者の形態であるとしているが、「青年期においてもヨコへの権利の視点は存在」すること、「権利保障のタテとヨコの視点は、生涯を通じて意識されていく必要がある」ことにも言及している。

る『一億総活躍社会』の実現が起点」となっていることを示した上で、「生涯学習の幹にあたる学びの活動に関しては、それを推進するための法制上の規定を欠いていると指摘できよう」と述べている（國本2019）。國本の指摘は、生涯学習に関する法整備であると考えられるが、筆者は、それに加えて、福祉サービスの提供について規定した『障害者総合支援法』とは別に、もしくは『障害者総合支援法』の中に、青年期の学びを担う場であることを位置づける法整備を求めたい。

⑵ 教育福祉問題の課題解決（青年期の学びを支える社会資源の充実と制度活用）に向けての、「教育カリキュラム・プログラム」を軸としたソーシャルアクション

　本研究で取り上げている青年期の学びは、多様な教育福祉実践の数々によって支えられてきたという歴史的な経緯がある（第2章）。また、全国専攻科（特別ニーズ教育）研究会等が牽引してきた実践や運動において論議されてきたのは、高等部卒業後の教育年限延長、とりわけ専攻科までを含めた高等部教育の充実であり、それをハイブリッドで担う福祉事業の発展である（第3章）。これらの動きに、「教育福祉問題を解決するためのソーシャルアクション」の視点を加え、具体的な二つの提案をしたい。

1) 教育カリキュラム・プログラムの内容の発信による他分野との連携
　青年期の教育権保障を求める願いを広げていくための課題の一つに、学校教育のゆがみを生じさせる社会的な問題（第1章・第2章）の解決がある。例えば、本人の実態にそぐわないテンポで職業自立を強く求められる風潮であり、その背景でもある新自由主義下の競争的な経済市場である。高等部教育が、青年期認識の等閑視された職業教育に偏重している実態は、このような社会情勢の影響を受けたものと捉えることができる（第2章）。その中で、職業教育に偏重せず、青年期の自分づくりに力を入れる専攻科の教育的意義が大きいことも指摘されている（第1章）。

「二つの専攻科」の関係者だけで社会的な問題を解決することは不可能であるが、解決に向けてソーシャルアクションを起こし、それを通して教育や福祉以外の他分野と連携していくことは可能であり、調査・研究の結果から、いくつかの示唆を得ることができた。進路の課題への対応と教育内容とが密接に関わっている実態もあって、社会資源や制度の量的充足を求める声が、教職員・保護者の双方から寄せられていること（第3章、第5章）や、教職員の多くが、青年期の教育を保障するためにも、実践の成果を発信し、社会に対して啓発していくことの必要性を感じていたこと（第5章）である。

　筆者は、社会資源や制度の充実のためには、実践の成果に加えて、教育カリキュラム・プログラムそのものと、その妥当性も同時に発信していく必要があると考える。実践の成果は、個々人の実態に左右される側面もあり、ともすれば結果論に陥ってしまう危険性をはらんでいる。これに対し、教育カリキュラム・プログラムは、青年期の学びを支援する学校・事業所が、教育的な実践を通して社会に何を還元しようとしているのか、その方向性を示すものである。「二つの専攻科」もまた社会資源の一つであり、社会的な役割を果たすことで、その存在が広く認知され、より説得力のある発信ができると考える。

　これまでの運動は、「教育福祉」の概念を前面に出したものではなかったが、今後は、教育福祉問題を解決するためのソーシャルアクションとしての啓発活動であることも踏まえ、実践の成果と、教育カリキュラム・プログラムの両者を統合して発信することが求められる。

2）宿泊型自立訓練事業の活用

　「二つの専攻科」の今後の課題の二つ目として、実現可能な学びの場の創出が指摘できた（第1章）。筆者は、利用可能な制度を活用した、現実的な「学びの場」の具体例の一つに、宿泊型自立訓練事業を提案したい。

　制度・政策との関わりの中で新たな問題となっている、障害児入所施設（福祉型）から特別支援学校高等部に通う生徒の退学事例を取り上げ、

彼らの支援者（学校・施設）への調査を実施したところ、「子どもから大人へ」「学校から社会へ」の移行期を支援する「中間的な学びの場」に対する潜在的なニーズの高いことが明らかになった（補論）。障害児入所施設（福祉型）で暮らす子ども・青年は、障害程度が重い、家庭基盤が弱い、またはその両方により、社会的な困難を抱えていると言えるが、生活の場と学びの場が同時に保障されにくく、高等部卒業後の学びどころか、高等部すら卒業できない実態がある。しかし、困難に直面しているからこそ、ゆっくりと時間をかけて、自立に向けた取り組みをしていくことが求められ、支援者も、その必要性を認識していた。

　学校専攻科は、法律上、高等部３か年（本科）の教育課程を修了した人のみが在籍できる。一方の福祉事業型専攻科は、学歴に関係なく、学びを求める人に門戸が開かれているが、障害程度が重い、家庭基盤が弱いという理由で、実質的に利用できない場合もある（第３章）。義務教育段階で機能している[5]学びのセーフティネットが、高等部段階、さらには教育年限延長の段階においては、あまり機能していない実態が認められる。それを機能させるには、これまでにない発想が求められ、その一つに、宿泊型自立訓練事業の活用が挙げられる。

　ただし、本研究の調査対象でもある通所型の自立訓練事業所の多くが、ビルの１フロアの借用や、廃園となった保育園の転用といった簡便な方法で、低予算でも可能な事業展開をしている実態もあり（第３章、調査１）、宿泊可能な施設・設備を整えるためのハードルの高さは、十分に予測される。そもそも、青年期における学びの意義についても、十分に発信され、理解されているとは言いがたい。助成の対象となるよう国や自治体に働きかけることや、既存の大きな法人に理解を求めて、共に事業を展望するなど、ここでも、新たなソーシャルアクションが求められる。

5　その一方で、児童相談所に一時保護されている児童・生徒が登校できない等、一部に義務教育が保障されない実態も認められる。

2 運用レベルの検討課題
──青年期の学びの在り方を模索するために

⑴「二つの専攻科」の教育カリキュラム・プログラムにおける高等教育の充実

　第一は、高等教育の充実である。第4章で、「二つの専攻科」の教育カリキュラム・プログラムが、「研究ゼミ」に代表される高等教育の側面と、社会参加に必要な生活・職業スキルを高める継続教育の両方で構成され、両者が曖昧に位置づけられている実態が明らかになった。また、第2章・第5章では、生涯学習推進政策に触れ、文部科学省から提案されている、卒後の学びにおいて重要とされる学習内容・学習方法に高等教育が含まれておらず、それを懸念する教職員が少なくないことが指摘された。筆者は、先行研究から、教養と生活・職業スキルの融合と相互作用が、知的障害のある青年にとっての高等教育の一つの在り方を提起するものと捉えている（第4章）。その視点で教育カリキュラム・プログラムを見ると、「二つの専攻科」の多くで、程度の差はあれ高等教育を意識していることが明らかになった。

　「二つの専攻科」の教育カリキュラム・プログラムの領域に則して考えると、主に「テーマに沿った研究活動」が高等教育の部分を担っており、渡部（2009）の5領域では、「研究ゼミ」の領域に該当する。5領域には「教養」の領域もあるが、第4章でも述べたように、教養を高める側面と、スキル学習を含む継続教育の側面との境界が曖昧であり、「くらし」の領域との境界も曖昧である。また、「集団での学び」という学習形態を採ることで、田中（2016）の言う訓練主義は回避されているものの、具体的な活動例（第4章資料1）を見る限りにおいては、教養よりもスキル学習寄りの傾向にあることが指摘できる。また、知的好奇心を高める人文・科学分野よりも、情操に働きかける芸術分野を「教養」と位置づけている例が多く、偏りが見られた。これらを受けて、5領域の教育課程表に謳われている活動内容を精査していくことも必要になってくると考える。

(2) 研究機関との連携による「教育年限延長」の模索

　第二は、本研究の出発点でもある、教育制度の量的・質的充足である。具体的には、青年期における教育権保障の課題を、教育学や社会福祉学の研究対象に位置づけることを提案したい。国公立で唯一の鳥取大学附属特別支援学校専攻科に倣って、研究機関としての大学にアプローチするのである。

　青年期の教育権保障とは、18歳以降（高等部卒業後）の教育年限を延長すること、専攻科を設置することで高等部教育の充実を図ることを意味している。しかし、教育機関の数が、あまりにも少ないために（第1章）、福祉事業型専攻科に代表される福祉の制度が、教育の制度を補完している実態がある（第3章）。補完とは言え、その実践から学ぶことは多く、意義深い事業ではあるが、そもそもは、学校教育機関の質的・量的な充足を図る必要があったことも忘れてはならない。いくつかの民間団体（例えば「専攻科滋賀の会」等）で県交渉や、県教委との話し合いを重ねているが、公立特別支援学校高等部への専攻科設置は遅々として進まず、過密・過大化の実態を見ても、その困難性の高さがうかがえる。また、学習指導要領との関わりから、公立校への専攻科設置が懸念される実態もある（第2章、第4章）。その一方で、生涯学習推進政策において、オープンカレッジ等を指すと思われる「大学等における知的障害者等の学びの場づくり」への言及はあった。

　生涯学習推進政策は、緒に就いたばかりであり、今後、多角的に展開されていくことが予想される。「大学等における知的障害者等の学びの場」の対象は、大学附属特別支援学校の生徒ばかりではなく、年齢や地域を超えた幅広い層から募るべきであるが、大学公開講座やオープンカレッジで、どのような学びを提供するのか、生涯学習の一環として何を重視するのか、最も身近な附属特別支援学校の生徒、中でも専攻科で学ぶ青年と共に模索することは、大学側にとってもメリットが大きいと考える。

(3) 生きづらさを抱えた青年のエンパワメント──実践レベルとの関わり

　第三は、当事者の教育カリキュラム・プログラム検討への参画による、

エンパワメントの促進である。これは、前節において実践レベルの検討課題であると位置づけたが、解決の方策については、運用レベルの課題として提案したい。

　本研究の調査結果からは、多様化する生徒（学生・利用者）の実態が教育内容に影響をおよぼしている実態が浮き彫りになった。これは、先行研究でも指摘されている、特別支援学校高等部教育によって発達のゆがみが生じていること（伊藤2014）や、福祉事業型専攻科には、そのゆがみを改善するための安心できる「居場所」としての役割が求められていること（丸山2015）を裏付ける結果である。船橋（2017）は、「人間恢復の場」という表現も使っている。このような安心できる環境があることで、ありのままの自分を表現でき、「二つの専攻科」の多くで重視されている「自分づくり」（三愛学舎2018等）、「青年期の自分づくり」（鳥大附属2017等）の達成が可能になると捉えることができる。

　より積極的に捉えるならば、学びの場であるからこそ、この「居場所」という役割を一歩進めて、教育内容を再構築し、教育的機能を高めることで自分づくりに寄与できるとよいのではないかと考える。そのための具体的な提案の一つに、当事者の教育カリキュラム・プログラム検討への参画を挙げることができる。これについては、第3章のグループインタビューの中で社会福祉法人理事長も発言しているが、自由度の高い実践ができるという強みを活かすことで、実現できる可能性は十分にある。

　これに加えて、筆者は、当事者の教育カリキュラム・プログラム検討への参画が、エンパワメントの効果をもたらすのではないかと考えている。

　調査3の結果から、「多様化する生徒（学生・利用者）の実態への対応」「進路の課題への対応」に苦慮する教職員の姿が明らかになっており（第5章）、生きづらさを抱えた青年が増加傾向にあることの表れであると捉えることができる。さまざまな困難の中で自分の将来像を明確に描くことが難しい彼らが、教育カリキュラム・プログラム検討に参画するプロセスを通して、より主体的に自らの学びと向き合うことで、困難な実態の改善を図る効果が期待できるのではないか。障害程度の重い生徒・当事者にとって、「参画」

は難しいという見方もあろうが、彼らが学びに向かう姿から、教職員の側が本人の意図を汲み取り、実践に反映させることの積み重ねが、教育カリキュラム・プログラムの見直しと再構築につながると考える。

4節 本研究で得られた知見と意義、今後の研究課題

1 本研究で得られた知見と意義

　本研究では、知的障害のある人の青年期における教育権を保障している「二つの専攻科」の持つ教育的機能の分析を通して、現状を整理し、今後の充実方策を明らかにした。ここでは、本研究で得られた知見と意義について述べる。

　まず、一点目は、福祉事業型専攻科を教育福祉実践の新たな事業として位置づけることで、青年期の一定期間を継続して学ぶことの必要性に言及したことである。

　教育福祉問題は、「三つの歴史的発展段階」（田中2006）とも相互関係があり、①「養護学校義務制」には、旧教護院の「準ずる教育」等の義務教育の保障が、②「高等部全入」には、児童養護施設からの高等学校進学等の後期中等教育の保障が、③「教育年限延長」には、障害者青年学級や地域生涯学習等が、それぞれ関連する。これらのいくつかは、歴史的な経緯の中で一定の解消を見たとされるが、今後も解決に向けて取り組まなくてはならない課題が多く残されている。また、その課題を教育福祉問題と認識することが解決につながると考える。

　残された課題の一つに、知的障害のある人の青年期における教育権保障

があり、筆者は、これを教育福祉問題と捉え、その実践の場の一つである福祉事業型専攻科を教育福祉実践であると位置づけた。福祉事業型専攻科の実践と従来の実践（例えば障害者青年学級）との違いは、一定期間、継続して保障される取り組みか否かにあると考えている。不定期開催であったり、系統性を欠く単発の教育活動であったりすれば、青年期の教育権を保障するとは言いがたく、教育福祉実践としての福祉事業型専攻科の存在があって初めて、学校教育における年限延長を福祉で補完でき、さらには、青年期の学びが必要とする多様性も担保できたと言える。

　二点目は、教育と福祉が実践内容において融合し、協働関係にあるという視点で教育カリキュラム・プログラムを分析し、「二つの専攻科」が果たしている教育的機能を明らかにしたことである。

　「二つの専攻科」は、教育と福祉という異なる制度に基づいて設置・運営されているものであるが、本研究を通して制度的基盤（マクロ）と個別的実践（ミクロ）の違いを、教育カリキュラム・プログラム（メゾ）に結合させ、基盤の違いを超えた教育的機能という共通のフィルターを通して論じることができた。このことにより、福祉事業における教育的な実践の詳細や、学校教育との関連性が明らかになったことは、今後の教育現場や教職員の実践に資すると考える。同時に、「教育カリキュラム・プログラム」と学習指導要領との比較・検討もおこない、青年期の「より主体的な学びへ」の移行を支えるという視点で分析することができた。

　三点目は、分析した「教育カリキュラム・プログラム」を、全国専攻科（特別ニーズ教育）研究会の運動や、私立特別支援学校専攻科の連携（私特連）を通して、実践現場に還元することである。特に、前者は、「二つの専攻科」で学ぶ青年の主体的な参加が特長的な研究会である。当事者からの発信が教育福祉問題解決の一助となる例は、これまでにもあったが、本研究を通して、知的障害のある当事者が運動に参画し、自分たちの教育権を拓いていくという新たな可能性に確信を持つことができた。本研究で得

6　例えば、児童養護施設からの高等学校進学の課題解決

られた知見は、支援者である現場の教職員のみならず、教育福祉問題を解決するための運動そのものにも還元できると考える。

　本研究で得られた知見と意義について三点を挙げた。現状では、青年期の学びを担う場の、圧倒的な量の不足が指摘され、その保障が急務であるとともに、質（教育内容）の向上も求められている。福祉事業型専攻科が教育福祉実践に位置づけられることで、それを学校教育に昇華させていくという側面から、今後の発展を期待したい。そして、福祉事業型専攻科の果たしている役割や教育的機能を分析することで、青年期教育としての学校教育、特に公立特別支援学校高等部の教育の質を高めることにフィードバックできればと考える。

2　今後の研究課題

　本研究では、「ゆたかな青年期」の学びを保障するために、「二つの専攻科」が果たしている機能を明らかにし、今後の充実方策を探ることができた。「二つの専攻科」の絶対数が少ないことからサンプル数に限りがあるが、少ない中でも、両者の融合と協働の実態が理解できたと考える。今後の研究課題として三点を挙げる。

　一つは、教職員や保護者からの意見の採取だけでなく、当事者へのインタビュー調査を実施することである。「ゆたかな青年期」を生きる主人公は、青年本人である。高等部卒業後の大学等進学率0.4％、全国で1,100か所を数える自立訓練事業のうち、福祉事業型専攻科と謳っているのは40か所未満という実態もあり、統計的な分析としては限界もあろうが、一人ひとりの青年の語りに耳を傾ける研究的価値は大いにあると考える。

　二つは、当事者が教育カリキュラム・プログラムの検討に参画する過程を追うことである。本研究では、「発達主体である青年の学び」に着目して調査を実施したが、そこに当事者が参画することで、教育カリキュラム・プログラムにとって新たな可能性が模索できるのではないかと考える。

　三つは、「福祉事業型専攻科」を謳っていない自立訓練事業所や就労移

行支援事業所との比較をおこなうことである。それを通して、福祉サービスにおける教育的機能について検討したい。

〈文献〉

・船橋秀彦（2017）「福祉型専攻科シャンティつくばの実践」『福祉型専攻科シャンティつくば実践報告集第1号』福祉型専攻科シャンティつくば、13－18
・学校法人カナン学園三愛学舎（2018）『40周年記念誌』64－73
・伊藤修毅（2014）「選抜式知的障害特別支援学校高等部の現状」『障害者問題研究第42巻第1号』10－17
・國本真吾（2018）「障害青年の教育年限延長要求と生涯学習」『人間発達研究所紀要第31号』22－35
・國本真吾（2019）「『特別支援教育の生涯学習化』による障害者の生涯学習推進」『障害者問題研究第47巻第2号』152－159
・三木裕和 監修、鳥取大学附属特別支援学校（2017）『七転び八起きの「自分づくり」 知的障害青年期教育と高等部専攻科の挑戦』今井出版
・内閣府（2017）「障害者基本計画（第4次）の策定に向けた障害者政策委員会意見（案）について」（https://www8.cao.go.jp/shougai/suishin/seisaku_iinkai/k_40/index.html）
・岡本　正 他編（2013）『福祉事業型「専攻科」エコール KOBE の挑戦』クリエイツかもがわ
・坂井清泰（2000）「養護学校高等部教育とトランジション、キャリア教育」『特殊教育学研究第38巻第2号』83－93
・田中良三（2006）「障害児の教育年限の延長と今後の展望―今日の養護学校等専攻科づくり運動まで―」『障害者問題研究第34巻第2号』81－91
・田中良三 他編（2016）「見晴台学園大学がめざすもの」『障がい青年の大学を拓く』クリエイツかもがわ、15－28
・鳥取大学附属特別支援学校（2017）『平成28年度研究紀要』専1－専24
・UNESCO（1997）『学習：秘められた宝　ユネスコ「21世紀教育国際委員会」報告書』ぎょうせい
・山﨑由可里（2001）「障害者の人権保障―国際的理解と地域実践の課題―」小川利夫 他編『教育福祉論入門』光生館、206－210
・渡部昭男（2009）『障がい青年の自分づくり　青年期教育と二重の移行支援』日本標準、32－43

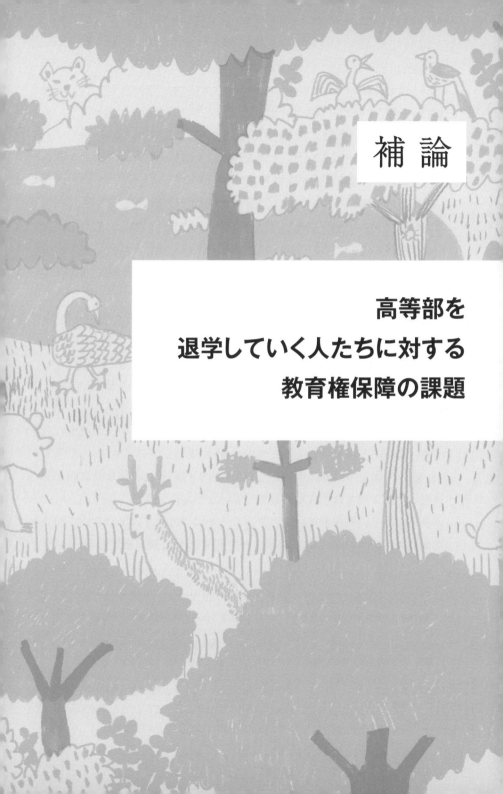

補 論

高等部を
退学していく人たちに対する
教育権保障の課題

はじめに

　第1章で、障害児入所施設（福祉型）から特別支援学校高等部（以下：高等部）に通う生徒の退学事例を取り上げ、高等部在学中の年齢で福祉と教育が同時に保障されにくい人たちがいることを指摘した。背景には、『児童福祉法』の改正[1]があり、この動向が施設入所児の離学に大きな影響を与えていることは容易に想像できる。

　障害児入所施設（以下：施設）は、2012年の改正『児童福祉法』に基づいて、障害種別に拠らず医療型と福祉型に二分されており、本章で取り上げるのは福祉型の方である。保護、日常生活の指導、独立自活に必要な知識技能の付与をおこなうことを目的として、全国に242か所あり、6,774名が生活している（厚生労働省2018）。目的の一つに「保護」があるように、家庭基盤の弱い軽度児が増加[2]している一方で、障害程度が重かったり、強度行動障害と判定されたりして家庭養育が困難な子どもも、入所措置（または契約）となっており、障害程度の重さ、家庭基盤の弱さ、さらには、その両方といった社会的困難に直面している子どもたちの暮らしの場であると言える。

　施設の卒園生に関して、青年・成人期の地域生活支援や、退所後の地域移行に関する研究（平井2015、堀内2008）がある。平井（2015）の研究では、移行先までの追跡調査が実施されており、堀内（2008）は具体的な支援内容とプロセスを明らかにしている。しかし、いずれも「退所」は決定事項であり、退所や移行をどう捉えるかには言及されていない。加えて、個別的な関わりを通して実施された支援であり、教育機関あるいは「学びの場」といった集団の中での相互作用についても言及されてはいない。

1　『児童福祉法』63条2項が撤廃され、2018年3月末日をもって障害児入所施設における18歳以降の措置延長が認められなくなった。その後、障害福祉サービスでの支援提供の場の不足を受け、2017年3月8日に開催された厚生労働省障害保健福祉関係主管課長会議において期限を3年間延長することが示されているが、あくまでも延長措置で、決定が覆されたわけではない。
2　児童養護施設入所児童等調査結果（2015年1月、厚生労働省雇用均等・児童家庭局）によると、児童養護施設に措置されている子どもの28.5％に何らかの障害が認められ、その多くが障害児入所施設に措置変更となっている。彼らの抱える愛着の問題や不安定さ、支援困難な状況が、木全（2013）によって指摘されている。

また、木全（2009）は、「養護問題と障害問題が重なる青年の後期青年期教育の保障については、教育費と生活費の金銭負担が大きな課題となっている」と述べており、経済的な基盤の脆弱さが「学びの場」につながりにくい要因の一つであることを指摘している。

　ここでは、高等部を退学していく人たちに対する教育権保障の課題を「教育福祉問題」と捉えて実態を明らかにし、その中で果たし得る「専攻科」の役割について展望したい。

　この目的のために、筆者は、施設から高等部へ通う生徒の支援者に注目して質問紙調査を実施した。調査項目は進路支援に関するものであるが、ここで言う「進路支援」とは、暮らしの場を児童の施設から成人の入所施設（障害者入所支援）へ移したり、グループホーム、自宅、一人暮らし等の方法で地域移行したりすることと、日中活動の場を学校から福祉事業所や一般企業へ移すことの双方に対する移行支援の取り組みを指している。

　構成は以下の通りである。まず、1節で研究の方法について述べる。2節では、調査結果をもとに進路支援の実態を概観し、それを担う支援者の意識について整理する。続く3節で、移行に向けた取り組みとアフターフォローの実態を明らかにする。4節では、これらを受けて障害児入所施設（福祉型）から特別支援学校高等部へ通う生徒に対する教育権保障の課題と、今後の展望としての「専攻科」の役割について考察する。

本論は、筆者執筆の「社会的困難を抱える青年への進路支援の取り組みから見た『専攻科』の役割と課題」（日本社会福祉学会中部部会発行（2019年3月）『中部社会福祉学研究第10号』47－57）より加筆・修正して掲載した。

1節 施設から高等部に通う生徒への進路支援の実態を明らかにする方法

1 調査の目的

　施設で暮らす高等部生に着目し、福祉、教育それぞれの支援者（施設職員・高等部教員）を対象に以下の4つの目的で質問紙調査を実施した。第一に、進路支援の実態を整理すること、第二に、支援者が彼らの教育ニーズをどのように保障しようとしているかを探ること、第三に、社会へ送り出す前の取り組みを整理すること、第四に、アフターフォローの実態を明らかにすることである。これらの結果をもとに現状整理をおこない、青年期の教育権を保障するために必要なことを明らかにした上で、「専攻科」の役割について展望したい。

2 調査の対象と方法

⑴ 対象（表補-1参照）

　調査A：WAM NETにて検索・抽出した（北から都道府県別に通し番号をつ

表　補-1　質問紙の送付数と回収数

	調査対象	送付数	回収数（率）
調査A	障害児入所施設（福祉型）施設長	124通（各施設1名）	70通（56%）
	障害児入所施設（福祉型）職員	620通（各施設5名）	335通（54%）
調査B	特別支援学校 進路指導主事	23通（各学校1名）	9通（39%）
	特別支援学校 高等部教員	115通（各学校5名）	45通（39%）

けた奇数番号の）福祉型障害児入所施設（以下：施設）124か所の施設長
（124名）と施設職員（各施設5名ずつ計620名）。有効回収数は、施設長
アンケート70通（56%）・施設職員アンケート335通（54%）。2016年
9月9日～30日に実施。

調査B：東海北陸7県下で、障害児入所施設から通学する生徒が在籍し
ているとホームページ等で確認された公立特別支援学校（以下：学校）
23校の進路指導主事（23名）と高等部教員（各校5名ずつ計115名）。有
効回収数は、進路指導主事アンケート9通（39%）・高等部教員アン
ケート45通（39%）。2016年8月5日～26日に実施。

⑵ 方法

郵送による質問紙調査。各学校・施設に対し、学校長・施設長宛の調
査協力依頼文とともに、6部の依頼状および質問紙（進路指導主事宛1部と
高等部教員宛5部、施設長宛1部と施設職員宛5部）を送付した。調査は無記名
自記式回答でおこない、学校・施設ごとに取りまとめて返信用封筒にて
調査者に郵送していただくように依頼した。回収した質問紙は、Excelに
て単純集計および4件法で解析した他、自由記述欄については、カード
ワークの手法を参考に、筆者が類型化して分類した。

⑶ 調査項目

調査A、Bを比較・検討するため、調査項目は共通のものを用いた。ま
た、記入にあたっては、近年の入所理由を鑑み、「障害程度が重い生徒」
「障害程度が軽く、家庭基盤が弱い生徒」のそれぞれについて回答してい
ただいている。

進路指導主事、施設長といった業務の責任者・管理者に対しては、①
学校・施設所在地の都道府県名、②進路支援の実施実態、③中間的な移
行支援教育（学びの場）の必要性、④福祉と教育の連携をどのように考え

ているか、⑤社会へ送り出すにあたっての心配を解消するために実施していること、⑥アフターフォローの有無と期間について、また、現場の教職員に対しては、①中間的な移行支援教育（学びの場）の必要性、②福祉と教育の連携をどのように考えているか、③社会へ送り出すにあたって心配なこと、④心配を解消するために必要だと思うこと、⑤アフターフォローの実施内容について各々質問した。

「移行支援教育」を実践する専攻科等を「中間的な学びの場」という用語で説明し、設問項目にも、この表現を用いた。「進路支援（指導）」という用語は、学校で用いられることが多いため、わかりやすさを期する意味で、「地域移行を含む進路支援」と表現している。成人の入所施設等への移行は、厳密には「地域移行」にあたらないが、「暮らしの場を移す」という括りで説明するとともに、就労先や日中の福祉サービスと、暮らしや住まいの双方に言及してもらえるようにした。

3 研究の視点

検討するための視点として次の三点を置く。

第一に、施設から高等部に通う生徒に着目している点である。高等部生の暮らしの基盤は、自宅と施設とに大別され、生活する上での困難は双方にあり、どちらにも離学の事例は見受けられる。しかし、本章で取り上げる生徒の方が、より社会的困難に直面していると言える。障害程度と家庭基盤という二つの要素は、自分ではどうしようもない事柄であるが、社会的なサポートによって困難を軽減できる可能性もある。調査結果を善後策の提起につなげていきたいと考える。

第二に、調査対象を「支援者」としたことである。障害程度が重い、または軽度であっても家庭基盤が弱いという実態や、高等部生という当事者の年齢から、自分の意見を十分に表明できる人ばかりでないこと、また意見を表明できても、自らの意志だけで生活環境を変える立場にない人が多いことを考慮した結果である。

第三に、青年期、とりわけ18歳という年齢に着目していることである。先行研究では、青年期を「子どもから大人へ」「学校から社会へ」の二重の移行期と位置づけている。この二つは、やや抽象的な意味合いで使われているが、本研究で対象としている青年たちにとっては、「子どもの福祉から大人のサービスへ」という非常に具体的な形で、否応なく迫ってくる事柄でもある。

また、これらの視点について、より具体的な検討をおこなうため、質問紙調査の結果と、知的障害者福祉協会児童発達支援部会（以下：福祉協会）が実施した平成26年度版、28年度版、29年度版の『全国知的障害児入所施設実態調査報告』（以下：『実態調査』）を照らし合わせながら考察していきたい。

4 倫理的配慮

依頼状には、無記名調査であること、データは統計的に処理するため学校・施設名や個人名が特定されることはないこと、研究報告書等への公表を予定していることを記載し、調査票の返送をもって対象からの同意を得られたと判断した。調査にあたっては、筆者が在籍する大学院の倫理ガイドラインに配慮した。

2節 | 施設から高等部へ通う生徒への進路支援の実態と支援者の意識

1 進路支援の実施実態

第一に、進路支援の取り組みを開始する年齢は、特別支援学校（以下：

学校）・福祉型障害児入所施設（以下：施設）ともに高１が最も多く、次いで高２であった。『実態調査』によると、退所年齢は18 ～ 19歳が最も多く57.5％（28年度版）、53.1％（29年度版）であるが、取り組み自体は早い段階で開始されていることがうかがえる。

　第二に、取り組みを主導する機関として、就労や日中活動の場は学校、生活の場は施設という大まかな棲み分けがうかがえたが、必ずしもそうではなく、学校が住まいを探したり、施設が就労先を探したりする例もあった（表補-2参照）。施設入所は児童相談所（以下：児相）を通して決定されるが、多くの施設で退所にあたって児相が主導するケースは少ないと感じていた。学校調査が中部エリアを対象としていたので、同エリアの入所施設に絞って比較したところ、児相が主導すると答えた割合が高かった。これは、実態調査で東海地区の措置率が84.8％（28年度版）、80.7％（29年度版）と格段に高くなっていることを裏付けていると考えられる。

表　補-2　進路支援の取り組みを主導する機関

（回答者）	進路指導主事		施設長（中部エリア）
〈生活の場を決める場合〉	入所施設	22%	57%（62%）
	児童相談所	45%	9 %（25%）
	行政機関	0%	3 %（0 %）
	学校	22%	22%（13%）
	その他	11%	9 %（0 %）
〈就労や日中活動の場を決める場合〉	入所施設	11%	30%（13%）
	児童相談所	11%	6 %（25%）
	行政機関	0%	3 %（0 %）
	学校	78%	55%（50%）
	その他	0%	6 %（12%）

表　補-3　進路支援の取り組みを開始する時期の変化

（回答者）	進路指導主事	施設長
早くなった	37%	48%
今まで通り	63%	46%
遅くなった	0%	0%
その他	0%	6%

第三に、『児童福祉法』63条2項の撤廃を視野に入れ、進路支援の取り組みを始める時期が「早まった」学校・施設は37％・48％、「今まで通り」が63％・46％、「遅くなった」は両者とも皆無であった（表補-3参照）。暮らしの場の移行を担当することの多い入所施設の方が、取り組み開始の動きが早い傾向にある。

　第四に、移行先を決定するにあたって重視していることは、学校・施設とも障害程度の軽重にかかわらず、支援者が本人の生活実態を最も重視して決定していた。また、移行先の空き状況に左右されることが多いが、障害程度の軽い人については、比較的、本人の意向が尊重されており、特に施設長調査では、約8割の人が「とても」重視すると答えていた。学校と施設との連携は取れていることがうかがえた。児相の見解は、さほど重視されておらず、特に施設長調査の結果で低くなっている。報告・相談はするが、児相からの具体的な移行先の提示が少ないことが推察される（表補-4参照）。

表　補-4　移行先を決定するにあたって重視していること

項目	「とても」を選んだ人の割合（％）			
	障害程度が重い人の場合		障害程度が軽く、家庭基盤が弱い人の場合	
	進路指導主事の回答	施設長の回答	進路指導主事の回答	施設長の回答
本人の意向	33	39	44	81
本人の生活実態	78	81	78	86
保護者の意向	44	56	44	31
自宅と移行先との距離や利便性	22	10	33	19
児童相談所の見解	33	23	44	24
計画相談の見解	33	26	33	31
施設職員（担当者）の意見	56	41	56	41
教員の意見	11	23	22	31
生活の場と日中活動の場との連携	56	39	56	53
移行先の空き状況	78	76	78	74

2 「中間的な学びの場」の必要性について

　生きる力をつけてから社会に出るために、また、障害のない同年代の青年と同様、青春を楽しみ自分づくりをするという意味で、18歳以降の「中間的な学びの場」があれば通わせたいと思う支援者は少なくはない。特に、障害程度が軽く、家庭基盤の弱い人に対しては、多くの支援者が18歳以降の学びの場に期待していることが調査結果からうかがえた、また、その傾向は施設職員の方が顕著であった。しかし、「学びの場」があれば通わせたいと思う支援者であっても「専攻科」に通わせたいとは必ずしも思っていないことが読み取れた（表補-5参照）。

　そもそも、学校専攻科や福祉事業型専攻科があることに対する認知度は低い（表補-6参照）。ただ、専攻科を「よく知っている」進路指導主事が0％であるのに対して、施設長は16％となっており、実際に利用できる制度があるかどうかは別にして今後に期待が持てる数字である。『実態調査』の「就学の状況」の項目にも、平成25年度版にはなかった「特別支援学校専攻科」という表記が26年度版からあり、28年度版では0.4％、29年

表　補-5　中間的な学びの場への期待度

（回答者）	障害程度の重い人について		障害程度が軽く、家庭基盤が弱い人について	
	高等部教員	施設職員	高等部教員	施設職員
「中間的な学びの場」を利用させたい	40%	60%	84%	92%
「専攻科」に通わせたい	34%	51%	82%	93%

強く思う、やや思う、あまり思わない、思わない、から「強く思う」と「やや思う」を選択した人の割合

表　補-6　「中間的な学びの場」としての専攻科の知名度

（回答者）	進路指導主事	高等部教員	施設長	施設職員
よく知っている	0%	7%	16%	7%
少し知っている	33%	30%	28%	22%
詳しく知らない	45%	45%	33%	33%
知らない（聞いたことがない）	22%	18%	23%	38%

度版では0.3%の入所者が専攻科に通学していることが明記されていた。

3 教育と福祉の連携に対する考え方

　障害福祉サービスへの移行は、誕生日が区切りとなるが、学校は年度末（3月）を節目としている。筆者の勤務校において、専攻科在学生徒の年度途中の退学が増加しているのは、20歳の誕生日までに住まいを移す必要に迫られてのことである。中には、自宅引き取りとなって家庭から専攻科に通った生徒や、成人の入所施設へ移行した後、卒業までの数か月を施設から通った生徒もいたが、多くは、地域が遠くなって、あるいは、移行先の事業体の事情によって通えず、離学を余儀なくされている。

　また、障害基礎年金の支給は20歳からなので、家庭基盤が弱い人の場合、グループホーム等の利用料を賄うために生活保護を受給するケースもあるが、筆者の知る範囲では、いくつかの自治体で生活保護受給者が高等部卒業後、上級の学校に進むことが認められていなかった。

　調査の結果、退所に伴う高等部中途退学者があったのは、学校9校中、平成27年度と28年度1学期に1校ずつ、入所施設70か所中、平成26年度6施設、27年度4施設、28年度1学期3施設という結果であった。『実態調査』では、15 〜 17歳の退所が措置児で16.1%（28年度版）、契約児で11.1%（28年度版）となっている。退所＝退学というケースばかりではないこともうかがえる。

　また、節目の時期のズレと18歳以降の「中間的な学びの場」の利用について、教育と福祉の連携をどのように考えているかを答えていただいた。結果は、表補-7の通りである。学校関係者・施設関係者ともに、障害の重い人については、学業の継続より暮らしの場の安定を重視する傾向にあった。また、施設長や進路指導主事は、どちらかというと年度途中の移行を見送った方がよいと考え、現場の教職員は、移行はやむを得ないが、せめて学校生活の節目を大切にしたいと考えていることがうかがえる結果となった。「グループホームや入所施設からの通学の模索」は、高等部教員のポイントが高く、筆者も

表　補-7　退所に伴う退学についての考え方

質問	「とても思う」と答えた人の割合（%）							
	障害程度の重い人について				障害程度が軽く、家庭基盤の弱い人について			
（回答者）	進路指導主事	高等部教員	施設長	施設職員	進路指導主事	高等部教員	施設長	施設職員
移行先に空きができたら、その時点で学校を退学するのもやむを得ない	33	24	20	22	11	16	13	13
退学はやむを得ないが修学旅行や終業式など区切りとなる学校行事には参加させたい	11	51	16	35	11	50	18	37
学業を全うさせたいので、年度半ばの地域移行は見送った方がよい	22	11	30	20	33	23	41	28
グループホームや入所施設から学校に通う方法を模索した方がよい	33	38	13	22	33	29	22	31

含めて教育現場の率直な思いであろう。施設長のポイントが高くないのは、報酬単価など法制度上の課題を把握しているからであろうと推察される。

4　18歳という年齢をどう見るか

　調査Bの自由記述欄には、施設長調査に73、施設職員調査に221のコメントが寄せられた。その中で、年齢や学年に着目した意見は、前者10（13.7%）、後者27（12.2%）であった（表補-8参照）。

　施設長調査では、児童施設から成人施設や地域へ移行する際の関係機関の連携に関する意見、施設職員調査では、移行先の少なさを憂える意見と、専攻科に限らず準備期間のようなものが必要であり、その充実を求める声が多かった。また、両者に共通して、18歳から20歳までの経済的な保障が強く求められていた。この問題に関する意見が最も多く（15）、年金受給開始の年齢と卒業（地域移行）の年齢が一致していないことによるさまざまな制約に対し、心を痛めている支援者の存在が浮き彫りになった。

　これらの結果から、障害程度、障害特性、家庭基盤など本人と家族の持っている困難さに加えて、移行先となる社会資源そのもの（ハード面）の不足

と、制度の使いにくさや連携のしづらさといったソフト面の不備に対する不満が読み取れた。18歳を超えると児相の手を離れて成人のサービス（市町村管轄）に移行せざるを得ないが、急激な移行による弊害の多さが指摘できる。次節にて詳述するが、家庭基盤の弱い措置児の場合、児相によって守られていた部分もあり、18歳以降、どの機関がその機能を受け継ぎ、

表　補-8　18歳の青年を支えるために求められる課題

今後の課題	自由記述欄からの引用
経済的な保障	18〜20歳までの本人の生活を支えているのは児童手当です。入所時に持っていなかった児童は生活保護となっているのが現状です。成人年齢の引き下げの検討に合わせ、年金支給年齢の引き下げもしてほしいところです。／『児童福祉法』から外れる18歳からの貧困を考えてほしい。卒業後すぐに働けない子どもの貧困を‼／障害基礎年金の支給年齢を18歳へと制度改定してほしい／18歳で卒業すると障害基礎年金もなく、障害程度が軽い方であるとGHでの生活、就労ができれば20歳まで生活保護を受けて…という対応も取れるが、施設入所であると、それもできず、保護者からの支援も受けられず、金銭的な問題がある　等
移行先の量的保障	厚生労働省の指針として「現在、障害児入所施設で暮らしている18歳以上の利用者については、平成30年3月末迄に全員成人施設へ移行」と示されており、当施設も色々と成人施設をあたっているが、なかなか空きがない状況である　等
関係機関の連携	18歳を過ぎたケースが成人施設等、進路を開拓し、支援するのは制度上、市区町村となりますが、市区町村は18歳になってからのつながりで、ケース内容がわからないところからスタートで、うまく進みません／年金受給の20歳まで、契約の方も措置の方と同じように児童入所施設の利用ができることが望ましい。また、そうでないと成人としての社会自立、地域移行が円滑にできない／進路は高校2年から取り組んでいるので、特に措置児童に関しての取り組みは児童相談所が進路を決定しないと進まず、困っている。保護者、市町村への働きかけが遅い。連携がスムーズではない／成人施設の空きがない。児童施設では、成人（18歳以上）に十分な支援を、現状、提供できていない。入所が難しくても、将来のことを見据えて近隣の施設に日中は通うなど、連携が必要だと感じる　等
学びの場・準備期間の充実	18歳または20歳で施設を退所しなければならない子どもたちが、短い期間の中で自分の将来について考え悩んでいる姿を見ていると、事業所見学や体験実習のようなものを数多く実施できる環境・調整が必要だなと思います／18〜25歳くらいまで生活や就業を支えていける施設が、成人施設とは別にあってほしいです／児童と成人で分けるのではなく、成人に移行するまでの間（18〜25歳程）の準備期間を設ける必要がある／18〜20歳までの中間的学びの場が更に充実し、様々な体験を重ねることで、自分に合った場を見つけてほしいと願っている　等

本人の人権を守るのかが支援者にとって心配材料の一つになっていた。

　また、金銭面の心配が最も多い点は、先述した木全の先行研究（2009）で指摘されている、「教育費と生活費の金銭負担」の課題とも合致しており、この十年で事態の好転が見られない結果となったことは残念である。生活費の保障は死活問題で、「制度の狭間」である19〜20歳の２年間をどう生活するかが、「中間的な学びの場」の利用以前に大きな課題であり、筆者は、生活の場と教育権の保障が同時になされないこの状態を、教育福祉問題と捉えている。

5　支援者の意識から見た進路支援の実態

　本調査を通して、施設で暮らす高等部生に対する進路支援の実態と、それにあたる支援者の意識を明らかにできた。その結果から教育権を保障するために「できていること」と「できていないこと」を考察する。

　教育権を保障するために「できていること」は、以下の４点である。

　第一に、本人の意向より本人の生活実態が支援者によく把握され、具体的な移行先の決定に反映されていた。ただ、進路支援の取り組みを開始する時期が早まることは、活動主体である生徒・入所児の低年齢化を意味する。本人の気持ちに沿った活動なのか、本人の気持ちが活動についていっているのか、見極めつつ進めていくことが求められる。

　第二に、移行先の決定にあたり、障害程度の軽い人の意向は、比較的、尊重されていた。反面、日中活動の場・暮らしの場ともに移行先が少なく、本人の意向や教育ニーズを尊重した進路支援をおこなおうとしても、現実的に進めにくいという実態があった。

　第三に、入所施設、特別支援学校、児童相談所などの関係機関において、進路支援の取り組みの棲み分けと連携がなされていた。それぞれに依拠する法律・制度が異なることから難しい側面もあろうが、今後、「協働」の関係へと高めていくことが望まれる。

　第四に、学校卒業後、社会へ出るまでの間に何らかの準備期間が必要

であると考える支援者が多く、「中間的な学びの場」への潜在的ニーズがあった。特に、家庭基盤が弱く、障害程度が軽い人たちに対しては、多くの支援者が移行後の生活を危惧していることがうかがえた。

一方、「できていないこと」は以下の5点である。

第一に、移行先の空き状況が優先される実態があった。進路決定が空き状況に左右される現実があるものの、同時に、そのような実態について支援者が必ずしも望ましいと思っていないことも明らかになった。

第二に、障害程度の重い人の場合、当事者の思いや願いが尊重されにくい実態があった。先述したように生活実態はよく把握されているが、本人の意向は生活実態にのみ現れるわけではないので、支援者の力量を上げていくことが求められる。

第三に、支援者の所属（福祉か教育か）や、立場（管理職か現場職員か）によって意識の違いがあった。意識が違うということは、ものごとを多角的に捉える契機になることでもあり、融合の可能性を秘めているという見方もできる。

第四に、「学びの場」の利用ができていなかった。潜在的なニーズの高さが実際の利用に全く結びついていないことがうかがえた。

第五に、教育と福祉の連携以前に、子どもの福祉と大人の福祉の連携が不十分であった。18歳という年齢で依拠する法律が変わることによる混乱や使い勝手の悪さを懸念する声も多かった。

3節 移行に向けた取り組みとアフターフォローの実態

1 社会へ送り出すにあたっての課題

(1) 現場の教職員が心配だと感じていること（表補-9参照）

　相対的に、障害程度が重い人への心配よりも、障害程度が軽く、家庭基盤の弱い人に対する心配の方が高ポイントである。障害程度の軽重に

表　補-9　社会へ送り出すにあたって心配なこと

項目	「とても心配」を選んだ人の割合（％）			
	障害程度が重い人の場合		障害程度が軽く、弱い人の場合	
	高等部教員の回答	施設職員の回答	高等部教員の回答	施設職員の回答
新しい環境になじめるかどうか	60	65	64	66
暮らしや日中活動の場の人間関係	45	46	84	73
保護者との関係	27	29	39	47
友人関係	7	14	56	54
異性関係（恋愛や結婚含む）	11	15	66	62
相談相手がいない	24	29	63	56
イヤと言えずに頑張りすぎる	16	23	30	37
精神面で幼い部分がある	16	24	50	41
自分の気持を出せない	31	44	39	44
生活スキルが未熟	31	37	45	37
生活リズムの乱れ	40	45	57	54
金銭管理	16	33	80	61
反・非社会的行動	30	37	52	63
余暇の過ごし方	22	30	34	31

かかわらず、移行先での新しい環境や人間関係になじむことが、現場の教職員が心配であると感じていることに挙げられた。生活リズムの確立も両者に共通して心配されていたが、障害程度が軽く、家庭基盤が弱い人の場合は、スキル面での自立に加えて、グループホーム等、施設より制約の少ない場で自律的に生活できることが課題となり、障害程度の重い人に対する心配の中身とは若干異なることが推察される。

　障害程度の重い人については友人関係や相談相手といった自発的な関わりへの心配は少なく、日中活動や暮らしの場での与えられた関係に限定される傾向にある。同様に、社会との接点の中で生じる金銭管理や異性との関係（恋愛・結婚）といった問題への心配も少ない。障害程度の「重い人なりの発達」という視点に立つなら、本来、このような課題が生じてしかるべきとも考えられる。

　反対に、障害程度が軽く、家庭基盤の弱い人に対しては、多くの教職員が社会と関わる中で生じる金銭管理、反・非社会的行動、異性との関係について心配していた。精神面で幼い部分があることを懸念する意見も多く、支援者は、家族の後ろ盾も少ないまま社会へ出ることのリスクを感じている。

⑵ 学校および施設で「心配を解消するための取り組み」として実施されていること

　現場の教職員が必要だと思う取り組みと、実際に学校・施設で実施されている取り組みとの比較から次の4つの傾向が読み取れた（図補-1〜4参照）。

1) 学校・施設ともに必要度が高く、よく実施されている群
　学校・施設ともに最も必要度が高かったのは、関係機関との連携会議であり、実施度も高かった。グループホームの体験利用も同様である。公共交通機関の利用は、生活の場においても、また校外学習などの授業

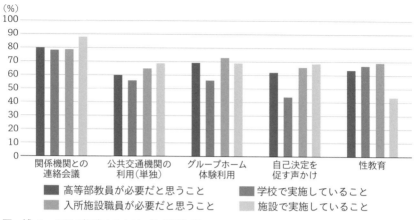

(%)

図　補-1　心配を解消するための取り組み①

＜凡例＞
■ 高等部教員が必要だと思うこと　　■ 学校で実施していること
■ 入所施設職員が必要だと思うこと　□ 施設で実施していること

を通して学校主導でも実施しやすい取り組みであろう。自己決定を促す声かけは、学校での実施が若干少なく、先述した伊藤（2014）の研究にある高等部の現状とも関連して、学校生活の中で、そのような場面が少ないことが推察される。

2）必要性は感じていても学校では取り組みにくい群

　お小遣いの自己管理、自分の衣類の洗濯といった生活に根ざした活動

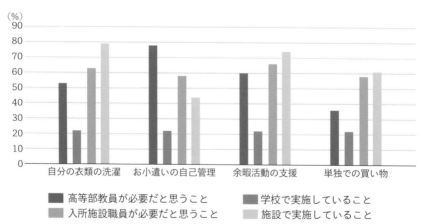

(%)

図　補-2　心配を解消するための取り組み②

＜凡例＞
■ 高等部教員が必要だと思うこと　　■ 学校で実施していること
■ 入所施設職員が必要だと思うこと　□ 施設で実施していること

や、余暇活動の支援、単独での買い物といった休日の活動は、学校よりも施設の方が取り組みやすいと言えよう。表補-9で障害程度の重い人の余暇に対して施設職員が高等部教員以上に心配していることも、これを裏付けるものと読み取れる。このように、現場の教職員にとって必要度が高いものであっても、教育機関・福祉施設という各々の持つ特長や制約によって、実施できるものと取り組みにくいものに分かれる傾向にあった。

3）どちらかというと施設の方が取り組みやすい群

　友だち同士での外出や週末帰省の促進も、学校では取り組みにくく、また支援者である教員も、それほど必要性を感じていなかった。事業所見学に関しては、取り組みにくいわけではなく、学校だと実習の位置づけになるのでカウントされなかったとも推察できる。

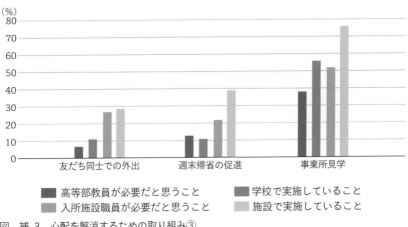

図　補-3　心配を解消するための取り組み③

4）実施度が低い群

　被虐待やASDの児童が増加する昨今、『実態調査』26年度版では、心理面の支援が必要であることが指摘されている。また28・29年度版では、「家庭の養育力の低下による規範意識の薄さや愛着形成の不十分さ」が推察されることから、「個人の生活歴に即して個別ニーズに寄り添っていく

丁寧な支援」が求められると指摘されている。その有効な手立ての一つになるであろう「アンガーマネジメント」は、必要と感じる度合もそれほど高くないが、実施しているところはさらに少なかった。施設での実施が少ない性教育も含めて、まだ十分にノウハウが確立されていない印象を受ける。「カウンセリング」については、実施度は低いものの、必要と思っている施設・学校では実施されているようである。感情のコントロールは必要だが、見方を変えれば、怒りも含めた「自分の感情」を出すことの保障も必要である。基本的な人間の関わりや信頼関係を築ける生活環境の整備が求められる。同じ児童施設でありながら障害児入所施設には児童養護施設と違って心理職の配置が義務づけられていない。教育現場におけるスクールカウンセラーの配置も十分ではない。人的・制度的な不足が指摘できる。

　「単独での調理」に関しては、学校においては授業に組み込みにくいこと、施設においてはミニキッチンの設置といった環境整備や、個別対応のための時間の捻出に課題のあることが、この結果につながっていると考えられる。『実態調査』でも自立訓練事業に取り組む施設が減少傾向にあることや、条件整備が必要であることが指摘されており、一人ひとりのニーズに応じた実践をしていくことの難しさが感じられた。

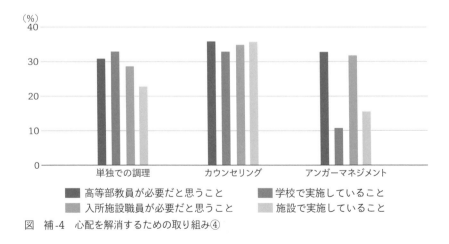

図　補-4　心配を解消するための取り組み④

2 アフターフォローについて

　卒後・退所後、学校では、一般的に1～3年のアフターフォローを実施しているが、施設では、フォローする期間がそれより短く、1年未満のところも30%ある。実施頻度が「十分である」と答えた教員は14%で、十分とは言えないまでも実施はできていた。一方、施設職員の20%は「実施できていない」と考えていることがわかった（表補-10～11参照）。『実態調査』では、退所後のフォローアップについて「した52.5%（28年度版）、54.1%（29年度版）、していない31.0%（28年度版）、28.3%（29年度版）」となっており、実施できていないわけではないと推察されるが、現場の臨床感覚としては十分に実施できていないもどかしさがあることがうかがえた。

　実際に支援した内容（表補-12参照）については、障害程度に関係なく人間関係に関する課題と活動の場での課題が多く、学校・施設ともに対応していた。また、先述した「心配なこと」を裏付けるように、障害程度が軽く、家庭基盤が弱い人への金銭トラブルや異性関係に関する対応が多く、障害程度の重い人に対しては、転職、異性関係、金銭管理、近隣トラブルへの対応が少なかった。これらは、社会との関わりの中で生じやすい問題であるため、障害程度の重い人ほど社会との接点が減っている、つまり管理された生活を送っていると推察される。

　一方、障害程度が軽く、家庭基盤が弱い人に対しては、保護者との関係に関する支援が少ない傾向にあり、関係を断っている人の多さがうかがえ

表　補-10　アフターフォローの実施年数

（回答者）	進路主事	施設長
1年未満	0%	30%
1年～3年	78%	24%
3年～5年	0%	6%
5年以上	0%	3%
なし	11%	16%
その他	11%	4%

表　補-11　アフターフォローの実施頻度

（回答者）	高等部教員	施設職員
十分である	14%	6%
十分とは言えない	77%	66%
実施できていない	4.5%	20%
その他	4.5%	8%

表 補-12　アフターフォローの実施内容

| 項目 | 「とても多い」を選んだ人の割合（％） | | | |
| | 障害程度が重い人の場合 | | 障害程度が軽く、家庭基盤が弱い人の場合 | |
	高等部教員の回答	施設職員の回答	高等部教員の回答	施設職員の回答
日常生活スキルに関する課題	38	39	44	39
生活リズムの乱れ・健康管理	40	44	68	48
金銭トラブル	7	11	39	43
近隣とのトラブル	2	13	7	26
職場や日中活動の場での課題	31	40	74	50
転職	7	13	35	31
暮らしの場での人間関係	29	33	44	51
職場や日中活動の場での人間関係	36	30	69	54
保護者や家族との関係	31	34	22	44
異性との関係 （恋愛や結婚・性のトラブルを含む）	5	12	50	40
反・非社会的行動	7	22	27	38

とても多い、やや多い、あまり多くない、少ない、から一つ選択

る。反・非社会的行為が発生すると、関係機関を巻き込んで大きく動かざるを得ないためインパクトが強いが、実際の対応は、さほど多くはなかった。

3 自由記述欄に見るアフターフォローの課題と支援者の思い

　質問紙の自由記述欄には、アフターフォローに関する記述が73あり、今後、求められる課題を、①制度の充実(13)、②移行先との連携の充実(19)、③特別支援学校および障害児入所施設の機能の充実 (26)、④個別支援の充実(11)、⑤保護者支援の充実(4)の5つの類型に分類できた(表補-13参照)。

　移行後の生活を支援する制度そのものが乏しく、移行先との連携も取りにくい実態がうかがえた。措置児童の場合は、児相との関わりが途絶えることも心配材料の一つとして捉えられている。特に家庭基盤が弱い人は、児相によって守られていた部分もあり、移行後、どの機関が児相の担っていた役割を引き継ぐのかを懸念する支援者が多い。

教職員は、時間外の個別対応も含めて支援しているが、現場の人手不足や専門職員の配置がないことから、十分な対応ができないもどかしさを抱えている。自由記述からは、支援者の切実な思いが伝わり、現場の声を制度に反映させていくことの必要性を強く感じた。

4 「送り出し」と「アフターフォロー」から見た進路支援の現状

　ここでは、「送り出し」と「アフターフォロー」の側面から進路支援の現状について考察する。注目すべき点は三つある。

　第一は、学校および施設で、「社会へ送り出すにあたって心配なこと」に対して実施されている、具体的な取り組み内容の違いを整理できたことである。各学校・施設で、それぞれに工夫されているのだが、必要だと思う支援と実際に取り組んでいる内容に若干の乖離が見られた。それは、日中の学びの場である学校と、暮らしの場である入所施設の、教育および支援の目的や活動時間帯の違いからくる特徴でもあり、施設・設備や職員配置等、依拠する法律・制度によって異なる公的な補助の面での制約の表れでもある。

　第二は、アフターフォローについて不十分だと感じている支援者が多く、現行の制度では限界があることである。予測された結果ではあるが、今回の調査では、福祉協会が実施した『実態調査』には記載されない現場の切実な声から、支援していきたいという強い思いと、不十分さを解消するための課題を整理することができた。

　第三は、障害程度が軽く、家庭基盤が弱い人の課題が大きいことである。障害程度の重い人と比較して、心配度もアフターフォローの実施度も高かった。児相の管轄から、成人の障害福祉サービスへと移行するにあたり、児童福祉では重視される「家庭基盤」の問題が、成人のサービスでは、児童ほど考慮されない実態がある。それが移行後の生活に影響をおよぼしていることも、自由記述欄から整理できた。

　これら三点を踏まえ、青年期に必要な支援の在り方として、教育と福祉のさらなる連携を図ることが求められる。学校（教育）と施設（福祉）が連

携すれば、お互いの得意分野を活かしてさらに有意義な活動の展開が期待できる。また、その成果を、各々の組織に持ち帰って日々の実践にフィードバックでき、その中で、生徒・入所児の育ちを尊重した活動になっているかどうか検証し合うことも可能である。ケース検討や懇談会、進路支援などで連絡を取り合っていると推察するが、「できるところを担う」という形で補い合う現状を一歩進めて、教育的機能の面で連携し合う関係に高めたい。そうなることで、当事者にとってのよりよい支援にもつながると考える。また、「教育と福祉の連携」を、特定の学校と施設の連携といった狭い範囲にとどめず、教育福祉問題の改善・解決を目指し、新たな教育福祉実践を生み出す原動力につなげていくことが重要であると考える。

表補-13　アフターフォローの課題

カテゴリー	自由記述欄からの引用（73）
制度の充実（13）	卒園後のフォローが相談支援事業となるのだろうが、機能しているとは思えない ／ 入所に至った経緯等も考えた上での進路決定をおこなっても、なかなか安定しないで仕事や住居を変えてしまっている事も多くあり、アフターフォローがもっとしっかりしてあげられる制度があればよいと思います ／ 社会にでてからの公的なフォローをもっと充実してほしい ／ キーパーソンを中心に、本人を取りまくさまざまな関係者が支援をしていかなければいけません。誰がどのように機能させるか考えなければいけないと思います ／ 一般就労等で地域へ出た利用者を、見回り巡回や支援を手厚くできる制度などを明確にして、安心して地域へ出せるよう、市町村役場や各事業との連携を密なものにしてほしい ／ 措置入所していた子らが児童施設を出た後、措置によって守られていたものはどのように守っていけるのか？ ／ 病院のように、障害児入所施設→地域の移行について加算があれば、もっと手厚く地域移行を進められると思う ／ 相談支援専門員が中心となり関係機関と連携を取りながらフォローしていくのがベストだと思います 等
移行先との連携の充実（19）	移行先によっては、引き継ぎは必要ないと言われた所もあり、環境の変化による崩れを事前に配慮できなかったケースもあった。フォローしたい、スムーズに移行したいという思いが片方だけにあっても難しい ／ 児童施設と成人施設の考え方や温度差の違いに、送り出しに不安を覚えることがある ／ 卒園後の経過など、福祉につながっている人は、多少の情報は入るが、そうでない児童については、入り辛いと感じている ／ 県外からの入所者も多く、卒園後に親元に帰そうと思うが、その県の情報がわかりづらいしアフターフォローもできにくい ／ 環境が大きく変化する移行期に相談する相手もまた変わってしまうという状態は、本人たちにとってはとてもしんどいようです。移行前から移行後まで継続して対応できる相談者がいれば良いのになぁ…と感じます ／ 退所後の生活について不安や心配があるものの、自分たちが介入していけるものでもなく… ／ 児童施設を出た後、児相との係わりが途絶え、情報が乏しくなることが心配である ／ 施設のあった地域から離れてしまうと、その地域との連携も難しい ／ 土地柄、移行先への距離が遠く、気軽に巡回ができない。もっと移行先の事業所へ顔を出して、本人や先方の方々と会って話ができたらと思う ／ 何か問題があってからではなく、定期的に移行先と関われたらと感じた ／ 退所後の情報が少ないため、どういうことになっているのかわかりづらい ／ 行った先からの相談があればフォローできるが、積極的なフォローは気が引けてしまうところがある ／ 卒業後３年くらいは同じメンバーで関係機関との連携会議が継続できたら良いと思います ／ 児相からどこへ移行していくのか現在の制度でははっきりしていないと思います 等

特別支援学校および障害児入所施設の機能の充実（26）	障害児入所施設でも児童養護のようにアフターフォローを事業として認めてほしい ／ 退所後のフォローについては、気持ちはあるのだが行動が伴っていない ／ 慢性的な人手不足でアフターフォローまで手が回らない。専任がいるのが理想的 ／ アフターフォローはとても必要だが加算はない。事業として成り立つ収入があれば人を配置して手厚くできるのにと思う ／ 現在入所している利用者にも十分な支援をおこなえていると思わないし、退所後のフォローももっとすべきだと感じているが、職員数が少なく手が回らない ／ 児童施設の中にアフターフォローする部門があれば一番望ましいと思う ／ 現在、入所している子たちに加え、卒後の支援。かけもっておこなうことに難しさを感じています ／ 実施できればと思うが、在籍している入所児の進路や日々の対応が先行している ／ 一度退所してしまうと、障害児施設としてアフターフォローが難しい部分も大きい ／ 卒業後2〜3年の間はフォローしてあげたいと思うが利用者の方々の対応に追われている ／ アフターフォローの大切さを社会全体が理解しつつつありますが、施設の社会貢献活動で行っているのが現状です ／ 卒園後のフォロー専門の職員を置いてもよいのではないかと思う／そこまでの余力を残していない ／ 卒園後のフォローは、現在施設の持ち出しとなっており、何らかの制度として整えていただきたい ／ 施設の職員が片手間に行っている現状にある。専門職員の配置が望まれる ／ 学校の職員も関わっていきたい思いはありますが、転勤などもあり限界があります 等
個別支援の充実（11）	退所後の友だち関係が心配である ／ 入所施設で制限の多い生活をしている方が、卒業後にグループホームに移行し、より自由になった時に色々な問題を起こしてしまうことについて悩む。例えば、間食が多くなったり、生活リズムが崩れて肥満化したりするなど ／ 退所後、自由なことが増えるため、フォローは困難です。特に携帯電話、ネット等の普及によりトラブルが増えます ／ せっかく就職した仕事を退職してしまったり、対人関係のトラブルや反社会的な行為等問題を抱えている現状をたくさん見てきています ／ 私も含めて職員が、個人的にメール等でやりとりしたり、休みの日に会って相談に乗るなどしています ／ 一人暮らし等の場合、金銭管理や生活能力で心配な点は多い ／ 障害程度が重たい入所児は、軽い入所児に比べ、アフターフォローの実施に難しさがある。重度利用者は、自分たちからの発信がないため ／ 障がい程度が軽く、ある程度自立していかなくてはいけない利用者の方が不安は大きいです 等
保護者支援の充実（4）	施設を退園後、その方の保護者等、支援を必要としないとなった場合、そのまま社会に投げ出されることになります。私たちから見て「支援は必要」と思ってもどうすることもできません。子どもの場合は、児相等の介入ができますが、大人になると何もできない。手を出すこともできず、目をつぶるしかない状態です ／ 家庭が足を引っぱるケースについて支援のリソースが足りないこと 等

4節 | 教育権保障の課題と今後の展望としての「専攻科」の役割

(1) 青年期の教育権を保障するための課題

　ここでは、支援者の意識に着目して調査を実施したが、所属や立場による意識の違いが明らかになった。今後の課題を以下の4点に集約できる。

　第一は、教育と福祉の連携である。学校教育における専攻科や、それに類似する目的を持つ福祉事業型専攻科などの福祉事業に対する知名度は、学校関係者に比べて福祉関係者の方が低い。学びの場の存在が周知されていなければ、進路先としての選択肢に入るはずもないため、さらなる宣伝・啓発が望まれるところである。その一方で、「よく知っている」と「少し知っている」を合わせた結果は、施設長が最も多く、学校関係者を上回っている。知っていることと実際に活用できるかどうかは、別の問題であり、大切なのは、青年期に必要な学びが保障されるかどうかであるが、知っている人が多いことは、次の動きをつくる上で心強い。福祉事業型専攻科は、教育福祉実践の場であり、教育の制度に則らない形式の教育機関と位置づけることができる。しかし、それさえ活用できない青年も多い。特に、障害児入所施設から特別支援学校高等部に通う青年は、暮らしの場と経済的な基盤が不足しがちである。彼らが安心して学ぶことのできる新たな教育福祉実践の場を展望する必要がある。

　第二は、教育と教育の連携である。先述したように、専攻科の知名度は、福祉関係者より学校関係者の方が高いが、青年期における教育的な支援に対するニーズについては、高等部教員よりも施設職員の方が高くなっている。この逆転現象から、教育現場では、専攻科をはじめとする

学びの場の存在が一定認知されているものの、進路先として十分に評価され、認められているわけではないことが明らかになった。専攻科関係者は、まずもって教育の分野に対し、青年期の学びの意義を知らしめる必要がある。

第三は、児童福祉と障害福祉の連携である。ここでは、社会的困難の一つの側面として、障害程度の重さと家庭基盤の弱さに着目した。これらの困難に直面する青年にとって、18歳以降の住まいと金銭の保障は、大きな問題である。青年期の教育権を保障するためには、教育と福祉の連携が必要だと述べたが、18歳を機に依拠する法律が変わることによる混乱は大きく、学びの必要性よりも生活の基盤を整えることの方が優先される実態がある。

青年期は、「子どもから大人へ」「学校から社会へ」の二重の移行期（坂井2000）であると同時に、「子どもの福祉から大人の福祉へ」の境目でもある。筆者は、18歳を超過した青年が、児童施設という子どもを想定した住環境に暮らすことを是としているわけではなく、青年期の学びについては、18歳以降の障害福祉サービスとの連携が制度の充実につながると考えている。内面の育ちを育むための学びの時間と場所を確保するためには、福祉の制度や、その運用においても、「移行期」という考え方が必要になってくるのではないかと考える。

第四は、当事者からの発信である。調査結果から、障害程度の軽い人の意向は、移行先決定にあたって一定重要視されている反面、障害程度の重い人に対しては、本人の願いや思いに寄り添う支援が不十分であることが指摘できた。当事者（保護者を含む）として声を上げにくい人たちではあるが、エンパワメントの必要性からも、本人や家族への丁寧な聞き取り調査と支援者への啓発が求められるのではないかと考える。

⑵ 今後の展望
——「中間的な学びの場」としての「専攻科」に求められる役割と課題

1) 専攻科が、今後担うべき役割

「専攻科」は、青年期の教育を担う場であり、学校教育と教育福祉実践との協働で、質と量の両面から、そのような学びの場を充実させていく必要がある。今後、専攻科に求められるであろう役割は、二つに集約できる。

第一は、「専攻科」などの「中間的な学びの場」を、アフターフォローを集団でおこなう場と捉え、不足しがちなアフターフォローを教育的に担っていくことである。学校でも施設でも、一人ひとりの課題に応じた細やかなフォローができにくい実態が浮き彫りになった。特に、「人間関係」に関する心配のポイントが高いこと、障害程度の重い人の社会参加が困難なことが特徴的である。「仲間とともに学ぶ」という専攻科のような場があれば、障害程度の軽重にかかわらず、青年たちのニーズに合った集団での取り組みを通じて、社会とつながりを持て、個の課題に迫ることもできる。また、専攻科は、教育や福祉の法律に依拠し、社会的に認められた機関である。児相の役割を担うことはできないが、関係機関に連携を呼びかける要となることで、社会的な責任を果たせるのではないかと考える。

第二は、第一の課題を踏まえた上で、学校教育に限定されない、より現実的な「学びの場」を模索し、実践することである。2節の調査結果から、特に、障害程度が軽く、家庭基盤の弱い人たちに対し「中間的な学びの場」があればと願う支援者は、学校・施設ともに多かった。本来なら、もっと時間をかけて、ゆっくりと移行させたいところを、諸事情で急がせているのが現状であろう。

2) 専攻科に求められる課題

一つは、家庭基盤が弱くても利用できる形態での「中間的な学びの場」の設置である。学校教育を補完する教育福祉実践として「福祉事業型専

攻科」が発生したように、工夫の余地はあると考える。一例として、「宿泊型自立訓練事業」に教育的機能を持たせ、2年間の教育プログラムを確立することを提案したい。渡部（2013）は、「文教行政として学校型の高等部（高校）専攻科を増設整備するという政策を採っていない現時点では、学校型専攻科と『福祉事業型専攻科』ないし『学びの作業所』の双方を連結させた『ハイブリッド方式』によって、ここしばらくは『障がい青年の自分づくりと二重の移行支援』の実践と仕組みを作っていく必要があろう」と述べているが、暮らしも巻き込んだ形でのハイブリッドを模索してもよいのではないかと考える。

　学校専攻科の数は少ないが、措置延長が可能であれば、施設入所を継続したままで通学できるとよい。また、福祉事業型専攻科が近くにあれば、グループホームや成人の入所施設で暮らしながら、高等部卒業後の日中活動の場として活用してほしい。報酬単価等を鑑みれば、日中と夜間で同じ経営母体の事業所を利用することが望ましい場合もあろうが、専攻科在籍期間は、日中の生活介護事業の部分に地域からの利用者を迎え入れるなど、入所施設の側にも工夫の余地があるのではないだろうか。障害基礎年金の支給は20歳からなので、家庭基盤が弱い人の場合、グループホーム等の利用料を賄うために生活保護を受給するケースもあるが、筆者の知る範囲では、いくつかの自治体で生活保護受給者が高等部卒業後、上級の学校に進むことが認められていなかった。しかし、福祉事業の利用であれば問題はない。

　二つは、アフターフォローの実施内容から、専攻科などの「中間的な学びの場」における教育内容を見直していくことである。『障害者権利条約』に謳われているように、知的障害があっても、他の者（障害のない人たち）との平等を基礎として一般的な高等教育を受ける権利がある。専攻科は、仲間とともに楽しい青春時代を過ごす場であるという強みを活かして、よりよい成人期につなげるための力をつける場でもある。その力には、心の成長、生活面でのスキルアップなどさまざまな側面があると推察されるが、本研究の結果も反映していただければと考える。

〈文献〉

・平井　威（2015）「施設を出て地域で暮らすために必要な支援とは何か2―知的障害児施設退所者と自宅在住者との比較調査から―」『明星大学教育学部研究紀要第5号』111－125

・堀内浩美（2008）「知的障害児施設における地域移行支援に関する研究―地域移行事例の支援プロセスの分析を基に―」『社会福祉学第49巻第2号』58－69

・伊藤修毅（2014）「選抜式知的障害特別支援学校高等部の現状」『障害者問題研究第42巻第1号』10－17

・木全和巳（2009）「児童養護施設などで生活する障害のある青年の教育と自立支援の課題」『児童養護と青年期の自立支援　進路・進学問題を展望する』ミネルヴァ書房、39－47

・木全和巳（2013）「児童養護施設等から措置された事例にみる知的障害児施設児童の実態と実践課題」『障害者問題研究第41巻第1号』74－79

・公益財団法人日本知的障害者福祉協会児童発達支援部会『平成26年度版全国知的障害児入所施設実態調査報告』（http://www.aigo.or.jp/choken/26chosa.html）

・公益財団法人日本知的障害者福祉協会児童発達支援部会『平成28年度版全国知的障害児入所施設実態調査報告』（http://www.aigo.or.jp/choken/27chosa.html）

・公益財団法人日本知的障害者福祉協会児童発達支援部会『平成29年度版全国知的障害児入所施設実態調査報告』（http://www.aigo.or.jp/choken/29chosa.html）

・厚生労働省（2012）『児童福祉法』（https://www.mhlw.go.jp/web/t_doc?dataId=82060000&dataType=0）

・厚生労働省（2015）『児童養護施設入所児童等調査結果』（https://www.mhlw.go.jp/stf/houdou/0000071187.html）

・厚生労働省（2018）『平成29年度社会福祉施設等調査の概況』（https://www.mhlw.go.jp/toukei/saikin/hw/fukushi/17/index.html）

・坂井清泰（2000）「養護学校高等部教育とトランジション、キャリア教育」『特殊教育学研究第38巻第2号』83－93

・外務省（2014）『障害者の権利に関する条約』（https://www.mofa.go.jp/mofaj/fp/hr_ha/page22_000899.html）

・渡部昭男（2013）「障がい青年の自分づくりと二重の移行支援」『福祉事業型「専攻科」エコールKOBEの挑戦』クリエイツかもがわ、184－209

新しいタイプの研究者の誕生

愛知県立大学名誉教授　田中良三

　全く新しいタイプの研究者が誕生しました。辻和美さんです。新しいタイプの研究者とはいったい、どういう研究者なのでしょうか。

　わが国の障がい児教育（特別支援教育）に大きな影響を与え・導いた故田中昌人さん（京都大学教授）は、人間の発達保障ということを、「個人」と「集団」と「社会」の関連でとらえなければならないと強調されていました。私たちは、とかく「発達」を「できる・できない」という能力を基準に、個人のレベルでのみ問題にしがちです。

　このことは、研究者の誕生・発達・成長についても同じことが言えるのではないでしょうか。

　辻さんは、「知的障害のある人の青年期における教育権保障と『専攻科』の機能に関する研究」と題する論文で、2020年1月に日本福祉大学から学位（博士）を授与されました。

　辻さんは、三重県四日市市にある学校法人聖母の家学園という私立特別支援学校の教員を勤めながら、日本福祉大学大学院に通い、学位を取得されました。

　私は、辻さんが勤めている聖母の家学園とは長年にわたるお付き合いがあり、状況も知っているだけに、あの超多忙な職場に勤めながらよく頑張ったものだと本当にびっくりしました。

　まず、辻さんの学位論文の内容と意義について簡単に触れ、論文の背景との関係を通して、ここに新しいタイプの研究者が誕生したのだということについて述べたいと思います。

　本研究は、教育福祉の視点に立って、知的障害のある人の「ゆたかな青年期」の学びを保障するために「二つの専攻科」（「学校専攻科」と「福祉事業型専攻科」）の実践を対象に、これらの歴史的経緯を理論的に整理し、そして教育課程（学校）と活動プログラム（福祉事業）を合わせた概念を「教育カリキュラム・プログラム」と定義し、各種の実態調査（「二つの専攻科」

への質問紙調査、グループインタビュー、教職員に対する質問紙調査、学校専攻科卒業生の保護者へのグループインタビュー）をもとに、①青年期に一定期間継続して学ぶことの必要性と「福祉事業型専攻科」の位置づけ＝今日的意義について、②「二つの専攻科」の「教育カリキュラム・プログラム」を通して、両専攻科に共通する教育的機能について明らかにしたものです。

　私は、辻さんの学位論文の副査・学外審査委員として、辻さんの学位論文の独創性と意義について、1. 障がい者の生涯にわたる教育権保障の観点から、今日障がい青年の教育年限延長に取り組む「専攻科」実践・運動を対象に研究し、今後この分野の実践・運動の発展に寄与する論文である、2. 本研究を通して、障がい者の学校教育と社会福祉の制度および実践の今後の課題について理論的に問題提起を行う論文である、と評価しました。

　さて、本研究は、第3の障害児の教育権保障運動として、現在、全国専攻科（特別ニーズ教育）研究会によって全国各地で取り組みが進められている高等部・高校卒業後の教育延長を目指す専攻科づくりの実践・運動を対象にその課題を明らかにすることを目的としています。辻さんが所属する聖母の家学園は、この全国的運動・実践の中核的存在です。そして、辻さんは学園では教員集団の核的存在として、また、全国専攻科（特別ニーズ教育）研究会では副会長として活躍されています。

　私は、最近、『聖母の家学園50周年記念誌』に、聖母の家学園が長年にわたって障がい青年の教育実践研究運動の先頭に立って取り組んできたこと、そして、今日『障害者権利条約』が言う "Nothing about us without us"（私たちのことを私たち抜きに決めないで！）という基本精神を、すでに50年も前から、子どもたちを学習主体に、子どもたちの「思い」や「気持ち」に寄り添う、教育における民主主義を探求し、子どもたち、教職員、保護者、地域の人たちと一体となって取り組んでこられたことに、深い敬意を表す一文を寄せさせてもらいました。

　辻さんの研究は、まさに「個人」と「集団」と「社会」が三位一体として緊密に結びついた研究成果であり、博士号を獲得した新しいタイプの実践的研究者として、今後、大いに期待される方です。

あとがき

「スキルアップ」
「くろがねもーち　冷たいおうどん」
「ズームイン」
「アンパンマンDVD」

　筆者は、私立の知的障害特別支援学校である「学校法人特別支援学校聖母の家学園」に勤務して三十余年。現在、高等部専攻科3年生と4年生を担当している教員です。専攻科では、週ごとの学習予定表をファイルに綴じており、帰りの会の時間を利用して、各々が一日の振り返りを記入しています。記述内容は個々人の感性に任せていますので何を書いても自由です。印象に残る活動があった日は文章が長くなることもあるし、時間や気持ちに余裕のない時は短く一言で済ませる場合もあります。障害特性や発達段階によっても異なります。「進路のひろば（進路学習の一環）」で地域の生活介護事業所と就労継続支援B型事業所を見学した時は、クラスの全員がいつもより沢山の言葉を残してくれました。3年生の綾乃さんは、書ききれなくて用紙を自分で継ぎ足したくらいです。同じく3年生の紗矢佳さんは、見学した感想から発展させて自分の進路についての思いを綴っていました。
　さて、冒頭の言葉は、3年生の萌さんが、4月から12月までに書いた振り返りの一部です。少し紹介させてください。
　「スキルアップ」というのは専攻科の教科名です。暮らしに根ざした事柄についてグループで学びます。例えば、作りたい料理を出し合ってみんなで作ったり、身近な情報活用をテーマにEテレの『みんなの手話』からヒントを得て手話ニュースに取り組んだりします。手話ニュースの発案者はEテレが大好きな4年生の莉奈さんです。また、先述した「進路のひろば」の事前・事後学習をおこなったりしています。2021年度は、コロナ禍ということもあって保健や衛生の学習で手洗い・うがいについて

取り上げ、正しい手洗いの仕方やマスクの扱い方を実演したり、マスクケースを作ったりもしました。「今日は、マスクの勉強をしたけど、これはスキルアップの授業なんやな」という心の声が「スキルアップ」という記述から伝わってきます。ちなみに、同じスキルアップでも大好きなうどんをみんなで作った日は「伊勢うどん」と書いていました。

　「くろがねもーち、冷たいおうどん」は、先述した「進路のひろば」の日に書きました。生活介護事業所を見学して働く先輩の姿を見たり、作業体験をさせてもらったりしてから、レストランを運営している同じ法人のB型事業所「くろがねもーち」さんでランチをいただきました。「進路のひろば」という行事名でなく具体的な活動を書いてくれたことで、この日の萌さんにとって一番印象深かった出来事、つまり主体的に取り組めた活動であったことが浮かび上がってくるように感じられました。「ズームイン」は、「全国専攻科（特別ニーズ教育）研究会」（以下：全専研）のオンライン集会の日の振り返りです。「ZOOMイン昼！」と銘打ち、学校専攻科と福祉事業型専攻科がZOOMを利用して90分の交流をおこなうことは、全専研としても、また、聖母の家学園としても初めての試みでした。参加している全国の専攻科をつなぐ列島リレーのコーナーで、専攻科の仲間たちと一緒に学校の紹介をした萌さんの心の中に、何度も練習した「ズームイン！」のかけ声が強く残っていたのでしょう。

　専攻科には、「自分の時間」という時間帯があります。教育課程上は自立活動にあたり、20分程度ですが、自分の好きなことをして一人の時間を過ごす取り組みです。ミュージックプレイヤーで音楽を楽しむ人もいれば、静かな空間で一人になりたい人、排泄などの日常生活動作にゆっくりと時間をかける人、それぞれの過ごし方があります。萌さんの楽しみは、家から持参したアンパンマンのDVDを見ること。クラスの仲間たちの中にも上映会を心待ちにする人がいます。一日の振り返りに記載されている「アンパンマンDVD」は、このことだったのですね。

　専攻科生たちは、教員が準備する日々の教育活動を本当に真摯に受け取ってくれます。そして、その体験を自分の言葉で振り返ることで咀嚼し、

日々の暮らしにフィードバックさせているように思います。「冷たいおうどん」や「ズームイン」のように、主体的に関わった活動がダイレクトに書かれているのを見ると、とても嬉しくなります。また、「アンパンマンDVD」のみが記載されている日は、「今日はアンパンマンに負けたな」「もっと授業づくりを工夫しなくては…」と次への意欲をかき立てられます。

　もっとも、生徒の側も教員の側も常に全力投球というわけにはいきませんので、緩急をつける必要があります。大きな行事の後には、少しほっこりする時間をとりたいし、緊張を伴う職場実習の前には、新しいチャレンジよりも持てる力を発揮して達成感を得られる活動を準備します。萌さんも、その日の心身の状態によっては、DVDを楽しみに他の活動を頑張ったり、あるいは「今日の授業はイマイチだったな。アンパンマンの方がよかったな」と思ったりすることがあるのかもしれません。だからといって、場を離れることはなく、自分の中で折り合いをつけつつ、きちんと授業に向かう姿勢を見せてくれます。大人の学習態度だなと感じます。

　前置きが長くなりました。本書は、知的障害のある人の青年期における教育権保障について、専攻科の教育カリキュラム・プログラムから論じたものです。その中で、制度的な保障（マクロ）に加えて教育内容（メゾ）の保障が大切であることを一貫して綴ってきました。特別支援教育には、一人ひとりの成長・発達を促すための個別的な実践（ミクロ）の側面もありますが、その手段として「集団での学び」が効果的だと筆者は考えています。全国の教員（支援者）はどんな学びを準備しているのか。「子どもから大人へ」「学校から社会へ」の二重の移行期に、青年同士の関わりの中で何を学ばせたいのか。それを明らかにしたいと考えました。全専研に集っている学校・事業所をはじめ、全国の学校専攻科と福祉事業型専攻科の先生方、そして専攻科卒業生の保護者の方々のご協力のおかげで、一つの論文にまとめることができました。

　しかし、その一方で、青年たちは何を学びたいのか、どんな青年期を過ごしたいと思っているのか。本書では、教員（支援者）が提供したい教

育内容（「教えたい」と思う主体性）に重きを置くあまり、当事者が望む学習内容（「学びたい」と思う主体性）へのアプローチが不十分であり、そこが論文の弱点になっていると指摘できます。勤務校である聖母の家学園においても、また、調査の中で明らかになった他の専攻科においても、教員（支援者）側が準備した授業（教育活動）の中で青年たちが「自己選択・自己決定」する場面は、沢山準備されています。そこにとどまらず、本書の定義でいえば「教育カリキュラム・プログラム」の部分に、当事者の主体性をどう反映させていくかを明らかにすることが、今後の課題であると考えています。ここでは、萌さんの「振り返り」を紹介しました。一人ひとり「学びたい」内容は違うし、「学びたい」という主体性を発揮する方法も異なります。しかし、質的にも量的にもゆたかな学びの体験の中から、誰もが自分なりのメッセージを発信する力をつけていきます。そのメッセージを受け取りつつ、これからも当事者とともに青年期の学びの中身を考えていきたいと思っています。

　本書では、教育と福祉における「二つの専攻科」の中で、特に福祉事業型専攻科での教育的な取り組みを「教育福祉実践」と位置づけました。そして、補論ではありますが、高等部を退学していく人たちに対する教育権保障についても教育福祉の観点から言及しています。しかし、今日的な実態の分析が不十分なため、教育福祉論への新たな知見のフィードバックにまでは至りませんでした。それも論文としての弱点であり、今後の課題であると痛感しています。また、2022年4月、約140年ぶりに成人年齢が引き下げられることになりました。今回の調査でも、18歳という年齢がひとつのキーワードになっています。この動向についても、教育と福祉の観点から注意深く見ていく必要があります。

　筆者は、学生時代に社会福祉を学び、その知見を活かして教員の仕事をしてきました。どっちつかずの立ち位置であると感じたこともありましたが、福祉と教育という二つのバックボーンを持つことを強みと捉え、教育福祉論に寄与できるよう、今後も精進してまいりたいと思います。

　さて、筆者が、これまで一貫して、障害児教育、特に専攻科をはじめ

この本の刊行と同じ 2022 年の春、社会へ巣立つ専攻科 4 年課程修了生の 3 人。向かって右端の野村順平さんが描いたイラストです。

とする青年期の学びに関する実践・研究に取り組んでこられたのは、何よりも職場に恵まれたからです。自由度の高い私学で、先輩から学び、同僚に助けられて実践を積むことができました。そこから派生して、いくつかの作業所づくり運動に関われたことも貴重な経験となりましたし、卒業生・在校生の皆さんや、その保護者の方々との出会いも大きな糧となりました。聖母の家学園の皆さまに心より感謝申し上げます。また、全専研や全障研（全国障害者問題研究会）での学びを通して、実践と運動と研究を一体のものとして捉え、視野を広く持つことができたと思います。ありがとうございました。

　論文執筆にあたり、お忙しい中、アンケート調査やインタビュー調査にご協力くださいました学校専攻科と福祉事業型専攻科の皆さま、特別支援学校高等部の先生方、障害児入所施設（福祉型）の皆さま、ありがとうございました。

　また、全専研前会長でもいらっしゃる田中良三先生には、お忙しい中メッセージをお寄せいただきました。過分なお言葉に恐縮するとともに、

発達保障における「個人」「集団」「社会」を念頭に置いて、これからも精進してまいりたいと思いを新たにしております。本当にありがとうございました。

　現場の実践しか経験のない筆者に研究の難しさと醍醐味を教えてくださった日本福祉大学大学院の諸先生方にも深く感謝しております。主査として、修士論文から博士論文までの長い道のりを温かくご指導くださった平野隆之先生、副査の木全和巳先生と原田正樹先生、ありがとうございました。最後に、本書の刊行にご尽力いただいたクリエイツかもがわの田島英二様と水田萌様にもお礼申し上げます。

2022年5月　辻 和美

著者プロフィール

辻　和美（つじ　かずみ）

学校法人 特別支援学校 聖母の家学園 教諭

社会福祉法人わかたけ 評議員

社会福祉法人のぞみの里 評議員

全国専攻科（特別ニーズ教育）研究会　副会長

1964年　三重県鈴鹿市生まれ

1987年　同朋大学文学部社会福祉学科 卒業

　　　　同年4月より現職

2020年　日本福祉大学大学院 福祉社会開発研究科 博士課程にて博士号（社会福祉学）取得

著書（共著）：『青年期の進路を拓く』『養護学校専攻科の挑戦』かもがわ出版、『もっと勉
強したい！ 障がい青年の生活を豊かにする学びと「専攻科」』『障がい青年
の学校から社会への移行期の学び 学校福祉事業型専攻科ガイドブック』クリ
エイツかもがわ

知的障害のある人の青年期の教育権保障

教育と福祉「二つの専攻科」の比較から

2022年5月31日　初版発行

著　者●Ⓒ辻　和美

発行者●田島英二

発行所●株式会社 クリエイツかもがわ

　　　　〒601-8382 京都市南区吉祥院石原上川原町21

　　　　電話 075(661)5741　FAX 075(693)6605

　　　　https://www.creates-k.co.jp

　　　　郵便振替　00990-7-150584

装丁・デザイン●佐藤　匠

印刷所●モリモト印刷株式会社

ISBN978-4-86342-329-9 C0036　　　　　　　　　　printed in japan

本書のコピー、スキャン、デジタル化等の無断複製は著作権法上での例外を除き禁じられています。
本書を代行業者等の第三者に依頼してスキャンやデジタル化することは、たとえ個人や家庭内で
の利用であっても著作権法上認められておりません。

障がい青年の学校から社会への移行期の学び
学校・福祉事業型専攻科ガイドブック

田中良三・國本真吾・小畑耕作・安達俊昭・全国専攻科（特別ニーズ教育）研究会／編
障がい青年に高等教育保障とゆたかな生涯教育をさらに！　長年取り組んできた
専攻科づくり運動・実践。「もっと学びたい」障がい青年の願いを実現する「専
攻科」18の学校・事業所を紹介。よくわかる障がい青年の学びガイド。　　2200円

知的障害者の高等教育保障への展望
知的障害者の大学創造への道2　　　　　　　　　長谷川正人・ゆたかカレッジ／編著

インクルーシブ社会、知的障害者の高等教育、就労について考える──就労はむ
ずかしいといわれていた人たちが、4年間の学びの中で成長し、7割が働いている。
その秘訣をゆたかカレッジのあゆみ、教育内容、学生・卒業生・保護者と支援教
員の姿から明らかにする。　　　　　　　　　　　　　　　　　　　　2420円

障がい青年の大学を拓く
インクルーシブな学びの創造

田中良三・大竹みちよ・平子輝美・法定外見晴台学園大学／編著
発達・知的障がい青年のために開かれた大学づくりのもとで本物の学びにふれ、
友だちをつくり、青春を謳歌する学生たちと直接、障がい者に関わりのなかった
教授陣の類いまれな授業実践！　　　　　　　　　　　　　　　　　　2200円

知的障害の若者に大学教育を
米・欧・豪・韓国9か国20大学の海外視察から

ゆたかカレッジ・長谷川正人／編著

諸外国では障害者に履修コースを開設している大学も少なくない。日本の高等教育も
知的障害者への門戸を開くとき！　　　　　　　　　　　　　　　　　2200円

福祉事業型「専攻科」エコールKOBEの挑戦
岡本正・河南勝・渡部昭男／編著

障害のある青年も「ゆっくりじっくり学びたい、学ばせたい」願いを実現した学び
の場「専攻科」、ゆたかな人格的発達をめざす先駆的な実践。高等部卒業後、就職
か福祉就労の2つしかなかった世界で生まれた、新たな「学びの場」＝「進学」と
いう第3の選択肢。その立ち上げと運営、実践内容のモデル的な取り組み。　2200円

発達障害者の就労支援ハンドブック　　付録:DVD
ゲイル・ホーキンズ／著　森由美子／訳

長年の就労支援を通じて92％の成功を収めている経験と実績の支援マニュアル！
就労支援関係者の必読、必携ハンドブック！「指導のための4つの柱」にもとづき、
「就労の道具箱10」で学び、大きなイメージ評価と具体的な方法で就労に結びつ
ける！　　　　　　　　　　　　　　　　　　　　　　　　　　　　3520円

あたし研究　自閉症スペクトラム〜小道モコの場合　　1980円
あたし研究2　自閉症スペクトラム〜小道モコの場合　　2200円

小道モコ／著・絵
自閉症スペクトラムの当事者が「ありのままにその人らしく生きら
れる」社会を願って語りだす─知れば知るほど私の世界はおもし
ろいし、理解と工夫ヒトツでのびのびと自分らしく歩いていける！